die 25 wichtigsten Fälle zum Zivilprozessrecht II

Zwangsvollstreckungsverfahren

Hemmer/Wüst/Haubold

Hemmer/Wüst Verlagsgesellschaft

Hemmer/Wüst/Haubold, die 25 wichtigsten Fälle zum Zivilprozessrecht II,

Zwangsvollstreckungsverfahren

ISBN 978-3-86193-738-8

8. Auflage 2018

gedruckt auf chlorfrei gebleichtem Papier
von Schleunungdruck GmbH, Marktheidenfeld

Inhaltsverzeichnis:

Die Zahlen beziehen sich auf die Seiten des Skripts.

Vorwort

Die vorliegende Fallsammlung ist für **Studenten in den ersten Semestern** gedacht. Gerade in dieser Phase ist es wichtig, bei der Auswahl der Lernmaterialien den richtigen Weg einzuschlagen. **Auch in den späteren Semestern und im Referendariat** sollte man in den grundsätzlichen Problemfeldern sicher sein. Die essentials sollte jeder kennen.

Die Gefahr zu Beginn des Studiums liegt darin, den Stoff zu abstrakt zu erarbeiten. Nur ein **problemorientiertes Lernen**, d.h. ein Lernen am konkreten Fall, führt zum Erfolg. Das gilt für die kleinen Scheine / die Zwischenprüfung genauso wie für das Examen. In juristischen Klausuren wird nicht ein möglichst breites Wissen abgeprüft. In juristischen Klausuren steht der Umgang mit konkreten Problemen im Vordergrund. Nur wer gelernt hat, sich die Probleme des Falles aus dem Sachverhalt zu erschließen, schreibt die gute Klausur. Es geht darum, Probleme zu erkennen und zu lösen. Abstraktes anwendungsunspezifisches Wissen, sog. „Träges Wissen“, täuscht Sicherheit vor, schadet aber letztlich.

Bei der Anwendung dieser Lernmethode sind wir Marktführer. Profitieren Sie von der über 40-jährigen Erfahrung des **Juristischen Repetitoriums hemmer** im Umgang mit Examensklausuren. Diese Erfahrung fließt in sämtliche Skripten des Verlages ein. Das Repetitorium beschäftigt **ausschließlich Spitzenjuristen**, teilweise Landesbeste ihres Examenstermins. Die so erreichte Qualität in Unterricht und Skripten werden Sie anderswo vergeblich suchen. Lernen Sie mit den Profis!

Ihre Aufgabe als Jurist wird es einmal sein, konkrete Fälle zu lösen. Diese Fähigkeit zu erwerben ist das Ziel einer guten juristischen Ausbildung. Nutzen Sie die Chance, diese Fähigkeit bereits zu Beginn Ihres Studiums zu trainieren. Erarbeiten Sie sich das notwendige Handwerkszeug anhand unserer Fälle. Sie werden feststellen: Wer Jura richtig lernt, dem macht es auch Spaß. Je mehr Sie verstehen, desto mehr Freude werden Sie haben, sich neue Probleme durch eigenständiges Denken zu erarbeiten. Wir bieten Ihnen mit unserer **juristischen Kompetenz** die notwendige Hilfestellung.

Fallsammlungen gibt es viele. Die Auswahl des richtigen Lernmaterials ist jedoch der entscheidende Aspekt. Vertrauen Sie auf unsere Erfahrungen im Umgang mit Prüfungsklausuren. Unser Beruf ist es, **alle klausurrelevanten Inhalte** zusammenzutragen und verständlich aufzubereiten. Prüfungsinhalte wiederholen sich. Wir vermitteln Ihnen das, worauf es in der Prüfung ankommt – verständlich – knapp – präzise.

Achten Sie dabei insbesondere auf die richtige Formulierung. Jura ist eine Kunstsprache, die es zu beherrschen gilt. Abstrakte Floskeln, ausgedehnte Meinungsstreitigkeiten sollten vermieden werden. Wir haben die Fälle daher bewusst kurz gehalten. Der Blick für das Wesentliche darf bei der Bearbeitung von Fällen nie verloren gehen.

Wir hoffen, Ihnen den Einstieg in das juristische Denken mit der vorliegenden Fallsammlung zu erleichtern und würden uns freuen, Sie auf Ihrem Weg in der Ausbildung auch weiterhin begleiten zu dürfen.

Karl-Edmund Hemmer & Achim Wüst

Zulässigkeit der Zwangsvollstreckung

I. Zuständigkeit des Vollstreckungsorgans

1. Funktionelle Zuständigkeit
2. Sachliche Zuständigkeit
3. Örtliche Zuständigkeit

II. Ordnungsgemäßer Vollstreckungsantrag

Formloser schriftlicher oder mündlicher Auftrag des Vollstreckungsgläubigers, siehe §§ 753, 754 ZPO

III. Allgemeine Verfahrensvoraussetzungen

1. Deutsche Gerichtsbarkeit
2. Zulässigkeit des Rechtswegs
3. Parteibezogene Verfahrensvoraussetzungen
4. Rechtsschutzbedürfnis

IV. Allgemeine Vollstreckungsvoraussetzungen

1. **Vollstreckungstitel**
2. **Vollstreckungsklausel**
3. **Zustellung des Vollstreckungstitels**

V. Besondere Vollstreckungsvoraussetzungen

1. Eintritt eines Kalendertages, § 751 I ZPO
2. Nachweis der Sicherheitsleistung, § 751 II ZPO
3. Vollstreckung bei Zug-um-Zug-Titeln

VI. Fehlen von Vollstreckungshindernissen

1. Vollstreckungsbeschränkende Vereinbarungen
2. Eröffnung eines Insolvenzverfahrens, § 89 InsO
3. § 775 ZPO: Vorlage einer Ausfertigung einer vollstreckbaren Entscheidung, aus der Aufhebung des zu vollstreckenden Urteils oder dessen vorläufige Vollstreckbarkeit hervorgeht

VII. Zwangsvollstreckung in die richtige Vermögensmasse

Rechtsbehelfe im Zwangsvollstreckungsverfahren

1. Im Klauselverfahren

- **Für den Vollstreckungsgläubiger**

  ⇨ gegen Verweigerung der Erteilung der einfachen Klausel durch Urkundsbeamten der Geschäftsstelle: **§ 573 I ZPO**

  Einfache Klauseln sind solche, die im sog. einfachen Klauselverfahren nach § 724 ZPO erteilt werden. Dabei wird der Titel nur hinsichtlich formeller Gesichtspunkte geprüft.

  ⇨ gegen Verweigerung der Erteilung einer qualifizierten Klausel durch den Rechtspfleger: **§ 11 I RPflG, § 567 I ZPO**

  Qualifizierte Klauseln liegen in den Fällen der §§ 726 – 729 ZPO sowie bei Erteilung der Vollstreckungsklauseln für Prozessvergleiche und notarielle Urkunden vor.

  ⇨ gegen Verweigerung der Klauselerteilung bei vollstreckbaren Urkunden durch den Notar: **§ 54 BeurkG**

  Für vollstreckbare notarielle Urkunden, § 794 I Nr. 5 ZPO, erteilt der verwahrende Notar gem. § 797 II S. 1 ZPO selbst sowohl einfache als auch qualifizierte Klauseln.

  ⇨ wenn die zur Titelergänzung oder -übertragung erforderlichen Nachweise durch öffentliche Urkunden nicht geführt werden können: **§ 731 ZPO**

- **Für den Vollstreckungsschuldner**

  ⇨ bei formellen und materiellen Einwendungen: **§ 732 ZPO**

  Es können nur solche materiellen Einwendungen geltend gemacht werden, die i.R.d. Prüfungskompetenz des Klauselorgans liegen, sich also aus den vorgelegten Urkunden ergeben.

  ⇨ (alternativ) bei materiellen Einwendungen: **§ 768 ZPO**

  Es können die in § 768 I ZPO genannten materiellen Einwendungen geltend gemacht werden, die sowohl innerhalb als auch außerhalb der Prüfungskompetenz des Klauselorgans liegen.

2. Wegen verfahrensrechtlicher Mängel

Vorgehen gegen ▶ handelndes Organ ▼	Ablehnung des begehrten Vollstreckungsaktes	Vornahme des Vollstreckungsaktes nach Anhörung	Vornahme des Vollstreckungsaktes ohne Anhörung
Gerichtsvollzieher	§ 766 II ZPO	§ 766 I ZPO	§ 766 I ZPO
Vollstreckungsgericht	§§ 793, 567 ff. ZPO	§§ 793, 567 ff. ZPO	§ 766 I ZPO
Rechtspfleger	§ 11 I RPflG, §§ 793, 567 ff. ZPO	§ 11 I RPflG, §§ 793, 567 ff. ZPO	§ 11 I RPflG, § 766 I ZPO
Prozessgericht 1. Instanz	§§ 793, 567 ff. ZPO	§§ 793, 567 ff. ZPO	§§ 793, 567 ff. ZPO
Grundbuchamt	§ 71 GBO	§ 71 GBO	§ 71 GBO

- **Wird die Unwirksamkeit des Titels als solcher eingewandt**

  Gestaltungsklage entsprechend § 767 I ZPO

  Die Unwirksamkeit des Titels kann sich etwa aus der inhaltlichen Unbestimmtheit des Titels oder Streitgegenstandes und damit wegen fehlender materieller Rechtskraft nach § 322 ZPO ergeben. § 767 II, III ZPO ist bei dieser Klage nicht anwendbar.

  Bei anfänglich unwirksamen Prozessvergleichen ist jedoch vorrangig das alte Verfahren aus prozessökonomischen Gründen fortzusetzen. In diesem Zusammenhang ist dann aber an die Einstellung der Zwangsvollstreckung analog § 769 ZPO zu denken.

- **Ist der Titel unklar**

  Klage auf Feststellung des Titelinhalts und seiner Reichweite, § 256 ZPO

3. Wegen materiell-rechtlichen Einwendungen

- **Für den Vollstreckungsschuldner**

Titel ► Angriff wegen ▼	**Urteil**	**Vergleich, § 794 I Nr. 1 ZPO**	**Notarielle Urkunde, § 794 Nr. 5 ZPO**	**Einstweilige Anordnung, § 794 Nr. 3a ZPO**
„punktuellen" Ereignisses	§ 767 I ZPO	§§ 767 I, 795 ZPO	§§ 767 I, 795 ZPO	§§ 767, 795 ZPO
stets wandelbarer wirtschaftlicher Verhältnisse	§ 323 ZPO	§§ 323 I, IV ZPO	§§ 323 I, IV ZPO	Negative Feststellungsklage, § 256 ZPO

- **Für Dritte**

  ⇨ Bei Geltendmachung eines die Veräußerung hindernden Rechts: Drittwiderspruchsklage, **§ 771 ZPO**

  ⇨ Bei Geltendmachung eines besitzlosen Pfand- oder Vorzugsrechts besseren Rangs: Klage auf vorzugsweise Befriedigung, **§ 805 ZPO**

  Der Inhaber eines Besitzpfandrechts kann alternativ zur Drittwiderspruchsklage auch die Klage auf vorzugsweise Befriedigung nach § 805 ZPO geltend machen.

  ⇨ Bei Streit um die Erlösverteilung zwischen mehreren Pfandrechtsgläubigern: Widerspruchsklage, **§ 878 ZPO**

Kapitel I: Die Vollstreckungsvoraussetzungen

1. Abschnitt: Antrag

Fall 1: Allgemeine Verfahrensvoraussetzungen

Sachverhalt:

Die Miterben G1 und G2 haben als Streitgenossen für die Erbengemeinschaft aus G1, G2 und G3 einen Zahlungstitel über 3.000,- € nebst Zinsen gegen den Nachlassschuldner S erwirkt. S zahlt daraufhin freiwillig an die Erbengemeinschaft. Da er sich hinsichtlich der Höhe der Zinsen aber verrechnete, bleibt ein Restbetrag in Höhe von 1,45 € offen. G1 übersendet daraufhin sofort eine vollstreckbare Ausfertigung des Titels an den Gerichtsvollzieher und beauftragt diesen, wegen der Differenz mit einer Sachpfändung bei S. G2 erklärt, er sei mit diesem Unfug – Zwangsvollstreckung wegen solch einer Minimalforderung – nicht einverstanden.

Frage: *Muss der Gerichtsvollzieher den Auftrag ausführen?*

I. Einordnung

Die Vollstreckungsorgane dürfen nur dann Vollstreckungshandlungen vornehmen, wenn die Zwangsvollstreckung zulässig ist. Dies haben sie von Amts wegen zu beachten und zu prüfen.

hemmer-Methode: Sämtliche Zulässigkeitsvoraussetzungen sind in der Übersicht auf Seite 1 aufgeführt.

Da das Zwangsvollstreckungsverfahren ein Antragsverfahren ist, werden die Vollstreckungsorgane überhaupt nur tätig, wenn ein wirksamer Antrag des Schuldners vorliegt. Dieser Antrag stellt eine Prozesshandlung dar, sodass für dessen Wirksamkeit die Prozesshandlungsvoraussetzungen erfüllt sein müssen. Weiterhin müssen sämtliche allgemeinen und für jedes zivilprozessuale Verfahren geltenden Voraussetzungen vorliegen.

hemmer-Methode: Die allgemeinen Vorschriften der ZPO (§§ 1 – 252 ZPO) gelten sowohl für das Erkenntnisverfahren (ZPO I, §§ 253 ff. ZPO) als auch für das Zwangsvollstreckungsverfahren (ZPO II, §§ 704 ff. ZPO).

II. Gliederung

1. Zuständigkeit des Vollstreckungsorgans

Im vorliegenden Fall bei Zwangsvollstreckung in bewegliche Sachen des Schuldners

⇨ **Zuständigkeit** des Gerichtsvollziehers nach §§ 753 I, 808 ff. ZPO

2. Ordnungsgemäßer Vollstreckungsantrag

Form, § 754 ZPO (+)

⇨ Mündlicher oder schriftlicher Auftrag in Verbindung mit Übergabe der vollstreckbaren Ausfertigung

3. Allgemeine Verfahrensvoraussetzungen

(P): Vollstreckungsbefugnis, hier (+)

⇨ Gesetzliche Vollstreckungsstandschaft nach § 2039 S. 1 BGB

(P): Rechtsschutzbedürfnis, hier (-)

⇨ Zwar keine Rechtsschutzversagung allein wegen der Höhe der Forderung möglich, vor Vollstreckung von Bagatellbeträgen aber erneute Zahlungsaufforderung geboten

III. Lösung

Der Gerichtsvollzieher (GV) wird den Vollstreckungsauftrag ausführen, wenn er zuständig und die Zwangsvollstreckung auch im Übrigen zulässig ist.

1. Zuständigkeit des Vollstreckungsorgans

Zunächst ist fraglich, ob der GV für die Vollstreckung der Forderung der Erbengemeinschaft zuständig ist.

a) Grundsätzlich GV, § 753 I ZPO

Gem. § 753 I ZPO ist der GV für jede Zwangsvollstreckung zuständig, die nicht den Gerichten zugewiesen ist.

Ob die Zuständigkeit des GV dogmatisch als funktionelle oder sachliche Zuständigkeit anzusehen ist, wird nicht einheitlich beurteilt.

Die funktionelle Zuständigkeit bezieht sich darauf, welches Organ der Rechtspflege in ein und demselben Rechtsstreit tätig zu werden hat. In Bezug auf den vorliegenden Fall geht es also um die Frage, wem die konkrete Vollstreckungstätigkeit in dem an sich einheitlichen Vollstreckungsverfahren zugewiesen ist.

I.R.d. sachlichen Zuständigkeit wird hingegen geprüft, welches von mehreren erstinstanzlichen Gerichten die Sache wegen deren Art zu erledigen hat. Wenn die Abgrenzung zwischen der Zuständigkeit der verschiedenen Vollstreckungsorgane dennoch teilweise unter diesem Gesichtspunkt betrachtet wird, so vermag dies nicht zu überzeugen.

hemmer-Methode: Eine Darstellung dieses Streits in der Klausur ist überflüssig. Im Regelfall reicht es aus, wenn Sie einfach feststellen, dass der GV zuständig ist. Ob dies eine funktionelle oder sachliche Zuständigkeit ist, muss nicht entschieden werden.

b) Konkrete Vollstreckungsmaßnahme

Der GV ist lediglich dann nicht zuständig, wenn die konkrete Vollstreckungsmaßnahme den Gerichten zugewiesen ist.

hemmer-Methode: Die Zuständigkeit für die konkrete Vollstreckungsmaßnahme kann der jeweils einschlägigen Vorschrift entnommen werden, wie z.B. §§ 808 ff., 883, 828 I, II, 887 I, 888 I, 890, 894 ZPO, § 1 ZVG, § 20 Nr. 17, § 3 Nr. 1i) RPflG (hierzu auch Thomas/Putzo, Vor § 704 ZPO, Rn. 6 - 8).

G1 begehrt hier die Vollstreckung wegen einer Geldforderung in bewegliche Sachen des S.

Für diese Vollstreckungsmaßnahme ist der GV gem. § 808 I ZPO zuständig.

2. Ordnungsgemäßer Vollstreckungsantrag

Der Vollstreckungsauftrag an den GV kann gem. § 754 ZPO formlos schriftlich oder mündlich erfolgen und ist auf die begehrte Art und Weise der Pfändung zu richten. Diesen formellen Anforderungen genügte G1, insbesondere richtete er seinen Auftrag auf Sachpfändung.

hemmer-Methode: Beachten Sie, dass der Antrag an den GV vom Gesetz als Auftrag bezeichnet wird. Darin kommt noch die überholte Auffassung zum Ausdruck, dass der Gläubiger Träger der Vollstreckungsgewalt sei und sich des Gerichtvollziehers im Rahmen eines privatrechtlichen Auftrags bediene. Heute ist aber allgemein anerkannt, dass die Vollstreckung durch Zwangseingriff der staatlichen Hoheitsorgane auf Antrag des Gläubigers nach Maßgabe der öffentlich-rechtlichen Ermächtigungsnormen der staatlichen Zwangsgewalt erfolgt.

Zugleich mit der Auftragserteilung übergab G1, wie es § 754 I ZPO verlangt, die vollstreckbare Ausfertigung des Schuldtitels, § 724 ZPO.

3. Allgemeine Verfahrensvoraussetzungen

Das Vollstreckungsverfahren ist wie das Erkenntnisverfahren ein Zweiparteienverfahren, für welches die allgemeinen Verfahrensvoraussetzungen vorliegen müssen.

hemmer-Methode: Prüfen Sie die in der Übersicht auf Seite 1 aufgeführten Voraussetzungen gedanklich stets durch. Schriftliche Ausführungen sind in der Klausur allerdings nur im Problemfall erforderlich.

a) Vollstreckungsbefugnis

Auch im Zwangsvollstreckungsverfahren muss die antragstellende Partei das Recht besitzen, als richtige Partei im eigenen Namen auftreten zu dürfen (im Zivilprozess spricht man von der Prozessführungsbefugnis). Dies Recht steht grundsätzlich dem zu, der einen auf seinen Namen lautenden Titel erstritten hat.

In dem von G1 und G2 erwirkten Titel wurde S zur Zahlung an die Erbengemeinschaft gemäß § 2032 BGB verurteilt. Nur diese und eben nicht G1 ist der im Titel bezeichnete Gläubiger. Es ist daher fraglich, ob G1 die Befugnis zusteht, im eigenen Nahmen die Vollstreckung zu betreiben.

aa) Vollstreckungsstandschaft

Dies wäre dann der Fall, wenn G1 im Vollstreckungsverfahren als Prozessstandschafter auftreten konnte (sog. Vollstreckungsstandschaft).

hemmer-Methode: Nicht unnötig doppelt lernen! Erkennen Sie die Parallelen zwischen Erkenntnisverfahren und Vollstreckungsverfahren? Wird im Prozess ein fremdes Recht im eigenen Namen geltend gemacht, so ist die Prozessführungsbefugnis zu bejahen, wenn ein Fall der gesetzlichen oder gewillkürten Prozessstandschaft vorliegt.

Eine gewillkürte Vollstreckungsstandschaft scheidet grds. aus. Wegen des ausdrücklichen Widerspruchs von G2 liegt keine Ermächtigung aller Mitglieder der Erbengemeinschaft vor, vgl. § 2038 I BGB.

Jedoch ist der einzelne Miterbe nach § 2039 S. 1 BGB befugt, Nachlassforderungen allein und in eigenem Namen geltend zu machen. Diese Vorschrift regelt eine gesetzliche Prozessstandschaft. Ihr Sinn und Zweck ist es zu verhindern, dass ein einzelnes Mitglied der Gesamthandsgemeinschaft die Verfolgung von Gesamthandsansprüchen unnötig erschweren oder völlig zum Erliegen bringen kann. Diese ratio greift im Zwangsvollstreckungsverfahren ebenso wie im Erkenntnisverfahren.

bb) Widerspruch des Streitgenossen

Auch der Widerspruch des Streitgenossen G2 vermag an der Befugnis des G1 zur Durchführung der Vollstreckung nichts zu ändern.

Es kann dahinstehen, ob zwischen ihnen eine einfache oder eine notwendige Streitgenossenschaft vorlag[1]. Denn jedenfalls war die Mitwirkung des G2 im Erkenntnisverfahren wegen § 2039 S. 1 BGB nicht nötig, so dass er auch die anschließende Rechtsverwirklichung im Wege der Zwangsvollstreckung nicht durch seinen Widerspruch blockieren kann[2].

G1 ist somit allein vollstreckungsbefugt.

hemmer-Methode: Unzulässig ist dagegen nach h.M. die sog. isolierte Vollstreckungsstandschaft. Der Titelgläubiger kann also nicht einen Dritten ermächtigen, im eigenen Namen die Vollstreckung zu betreiben. Dies ist nur dann möglich, wenn auch der titulierte Anspruch übertragen wird.

b) Rechtsschutzbedürfnis

Es könnte aber an dem Rechtsschutzbedürfnis für eine Zwangsvollstreckung fehlen.

Im Raum steht lediglich noch eine Forderung von 1,45 €, den Rest hat S ordnungsgemäß gezahlt.

aa) E.A.: Vollstreckung bei Minimalforderungen nicht verhältnismäßig

Nach einer Auffassung handelt der Gläubiger dann rechtsmissbräuchlich, wenn er die Zwangsvollstreckung lediglich wegen einer minimalen Restforderung betreibe, wobei nach dieser Ansicht die Grenze bei 5,- € zu ziehen ist.

Durch die Vollstreckung würden Kosten anfallen, die in keinem Verhältnis zum geschuldeten Betrag stünden. Das Verhältnismäßigkeitsprinzip als Ausfluss von Treu und Glauben gelte aber auch in der Zwangsvollstreckung und verbiete daher ein Vorgehen.

bb) H.M.: Auch Minimalforderungen vollstreckbar

Nach weit überwiegender Auffassung wird es jedoch durchaus als zulässig erachtet, grundsätzlich die Vollstreckung wegen einer auch noch so geringen Forderung zu betreiben. Ein Verzicht auf die Durchsetzung einer titulierten Forderung könne dem Gläubiger nicht mit Verhältnismäßigkeitserwägungen zugemutet werden. Diese wären allenfalls bei der Wahl des Vollstreckungsobjekts, nicht aber bei der Frage nach dem „Ob“ der Vollstreckung zu beachten.

1 Sehr str., vgl. Zöller, § 62 ZPO, Rn. 13.

2 KG, NJW 1957, 1154.

hemmer-Methode: Würde man der Zwangsvollstreckung wegen einer Minimalforderung das Rechtsschutzbedürfnis versagen, so könnte letztlich jeder Schuldner auf gegen ihn gerichtete Forderungen weniger zahlen, wenn dieser Betrag im Nachhinein nicht beigetrieben werden könnte. Dass dies verhindert werden muss, liegt auf der Hand.

cc) Einfacherer und billigerer Weg

Ein Rechtsschutzbedürfnis für eine Vollstreckung in derartigen Fällen kann nach h.M. jedoch auch nur dann bejaht werden, wenn dem Gläubiger kein einfacherer und billigerer Weg zur Verfolgung seiner Rechte zur Verfügung steht.

Bleibt nach einer freiwilligen Zahlung des Schuldners wie hier lediglich eine Bagatellforderung offen, so ist es durchaus nicht fernliegend, dass es sich bzgl. des Restbetrages um ein Zahlungsversehen handeln könnte. Es ist daher zumindest eine erneute Zahlungsaufforderung des Gläubigers geboten und zumutbar, bevor der Schuldner mit der Vollstreckung „überfallen“ wird (LG Hannover, DGVZ 1991, 190).

Hätte G1 den S mit dem Hinweis auf die noch offene Differenz nochmals gemahnt, so ist davon auszugehen, dass S gezahlt hätte. S war hier schließlich keineswegs zahlungsunwillig oder –fähig, sondern hatte sich schlichtweg verrechnet.

4. Ergebnis

Es besteht kein Rechtsschutzbedürfnis für die Zwangsvollstreckung. Der GV muss den Auftrag nicht ausführen

IV. Zusammenfassung

- Vor Beginn der Zwangsvollstreckung muss jedes Vollstreckungsorgan prüfen, ob die Zwangsvollstreckung zulässig ist.
- Die Vollstreckung ist nur dann zulässig, wenn neben den allgemeinen und besonderen Vollstreckungsvoraussetzungen auch die allgemeinen Verfahrensvoraussetzungen vorliegen.
- Der Antragsteller muss vollstreckungsbefugt sein. Ist nicht er selbst der im Titel bzw. der titelumschreibenden Klausel bezeichnete Gläubiger, so ist zu prüfen, ob ein Fall der Vollstreckungsstandschaft vorliegt.
- Das Rechtsschutzbedürfnis für die Zwangsvollstreckung entfällt nicht deshalb, weil nur wegen einer Minimalforderung vollstreckt werden soll.

V. Vertiefung

- Hemmer/Wüst, ZPO II, Rn. 113 ff.
- Thomas/Putzo, § 753 ZPO, Rn. 13.

Fall 2: Weisungen des Vollstreckungsgläubigers

Sachverhalt:

G hat zum wiederholten Mal einen Titel gegen den sehr vermögenden S erwirkt, der lediglich „aus Prinzip" nicht freiwillig zahlt. Angesichts der bisher leidigen und zeitraubenden Prozessführung ist G sehr ungehalten. Da er seinen Widersacher aus alten Zeiten persönlich gut kennt, weiß er, wie er S vernichtend treffen kann. Er übergibt dem Gerichtsvollzieher eine vollstreckbare Ausfertigung des Titels und weist ihn an, speziell die Überraschungseierfigurensammlung, welche S über alles liebt, zu pfänden. Der Gerichtsvollzieher lehnt ab.

Frage: *Hat ein gerichtliches Vorgehen gegen diese Ablehnung Aussicht auf Erfolg?*

I. Einordnung

Der Gläubiger ist insofern Herr des Vollstreckungsverfahrens, als er durch seinen Antrag dessen Beginn, sowie Art und Gegenstand bestimmen kann.

hemmer-Methode: So kann der Gläubiger beim GV einen Antrag, §§ 753, 754 ZPO, auf Sachpfändung oder beim Vollstreckungsgericht einen Antrag auf Forderungspfändung, vgl. §§ 828, 829 ZPO, stellen.

Es ist weiterhin anerkannt, dass der Gläubiger

- den Forderungsbetrag, wegen dem die Vollstreckung erfolgt, beschränken kann,
- die Einstellung der Zwangsvollstreckung verfügen kann,
- die Aufhebung einzelner oder sämtlicher Vollstreckungsmaßnahmen erwirken kann, vgl. § 111 GVGA[3].

hemmer-Methode: Dies alles ist Ausfluss der Dispositionsmaxime, die auch im Vollstreckungsverfahren gilt.

Problematisch ist allerdings, inwieweit der Gläubiger dem GV auch detaillierte Anweisungen geben kann, also ihn z.B. mit der Pfändung eines von ihm im Voraus bestimmten Gegenstandes beauftragen kann.

II. Gliederung

1. Zulässigkeit der Erinnerung

a) **Statthaftigkeit** bei Weigerung des GV gem. § 766 II ZPO (+)

b) **Zuständigkeit** des Vollstreckungsgerichts nach §§ 766 II, 764 II, 802 ZPO

c) **Form:** schriftlich oder zu Protokoll der Geschäftsstelle, § 569 II S. 1, III ZPO analog
⇨ hier (+)

d) **Beschwer** ⇨ (+), Gläubiger ist erinnerungsbefugt, da Vollstreckungsorgan die Vollstreckung ablehnt

e) **Rechtschutzbedürfnis**
⇨ (+), es besteht für den Gläubiger, sobald und solange die vollstreckbare Ausfertigung erteilt ist.

[3] Geschäftsanweisung für Gerichtsvollzieher, Schönfelder Ergänzungsband Nr. 109.

2. Begründetheit der Erinnerung

Rechtswidrigkeit der Ablehnung der Vollstreckung in die Figurensammlung (-)
⇨ unzulässige Druckpfändung, vgl. § 104 GVGA

III. Lösung

Ein gerichtliches Vorgehen gegen die Weigerung des GV hat Aussicht auf Erfolg, wenn ein entsprechender Rechtsbehelf existiert und dieser zulässig und begründet ist.

In Betracht kommt hier eine Vollstreckungserinnerung nach § 766 II ZPO.

hemmer-Methode: Die Erinnerung ist mangels Devolutiveffekts kein Rechtsmittel, sondern ein Rechtsbehelf. Es handelt sich um eine formlose Gegenvorstellung, die eine richterliche Kontrolle innerhalb des Vollstreckungsbetriebs gewährleistet und gleichzeitig den Beteiligten rechtliches Gehör bietet.

1. Zulässigkeit der Erinnerung

a) Statthaftigkeit

Ein gewählter Rechtsbehelf ist statthaft, wenn er vom Gesetz zur Erreichung des angestrebten Ziels zur Verfügung gestellt wird.

Mit der Erinnerung nach § 766 ZPO können verfahrensrechtliche Mängel der Zwangsvollstreckung geltend gemacht werden. Insbesondere ist sie statthaft gegen jedes auf die Zwangsvollstreckung bezogene Verhalten des GV.

Nach dem Wortlaut des § 766 II ZPO kann die Erinnerung erhoben werden, wenn sich der GV weigert, die Vollstreckung antragsgemäß durchzuführen.

So liegt der Fall hier, die Erinnerung des G ist statthaft.

b) Zuständigkeit

Für die Entscheidung über die Erinnerung ist das Vollstreckungsgericht zuständig, § 766 II ZPO.

Vollstreckungsgericht ist gem. § 764 II ZPO das Amtsgericht, in dessen Bezirk das Vollstreckungsverfahren stattfinden soll, hier also das Amtsgericht am Wohnsitz des S.

Diese Zuständigkeit ist sowohl in örtlicher als auch sachlicher Hinsicht ausschließlich, vgl. § 802 ZPO.

hemmer-Methode: Verschenken Sie keinen Punkt, indem Sie bei den Zuständigkeiten im Zwangsvollstreckungsrecht § 802 ZPO vergessen! Aber Vorsicht! Oftmals ist noch in sachlicher und örtlicher Hinsicht zu differenzieren. Dies können Sie entweder dem Gesetzeswortlaut entnehmen oder sich – soweit zulässig – kommentieren.

c) Form und Frist

Die Erinnerung muss in entsprechender Anwendung des § 569 II S. 1, III ZPO schriftlich oder zu Protokoll der Geschäftsstelle eingelegt werden. Ein Anwaltszwang gem. § 78 ZPO besteht schon deswegen nicht, weil das Vollstreckungsgericht stets ein Amtsgericht ist.

Eine Frist ist nach h.M. nicht einzuhalten.

hemmer-Methode: Die Erinnerung kann daher bis zum Ende des Vollstreckungsverfahrens eingelegt werden. Ist dieses beendet, so ist die Erinnerung dennoch nicht verfristet, sondern wegen fehlenden Rechtsschutzinteresses unzulässig.

d) Beschwer

Der antragstellende Gläubiger ist immer dann erinnerungsbefugt, wenn das Vollstreckungsorgan die Vollstreckung ablehnt, verzögert oder von seinem Antrag abweicht.

hemmer-Methode: Der Schuldner hingegen ist durch die Zwangsvollstreckung als solche schon beschwert.

Hier hat sich der GV geweigert, die Vollstreckung gemäß dem Auftrag des G auszuführen. G ist daher erinnerungsbefugt.

e) Rechtsschutzbedürfnis

Für den Gläubiger besteht ein Rechtsschutzbedürfnis, sobald und solange die vollstreckbare Ausfertigung erteilt ist.

Im Ergebnis ist die Erinnerung zulässig.

2. Begründetheit der Erinnerung

Die Erinnerung des Gläubigers wäre begründet, wenn der GV die Ausführung von Vollstreckungsmaßnahmen zu Unrecht ablehnt oder zulässige Weisungen des Gläubigers nicht befolgt hätte.

Ob das Verhalten des GV rechtswidrig ist, hängt demnach in erster Linie von der Zulässigkeit der konkreten Zwangsvollstreckungsmaßnahme ab.

hemmer-Methode: Sie sehen, über diese Verknüpfung sind Sie wieder „im normalen Prüfungsschema“ für die Zulässigkeit der Zwangsvollstreckung (vgl. Seite 1).

a) Zuständigkeit des GV

Der GV ist für die Vollstreckung in das bewegliche Vermögen des Schuldners wegen einer Geldforderung zuständig, §§ 753 I, 809 ZPO.

b) Ordnungsgemäßer Antrag

Problematisch ist, ob ein ordnungsgemäßer Vollstreckungsauftrag, §§ 753, 754 ZPO, des G vorliegt.

Dies wäre nur dann der Fall, wenn der Gläubiger dem GV konkrete Weisungen hinsichtlich der Vollstreckung erteilen könnte.

aa) Generalauftrag

Grundsätzlich muss der Gläubiger dem GV einen „Generalauftrag“ erteilen, kann ihn also nur hinsichtlich der Sachpfändung als solcher anweisen.

bb) Besondere Weisungen

Andere Weisungen hat der GV nur zu beachten, soweit sie nicht dem Gesetz oder der GVGA widersprechen. Gem. § 104 I GVGA ist der GV verpflichtet, auch die Interessen des Schuldners zu wahren. Wünsche der Parteien sollen nach § 104 II GVGA nur insoweit berücksichtigt werden, als ihnen ohne überflüssige Kosten und Schwierigkeiten und ohne Beeinträchtigung des Zwecks der Zwangsvollstreckung nachgekommen werden kann.

cc) Interessenabwägung

Die Weisung des G ist damit unter dem Gesichtspunkt der widerstreitenden Gläubiger- und Schuldnerinteressen zu betrachten.

Die Pfändung der Überraschungseierfigurensammlung, an der S ein besonderes Affektionsinteresse hat, soll diesen anhalten, jetzt und wohl auch in Zukunft freiwillig zu zahlen. Der Zweck des Vollstreckungsverfahrens erschöpft sich aber darin, dem Gläubiger zwangsweise Befriedigung zu verschaffen, nicht aber einen solchen Druck auszuüben.

Darüber hinaus wohnt der Weisung des S ein gewisser „Rachemoment“ inne. Zur Befriedigung solcher Gelüste darf die Zwangsvollstreckung keineswegs missbraucht werden.

dd) Anderweitige Befriedigungsmöglichkeit

Die Weisung des G kann aber nur dann als unzulässig eingestuft werden, wenn überhaupt eine andere Befriedigungsmöglichkeit besteht. Einen Ausfall mit seiner titulierten Forderung i.R.d. Sachpfändung muss der Gläubiger nur in den vom Gesetz normierten Fällen der §§ 811 ff. ZPO, hinnehmen. Ein solcher liegt hier allerdings nicht vor.

Da der S sehr wohlhabend ist und lediglich „aus Prinzip“ nicht freiwillig zahlt, ist davon auszugehen, dass jedenfalls noch andere Vermögensstücke vorhanden sind, die gepfändet werden können.

Die willkürliche Weisung des G ist somit unzulässig, die Weigerung durch den GV mithin rechtmäßig.

hemmer-Methode: Beachten Sie Folgendes: Grds. ist der Vollstreckungsantrag auslegungsfähig. Die Folge für die Praxis besteht darin, dass der GV den Auftrag des Gläubigers, sofern nur irgend möglich, nach § 133 BGB als Generalauftrag auslegen und die Weisung lediglich als unverbindliche Anregung interpretieren wird. Dann kann er mit der Vollstreckung auch in andere Sachen beginnen.

3. Ergebnis

Die zulässige Erinnerung des G ist unbegründet und hat daher keine Aussicht auf Erfolg.

IV. Zusammenfassung

- Weigert sich der GV, einen Auftrag des Gläubigers zu übernehmen oder weisungsgemäß auszuführen, so ist die Vollstreckungserinnerung nach § 766 II ZPO der statthafte Rechtsbehelf.
- Die Weigerung des GV ist nur dann rechtswidrig, wenn die konkrete Zwangsvollstreckungsmaßnahme zulässig ist.
- Grundsätzlich kann der Gläubiger dem GV nur einen Generalauftrag erteilen.
- Spezielle Weisungen des Gläubigers hat der GV unter dem Gesichtspunkt der widerstreitenden Gläubiger- und Schuldnerinteressen zu beachten.

V. Vertiefung

- Hemmer/Wüst, ZPO II, Rn. 113, 286 ff.

2. Abschnitt: Titel

Fall 3: Bestimmtheit des Titels

Sachverhalt:

Im Büro des Gerichtsvollziehers GV gehen am Morgen des 10. Januar folgende Vollstreckungsaufträge ein:

1. *Arbeitnehmer G möchte gegen seinen Arbeitgeber S aus einem Endurteil auf Zahlung von Arbeitslohn in Höhe von „2.000,- € brutto“ vollstrecken. Das Urteil wurde den Parteien am 18. Oktober des Vorjahres zugestellt, ein Rechtsmittel ist bisher nicht eingelegt worden.*
2. *Frau G legt die vollstreckbare Ausfertigung einer notariellen Urkunde vor, in der sich ihr geschiedener Mann S zur Zahlung von Scheidungsunterhalt in Höhe von monatlich 600,- € ab dem 01. Januar verpflichtet und diesbezüglich der sofortigen Zwangsvollstreckung unterworfen hat. Unter Ziffer 2 der Urkunde findet sich folgende Bestimmung: „Der Unterhalt erhöht oder vermindert sich jeweils in dem Verhältnis, wie sich der Preisindex für Lebenshaltungskosten ändert.“ G begehrt nunmehr Vollstreckung für einen Monatsbetrag in Höhe von 670,- €.*
3. *G möchte gegen S aus einem Versäumnisurteil auf Zahlung von 2.000,- € vollstrecken, obwohl S mittlerweile ordnungsgemäß Einspruch eingelegt hat.*

Frage: *Wird der Gerichtsvollzieher die Aufträge ausführen?*

I. Einordnung

Grundvoraussetzung jeder Zwangsvollstreckung sind ein Vollstreckungstitel, die Vollstreckungsklausel und die Zustellung an den Schuldner.

hemmer-Methode: Wenn die Zulässigkeit der Zwangsvollstreckung im Raum steht, sollten diese allgemeinen Vollstreckungsvoraussetzungen in der Klausur immer (zumindest kurz) angesprochen werden.

Vollstreckungstitel sind Entscheidungen und beurkundete Erklärungen, aus denen kraft Gesetzes die Zwangsvollstreckung zugelassen ist.

Sie bestimmen Inhalt und Umfang der Zwangsvollstreckung und legen die Parteien des Vollstreckungsverfahrens fest.

Bestehen Unklarheiten hinsichtlich des Titelinhalts, so hat der GV den Titel nach allgemeinen Grundsätzen auszulegen. Ist der Inhalt aber auch nicht durch Auslegung ermittelbar, so ist die Zwangsvollstreckung unzulässig.

II. Gliederung

1. Bruttolohntitel
Vollstreckungstitel (+) ⇨ rechtskräftiges Endurteil gem. § 704 I 1.Alt. ZPO

(P): Arbeitnehmer steht nur der Nettolohn zu

⇨ Nach h.M. Vollstreckung des Bruttolohns dennoch zulässig

⇨ Gem. § 775 Nr. 4, 5 ZPO kann der Arbeitgeber aber hinsichtlich bereits abgeführter Steuern und Sozialversicherungsbeiträge die Einstellung erwirken

2. Wertsicherungsklausel

Vollstreckungstitel (+) ⇨ vollstreckbare Urkunde i.S.d. § 794 I Nr. 5 ZPO

(P): Leistung ist an einen außerhalb des Titels liegenden Berechnungsfaktor gekoppelt

⇨ Nach h.M. bestimmt genug, da sich Preisindex für Lebenshaltungskosten leicht und zuverlässig aus allgemein zugänglichen, amtlichen Quellen ermitteln lässt

3. Vorläufig vollstreckbarer Titel

Vollstreckungstitel (+)
⇨ vorläufig vollstreckbares Urteil i.S.d. §§ 704 I 2.Alt., 708 Nr. 2 ZPO

Aber einstweilige Einstellung der Zwangsvollstreckung nach § 775 I Nr. 2 ZPO durch Gerichtsbeschluss nur auf Antrag des Schuldners, §§ 719 I S. 1, 707 ZPO

III. Lösung 1

Der GV wird die Zwangsvollstreckung durchführen, wenn sie zulässig ist.

Dazu ist insbesondere erforderlich, dass ein vollstreckungsfähiger Titel vorliegt. Dieser bildet für den Gläubiger und das Vollstreckungsorgan die Grundlage, um gegen den Schuldner vorgehen zu können.

1. Vollstreckungsfähiger Titel

Ein Titel ist vollstreckungsfähig, wenn die Vollstreckung aus einem Titel dieser Art kraft Gesetzes zugelassen ist, der Inhalt vollstreckungsfähig und bestimmt ist, sowie die Parteien ausreichend bezeichnet sind. Diese Voraussetzungen hat der GV von Amts wegen zu prüfen.

hemmer-Methode: Die Zwangsvollstreckung ist ein streng formalisiertes Verfahren. Dies ist nötig, da das Vollstreckungsorgan allein aufgrund der Angaben im Titel vollstreckt, aber zu keinem Zeitpunkt den zugrundeliegenden Sachverhalt prüft.

a) Vorliegen eines Vollstreckungstitels

G möchte gegen S aus einem rechtskräftigen Endurteil vollstrecken, das er in einem arbeitsgerichtlichen Verfahren erstritten hat.

Ein solcher Titel ist generell zur Vollstreckung geeignet, wenn er rechtskräftig ist, vgl. § 62 II ArbGG, § 704 I 1.Alt. ZPO.

Unter Rechtskraft ist in diesem Zusammenhang die formelle Rechtskraft i.S.d. § 705 ZPO, § 19 I EGZPO zu verstehen. Diese tritt dann ein, wenn das Urteil nicht mehr mit einem ordentlichen Rechtsmittel angefochten werden kann.

Ein arbeitsgerichtliches Urteil kann innerhalb eines Monats nach Zustellung mit der Berufung angegriffen werden, § 66 I S. 1, 2 ArbGG.

Das Urteil, aus dem G vollstrecken möchte, wurde am 18. Oktober des Vorjahres zugestellt.

Damit ist es nunmehr (10. Januar) nicht mehr mit der Berufung anfechtbar. Das Urteil ist mithin rechtskräftig und ein entsprechender Vollstreckungstitel liegt vor.

hemmer-Methode: In der Praxis wird dem GV die Rechtskraft des Urteils durch ein Rechtskraftzeugnis der Geschäftsstelle des zuständigen Gerichts nachgewiesen, § 706 ZPO. Vor Erteilung fragt die Geschäftsstelle beim zuständigen Rechtsmittelgericht nach, ob dort ein Rechtsmittel vorliegt; das Zeugnis des Rechtsmittelgerichts heißt Notfristzeugnis, § 706 II ZPO.

b) Bestimmtheit des Titels

Fraglich ist allerdings, ob der auf Zahlung eines Bruttobetrages lautende Titel inhaltlich hinreichend bestimmt ist.

Es ist nämlich zu berücksichtigen, dass der Arbeitgeber vom Bruttolohn regelmäßig Steuern und Sozialversicherungsabgaben abzuführen hat. Dem Arbeitnehmer steht daher in erster Linie nur der Nettobetrag zu.

aa) Früher: Nicht vollstreckungsfähig

Aus diesem Grund wurde früher vertreten, dass ein solcher Titel dahingehend auszulegen sei, dass nur der –noch nicht errechnete– Nettolohn tituliert werden sollte. Da die Höhe des Nettolohns aber für den GV nicht ersichtlich ist, wäre der Titel nicht hinreichend bestimmt genug und somit auch nicht vollstreckungsfähig.

bb) Rspr. und h.M.: Vollstreckungsfähig

Heute ist es allgemein anerkannt, dass der Arbeitnehmer aus einem Bruttolohntitel vollstrecken kann.

Ihm steht nach materiellem Recht ein Anspruch auf Zahlung des Bruttolohns zu. Die Abführung von Steuern und Sozialversicherungsabgaben durch den Arbeitgeber stellt nur eine besondere Zahlweise dar. Solange diese noch nicht abgeführt sind, liegt auch noch keine Erfüllung vor. Überdies haftet der Arbeitnehmer unter Umständen selbst für diese Beträge, vgl. §§ 38 III, 42d III EStG.

hemmer-Methode: Nach der Entscheidung des Großen Senats des BAG können die Verzugs- und Prozesszinsen ebenfalls aus dem Bruttolohn verlangt werden.

2. Vollstreckungsbeschränkung

Hat der Arbeitgeber Steuern und Sozialabgaben allerdings schon abgeführt, so muss verhindert werden, dass der Arbeitnehmer insoweit nochmals vollstrecken kann.

Darum hat sich jedoch der Arbeitgeber selbst zu kümmern. So kann er dem tätig werdenden GV entsprechende Unterlagen vorlegen, aus denen sich die Zahlung ergibt. Die Zwangsvollstreckung ist dann gem. § 775 Nr. 4, 5 ZPO zu beschränken.

3. Ergebnis

Der GV wird aus dem Bruttolohntitel vollstrecken.

Wenn Arbeitgeber S belegen kann, dass er Steuern und Sozialversicherungsabgaben bereits abgeführt hat, wird die Zwangsvollstreckung insoweit beschränkt. Anderenfalls wird der volle Bruttolohn vollstreckt.

IV. Lösung 2

1. Vollstreckungsfähiger Titel

Bei der von G vorgelegten Urkunde müsste es sich um einen Titel handeln, aus dem die Vollstreckung zulässig ist.

a) Vorliegen eines Vollstreckungstitels

Gem. § 794 I Nr. 5 ZPO kann aus Urkunden, die ein deutscher Notar formgerecht nach §§ 8 ff. BeurkG[4] aufgenommen hat, vollstreckt werden, wenn sich der Schuldner darin der sofortigen Zwangsvollstreckung unterworfen hat.

Eine diesen formellen Voraussetzungen entsprechende Urkunde liegt hier vor.

hemmer-Methode: Kommentieren Sie sich den § 794 ZPO neben § 704 ZPO. In der Examensklausur wird Ihnen nur selten der einfache Grundfall (rechtskräftiges Endurteil), sondern eher die „gehobenere" Variante eines Titels nach § 794 ZPO begegnen.

Weiterhin ist erforderlich, dass der beurkundete Anspruch überhaupt einer vergleichsweisen Regelung zugänglich ist.

Auch das ist hier der Fall, nachdem der Scheidungsunterhalt gem. § 1585c BGB der absoluten Dispositionsbefugnis der Parteien unterliegt.

hemmer-Methode: Verfügt der Gläubiger über einen Vollstreckungstitel i.S.d. § 794 ZPO, so fehlt einer gleichwohl erhobenen Leistungsklage das Rechtsschutzbedürfnis.

Die notarielle Urkunde stellt einen Vollstreckungstitel nach § 794 I Nr. 5 ZPO dar.

b) Bestimmtheit des Titels

Problematisch erscheint die Vollstreckungsfähigkeit der Urkunde mangels Bestimmtheit.

An letzterer könnte es in inhaltlicher Hinsicht fehlen, weil sich die geschuldete Leistung nicht eindeutig aus dem Titel ergibt. Vielmehr bedarf es zur Berechnung des konkret geschuldeten Unterhaltsbetrags des Rückgriffs auf zusätzliche Informationen.

aa) Grundsatz

Ein Titel ist grundsätzlich nicht bestimmt genug, wenn sich die Leistung weder aus ihm selbst, noch durch Auslegung ermitteln lässt, sondern vielmehr auf den Inhalt anderer Schriftstücke, z.B. von Gerichtsakten zurückgegriffen werden muss.

Beispiel: Vermieter klagt auf 4 Monatsmieten zu je 1.000 € (Jan. bis April). Der Mieter wird zur Zahlung von 1.000 € verurteilt, ohne dass sich aus dem Urteil ergeben würde, für welchen Monat die Verurteilung ausgesprochen wurde.

[4] Beurkundungsgesetz, Schönfelder Nr. 23.

Das ist aber allein deshalb wichtig, weil die Ansprüche unterschiedlich verjähren.

bb) Wertsicherungsklauseln

Bei einem Vollstreckungstitel mit einer sog. Wertsicherungs- oder Indexklausel kann von diesem Grundsatz nach allgemeiner Ansicht eine Ausnahme gemacht werden.

Wenn sich der der Klausel zugrundeliegende Index problemlos aus einem Gesetz oder einer allgemein zugänglichen Quelle ermitteln lässt, so ist die Bestimmtheit gewahrt. Für den durch das statistische Bundesamt ermittelten Preisindex für die Lebenshaltungskosten ist eine solche leichte Ermittelbarkeit mittlerweile anerkannt[5].

Der GV kann die konkret zu vollstreckende Summe im vorliegenden Fall ohne weiteres berechnen.

hemmer-Methode: Ebenfalls als bestimmt genug ist es anzusehen, wenn der Schuldner zur Zahlung von Zinsen in Höhe von fünf oder acht Prozentpunkten über dem Basiszinssatz verurteilt wird, vgl. §§ 288, 291 BGB.
Der Basiszinssatz gem. § 247 BGB kann dem Bundesanzeiger entnommen werden. Unzulässig ist dagegen die Anknüpfung an Beamtengehälter. Wegen der Kompliziertheit der Besoldungsgesetze ist die Berechnung hier nämlich nicht mehr ohne weiteres möglich und zumutbar.

2. Ergebnis

Aus der von G vorgelegten notariellen Urkunde kann vollstreckt werden.

Hinsichtlich der Höhe wird der GV anhand der amtlichen Daten über den Preisindex für Lebenshaltungskosten eine eigene Berechnung anstellen.

V. Lösung 3

1. Vollstreckungsfähiger Titel

Die Vollstreckung aus dem Versäumnisurteil (VU) müsste zulässig sein.

Problematisch ist, dass gegen das VU ein zulässiger Einspruch, §§ 338, 339, 340 I, II ZPO eingelegt wurde und es deshalb nicht in Rechtskraft erwachsen konnte, § 704 I 1.Alt. ZPO, vgl. § 705 S. 2 ZPO.

Eine Vollstreckung ist jedoch dennoch möglich, wenn das VU für vorläufig vollstreckbar erklärt wurde, § 704 I 2.Alt. ZPO.

hemmer-Methode: Die vorläufige Vollstreckbarkeit gibt dem Gläubiger die Möglichkeit, aus einem gerade erhaltenen Titel zu vollstrecken, obwohl der Beklagte noch Rechtsbehelfe dagegen einlegen und den Titel dadurch gegebenenfalls wieder aufheben lassen kann.

Ein VU ist gem. § 708 Nr. 2 ZPO – sogar ohne Sicherheitsleistung– für vorläufig vollstreckbar zu erklären. Überdies steht dem Schuldner auch keine Abwendungsbefugnis gegen die Vollstreckung gem. § 711 ZPO zu.

hemmer-Methode: In § 711 ZPO wird nur auf § 708 Nr. 4 - 11 ZPO Bezug genommen. Wurde z.B. der Schuldner durch VU zur Zahlung von 500,- € verurteilt, dann liegt gleichzeitig ein Fall von § 708 Nr. 2 und Nr. 11 ZPO vor.

---

[5] BGH, NJW-RR 2004, 649 m.w.N.

Die Abwendungsbefugnis scheidet dennoch aus, da die Nrn. 1 - 3 vorrangig sind.

Durch die Einlegung des Einspruchs ist die Vollstreckbarkeit des vorliegenden VU auch nicht automatisch weggefallen.

Die Möglichkeit der vorläufigen Vollstreckbarkeit soll dem Schuldner nämlich gerade den Anreiz nehmen, durch die Einlegung von Rechtsmitteln den Eintritt der Rechtskraft und damit die Vollstreckung hinauszuzögern.

Das VU ist ein vollstreckungsfähiger Titel gem. §§ 704 I 2.Alt., 708 Nr. 2 ZPO.

hemmer-Methode: Vollstreckt der Gläubiger und wird dem Einspruch später stattgegeben und daraufhin das VU aufgehoben, § 343 S. 2 ZPO, so steht dem Schuldner ein verschuldensunabhängiger Schadensersatzanspruch aus § 717 II ZPO zu.

2. Vollstreckungseinstellung

Nach Einlegung des Einspruchs kann S bei dem Prozessgericht allerdings die einstweilige Einstellung der Vollstreckung beantragen, §§ 719 I S. 1, 707 ZPO. Diesem wird bei Sicherheitsleistung nach § 108 ZPO ohne weiteres stattgegeben (vgl. Thomas/Putzo, § 719 ZPO, Rn. 5), andernfalls nur, wenn das VU nicht gesetzmäßig war.

Einen so erwirkten Beschluss, §§ 719 I S. 1, 707 II ZPO, kann S dann dem GV vorlegen, woraufhin dieser nach § 775 Nr. 2 ZPO die Vollstreckung zunächst einstellt.

3. Ergebnis

G kann aus dem VU vollstrecken, auch wenn S Einspruch eingelegt hat.

Jedoch kann S die einstweilige Einstellung der Vollstreckung erreichen, §§ 775 Nr. 2, 719 I S. 1, 707 ZPO, wenn er einen entsprechenden Antrag stellt und Sicherheit leistet.

VI. Zusammenfassung

- Grundlage der Vollstreckung ist ein vollstreckbarer Titel. Dieser legt Inhalt und Umfang sowie die Parteien der Zwangsvollstreckung fest.
- Vollstreckbar sind bereits rechtskräftige oder für vorläufig vollstreckbar erklärte Endurteile, § 704 I ZPO, sowie die in § 794 I ZPO aufgelisteten Titel.
- Das Vollstreckungsorgan muss ohne weiteres aus dem Titel handeln können, was wiederum bedeutet, dass dieser dementsprechend bestimmt genug sein muss.
- Aufgrund eines Titels auf Zahlung von Bruttolohn kann vollstreckt werden.
- Eine Wertsicherungsklausel ist zulässig, wenn sich der Berechnungsfaktor mit Hilfe leicht zugänglicher, bzw. offenkundiger Umstände ermitteln lässt.

VII. Zur Vertiefung

- Hemmer/Wüst, ZPO II, Rn. 33 ff.

Fall 4: Einwendungen gegen den titulierten Anspruch

Sachverhalt:

Privatmann S bestellte im Internet-Shop der Firma G einen Flachbildschirm. Die inhaltlich ordnungsgemäße Unterrichtung über das Widerrufsrecht wurde während des Bestellvorgangs auf der Homepage der G angezeigt, weitergehende Informationen erfolgten nicht. Der Monitor wurde geliefert, wegen unerwarteter Geldnöte konnte S allerdings den Kaufpreis nicht zahlen.

G verklagte ihn daraufhin bei dem zuständigen Amtsgericht und erstritt innerhalb von sieben Monaten einen Titel. Als sie nach dessen Rechtskraft die Zwangsvollstreckung einleitete, erkundigte sich S bei dem ihm bekannten BWL-Studenten Bernd B., der ein Semester Privatrecht an der Universität gehört hatte, ob er sich gegen eine solche „verbraucherunfreundliche Willkür" nicht irgendwie zur Wehr setzen könnte. Auf den Rat des B hin erklärte S schriftlich den Widerruf des Vertrages, welchen der Geschäftsführer der G als völlig verspätet zurückwies.

Frage: *Hat ein gerichtliches Vorgehen des S gegen die Zwangsvollstreckung Aussicht auf Erfolg?*

I. Einordnung

Hält der Gläubiger einen vollstreckungsfähigen Titel in Händen, so bestehen für den Schuldner grundsätzlich zwei Möglichkeiten, gegen den im Titel festgestellten Anspruch materiellrechtliche Einwendungen vorzubringen.

Er kann zum einen den gegen den Vollstreckungstitel selbst statthaften Rechtsbehelf einlegen, z.B. gegen das für vorläufig vollstreckbar erklärte Endurteil, § 704 I 2.Alt. ZPO, die Berufung, § 511 ZPO.

Ist dies nicht möglich, etwa wegen Ablaufs der Berufungsfrist nach § 517 ZPO, so muss für den Schuldner dennoch die Möglichkeit bestehen, ein nachträgliches Erlöschen oder eine inzwischen eingetretene Hemmung des Anspruchs geltend zu machen, wenn dies zwischen den Parteien umstritten oder vom Gläubiger nicht beachtet wird.

Dazu ist die Vollstreckungsabwehrklage (oder Vollstreckungsgegenklage) gem. § 767 I ZPO der richtige Rechtsbehelf.

hemmer-Methode: Die klassische Konstellation, anhand derer sich die Notwendigkeit dieses Rechtsbehelfs verdeutlichen lässt, ist die Vollstreckung des Urteils durch den Gläubiger, obwohl der Schuldner bereits freiwillig geleistet hat. Da nach dem Prinzip der formalisierten Zwangsvollstreckung nur der Titelinhalt für das Vollstreckungsorgan maßgebend ist, nicht aber das Bestehen eines vollstreckbaren Anspruchs, beachtet dieses außer in den Fällen des § 775 Nr. 4, 5 ZPO eine Erfüllung gerade nicht.

Die Vollstreckungsabwehrklage stellt eine prozessuale Gestaltungsklage dar, die zwar nicht die Rechtskraft des Titels, wohl aber dessen Vollstreckbarkeit beseitigt.

Obsiegt der Vollstreckungsschuldner dementsprechend mit der Klage nach § 767 I ZPO, so kann er mit dem so errungenen Titel die Einstellung der Zwangsvollstreckung (ZV) gem. § 775 Nr. 1 ZPO erwirken.

II. Gliederung

1. Zulässigkeit der Vollstreckungsabwehrklage, § 767 I ZPO

a) **Statthaftigkeit** (+)
⇨ mit Erlöschen infolge Widerrufs wird die materiell-rechtliche Einwendung gegen den Kaufpreisanspruch geltend gemacht.

b) **Zuständigkeit** ⇨ Prozessgericht des ersten Rechtszuges, §§ 767 I, 802 ZPO

c) **Ordnungsgemäße Klageerhebung** (+) ⇨ allgem. Vorschriften der §§ 253, 78 ZPO sind beachtet.

d) **Rechtsschutzbedürfnis** (+)
⇨ Vollstreckungstitel liegt vor und ZV ist noch nicht beendet.

2. Begründetheit der Vollstreckungsabwehrklage

Materiell-rechtliche Einwendung (+)
⇨ Kaufpreisanspruch durch Widerruf erloschen, § 355 I S. 1 BGB; mangels Textform gem. § 126b BGB der Widerrufsbelehrung, § 355 III S. 1 BGB ist die Erklärung nicht verfristet, vgl. §§ 355 IV S. 2, 360 I BGB.

(P): Präklusion nach § 767 II ZPO (+)
⇨ Nach überzeugender Ansicht ist auch bei verbraucherschützenden Widerrufsrechten auf den Zeitpunkt des Entstehens der Einwendung abzustellen.
dolo agit-Einrede aus § 242 BGB hier (-)
⇨ auch der Rückgewähranspruch ist von der Rechtskraft des Leistungsurteils umfasst.

III. Lösung

Ein gerichtliches Vorgehen des S gegen die Zwangsvollstreckung hat Aussicht auf Erfolg, wenn es einen zulässigen und begründeten Rechtsbehelf gibt.

hemmer-Methode: Da der Titel der G bereits formell rechtskräftig ist, § 705 ZPO, § 19 I EGZPO, scheidet die Einlegung der Berufung und die Stellung eines Antrags auf einstweilige Einstellung der Zwangsvollstreckung gem. §§ 719 I S. 1 2.Alt., 707 ZPO von vornherein aus.

In Betracht kommt hier eine Vollstreckungsabwehrklage nach § 767 I ZPO.

1. Zulässigkeit

a) Statthaftigkeit

Die Klage ist statthaft, wenn ein vollstreckungsfähiger Titel vorliegt und der Schuldner eine materiell-rechtliche Einwendung gegen den titulierten materiellen Anspruch erhebt.

hemmer-Methode: An diesem Prüfungspunkt muss in der Klausur im Problemfall gegenüber anderen Rechtsbehelfen in der Zwangsvollstreckung abgegrenzt werden, vgl. die Übersichten Seite 2 - 4.

S wendet sich hier gegen ein rechtskräftiges Leistungsurteil. Dieses stellt gem. § 704 I 1.Alt. ZPO einen vollstreckungsfähigen Titel dar.

hemmer-Methode: Da Feststellungs- und Gestaltungsurteile keinen vollstreckungsfähigen Inhalt haben, kann gegen sie grundsätzlich auch nicht mit der Vollstreckungsabwehrklage vorgegangen werden.

Des Weiteren trägt S auch eine materiell-rechtliche Einwendung gegen den titulierten Anspruch vor, nämlich das Erlöschen des Kaufpreisanspruches infolge Widerrufs, §§ 312c I, 312g I, 355 I S. 1 BGB.

hemmer-Methode: Streitgegenstand ist die Unzulässigkeit der Zwangsvollstreckung aus dem Titel wegen der konkret geltend gemachten Einwendung. Wird die Klage als unbegründet zurückgewiesen, so scheitert die Zulässigkeit einer erneuten Vollstreckungsabwehrklage nicht an der entgegenstehenden Rechtskraft des ersten Urteils (vgl. dazu ausführlich Fall 5).

Die Vollstreckungsgegenklage ist statthaft.

b) Zuständiges Gericht

Gem. § 767 I ZPO ist das Prozessgericht erster Instanz ausschließlich, § 802 ZPO, zuständig. Dabei ist allein maßgeblich, welches Gericht tatsächlich entschieden hat. Ob dieses auch wirklich zuständig war, ist demgegenüber unerheblich.

S muss die Vollstreckungsabwehrklage daher vor dem Amtsgericht erheben, wo G ursprünglich den Vollstreckungstitel erstritten hatte.

c) Ordnungsgemäße Klageerhebung

Die Klageschrift muss den formellen Anforderungen des § 253 ZPO entsprechen.

Der Antrag, § 253 II Nr. 2 ZPO, ist dahingehend zu richten, dass die Vollstreckung aus dem Urteil des G für unzulässig erklärt wird, vgl. § 775 Nr. 1 ZPO.

Einen Anwalt braucht S nicht zwingend zu beauftragen, § 78 ZPO, da die Klage zum Amtsgericht zu erheben ist.

d) Rechtsschutzbedürfnis

Das Rechtsschutzbedürfnis entsteht, sobald ein Vollstreckungstitel vorliegt. Es entfällt erst wieder, wenn die Zwangsvollstreckung durch Befriedigung des Gläubigers beendet und der Titel dem Schuldner ausgehändigt ist, vgl. § 757 ZPO.

hemmer-Methode: Hat der Schuldner an den Gläubiger geleistet, ohne den Titel zu erhalten, so kann er neben der Vollstreckungsabwehrklage gleichzeitig eine Klage auf Herausgabe des Vollstreckungstitels analog § 371 BGB erheben.

Im vorliegenden Fall ist das Rechtsschutzbedürfnis des S zu bejahen, da G über einen Titel verfügt und sogar die Zwangsvollstreckung eingeleitet hat.

Die Vollstreckungsabwehrklage ist damit zulässig.

2. Begründetheit

Die Klage ist begründet, wenn dem Kläger eine materiell-rechtliche Einwendung gegen den titulierten Anspruch zusteht und diese nicht nach § 767 II ZPO ausgeschlossen ist.

hemmer-Methode: Beachten Sie die umgekehrte Klausurtaktik bei der Prüfungsreihenfolge. Ist die Einwendung präkludiert, dann stellen Sie zuerst deren Vorliegen fest und gehen dann auf § 767 II ZPO ein. Besteht schon keine Einwendung, dann sollte man ggf. zunächst kurz ausführen, dass die vorgebrachte Einwendung jedenfalls nicht präkludiert wäre.

Die Situation ist hier insoweit nicht mit der bei §§ 4, 7, 13 KSchG vergleichbar, wo die materielle Präklusionsfrist zwingend an den Prüfungsanfang zu stellen ist.

a) Einwendung gegen den titulierten Anspruch

Dem S könnte gegen den Kaufpreisanspruch der G aus § 433 II BGB die rechtsvernichtende Einwendung des Widerrufs nach § 355 I S. 1 BGB zustehen.

Voraussetzung hierfür wäre, dass S ein Widerrufsrecht zustand und er dieses wirksam ausgeübt hat.

aa) Bestehen eines Widerrufsrechts

Bei dem zwischen S und G geschlossenen Vertrag handelt es sich ohne Zweifel um einen Verbrauchervertrag gem. §§ 312 I, 310 III BGB, der auf eine entgeltliche Leistung gerichtet ist. Eine Ausnahme gem. § 312 II, III BGB greift nicht ein. Die Voraussetzungen des § 312c I BGB (Fernabsatzvertrag) liegen ebenfalls vor, so dass ein Widerrufsrecht gem. § 312g I BGB besteht. Auch greift keine Ausnahme i.S.d. § 312g II BGB.

hemmer-Methode: In der Klausur ist hier selbstverständlich eine exakte und umfangreichere Subsumtion zwingend. Es lägen dann an dieser Stelle wohl auch einige materielle Probleme vor.
Wir haben als Aufhänger für die Präklusionsproblematik bewusst einen einfachen Fall gewählt. Einen guten Überblick zu den hier auftretenden Problemen gibt Hemmer/Wüst, Verbraucherschutzrecht, Rn. 298 ff.

bb) Wirksame Ausübung des Widerrufsrechts

Der Widerruf kann grundsätzlich nur innerhalb von 14 Tagen ab Vertragsschluss gem. § 355 II S. 1, 2 BGB erklärt werden.

Im vorliegenden Fall ist jedoch zu beachten, dass zwischen Vertrag bzw. Lieferung und Ausübung des Widerrufsrechts schon mehr als sieben Monate verstrichen sind.

Gem. § 356 III BGB ist bei einem Fernabsatzvertrag jedoch zusätzliche Voraussetzung gem. Art. 246a § 1 II EGBGB eine ordnungsgemäße Unterrichtung. Diese hat in Textform zu erfolgen. Zwar sind die inhaltlichen Anforderungen laut Sachverhalt gewahrt. Auch hat die Lieferung stattgefunden, so dass der Fristlauf nicht an § 356 II Nr. 1 a) BGB scheitert.

Jedoch genügte die Darstellung auf der Homepage nicht der geforderten Textform gem. Art. 246a § 1 II S. 2 EGBGB, § 126b BGB[6], weil wegen der jederzeitigen Möglichkeit einer Abänderbarkeit einer Homepage keine dauerhafte Verkörperung der Erklärung gegeben war.

Fraglich ist, wie sich die Nichtwahrung der vorgeschriebenen Form auf das Widerrufsrecht auswirkt. Gem. § 356 III S. 2 BGB erlischt das Widerrufsrecht trotz fehlender ordnungsgemäßer Unterrichtung spätestens zwölf Monate und 14 Tage nach Lieferung gem. § 356 II Nr. 1 a) BGB.

S konnte daher auch nach über sieben Monaten seit Lieferung noch wirksam den Widerruf des Kaufvertrages erklären.

Der titulierte Kaufpreisanspruch ist damit erloschen.

[6] BGH, NJW 2010, 3566 ff.

cc) Präklusion, § 767 II ZPO

Wegen § 767 II ZPO könnte aber die Geltendmachung der rechtsvernichtenden Einwendung des Verbraucherwiderrufs nach § 355 I S. 1 BGB unzulässig sein.

hemmer-Methode: § 767 II ZPO führt zu einer materiellen Präklusion. Es wäre ein grober Fehler, auf diese Norm i.R.d. Zulässigkeit der Vollstreckungsabwehrklage einzugehen.

Nach dieser Vorschrift kann sich der Vollstreckungsschuldner nicht mehr auf solche Einwendungen berufen, die bereits vor der letzten Tatsachenverhandlung entstanden waren und deshalb auch dort hätten vorgebracht werden können. Der Beklagte soll durch § 767 II ZPO gezwungen werden, sich bereits im Erkenntnisverfahren umfassend zu verteidigen, anstatt später das Vollstreckungsverfahren zu verzögern.

Aus diesem Grund können nur solche Einwendungen vorgebracht werden, die nach dem Schluss der mündlichen Verhandlung entstanden sind. Relevanter Zeitpunkt ist dabei das nach materiellem Recht zu beurteilende Bestehen der Einwendung, und eben nicht deren Geltendmachung, bzw. Ausübung.

hemmer-Methode: Unterscheiden Sie in diesem Zusammenhang drei Zeitpunkte: Einmal den Zeitpunkt des Entstehens des Gestaltungsrechts ohne Berücksichtigung einer Kenntnis von dessen erster Ausübungsmöglichkeit, dann den Zeitpunkt des Entstehens mit Kenntnis davon, wann das Gestaltungsrecht zum ersten Mal ausgeübt werden kann, und schließlich die eigentliche Ausübung des Gestaltungsrechts durch Abgabe einer entsprechenden Erklärung.

dd) Zeitpunkt bei Gestaltungsrechten

Bei dem Widerruf handelt es sich um ein Gestaltungsrecht[7].

Bei Gestaltungsrechten ist die Bestimmung des maßgeblichen Präklusionszeitpunkts umstritten, wenn der Gestaltungsgrund bereits während des Vorprozesses bestand, die Abgabe der Gestaltungserklärung aber erst nachträglich erfolgte. Genau diese Konstellation liegt hier vor.

(1) Ausübung des Gestaltungsrechts

Nach der herrschenden Ansicht in der Literatur sind die Gründe, also die Tatsachen auf denen die Einwendung beruht, vollständig erst dann entstanden, wenn das Gestaltungsrecht auch tatsächlich ausgeübt wurde.

So erlischt erst durch die Erklärung der Aufrechnung die Hauptforderung, erst durch die Erklärung der Anfechtung entfallen die Primäransprüche.

Abzustellen sei daher bei § 767 II ZPO erst auf den Zeitpunkt, zu dem das Gestaltungsrecht ausgeübt wurde. Erfolgte dies erst nach Schluss der mündlichen Verhandlung, tritt keine Präklusion ein.

Danach wäre die Einwendung des S nicht präkludiert, da der Widerruf erst nach der letzten mündlichen Verhandlung des Prozesses erklärt wurde.

(2) Entstehung des Gestaltungsrechts

Anders die Rechtsprechung. Nach deren Meinung sei eine solche Betrachtungsweise nicht mit der ratio legis des § 767 II ZPO vereinbar.

---

7 Palandt, § 355 BGB, Rn. 3.

Die materielle Rechtskraft des Titels aus dem Vorprozess wäre nur unzureichend gegen eine Durchbrechung im Wege der Vollstreckungsgegenklage geschützt. Der Schuldner hätte es vielmehr in der Hand, durch „taktischen“ Einsatz der Gestaltungserklärungen die Zwangsvollstreckung zu verschleppen bzw. die Vollstreckbarkeit des Titels völlig zu beseitigen.

Der BGH stellt deshalb folgerichtig darauf ab, wann das Gestaltungsrecht entstanden ist und erstmals hätte ausgeübt werden können. Er betrachtet die Befugnis zur Ausübung als Entstehungstatbestand i.S.d. § 767 II ZPO, ohne dass die tatsächliche Kenntnis des Gläubigers vom Gestaltungsrecht eine Rolle spielen würde.

Das Widerrufsrecht des G entstand unmittelbar mit Vertragsschluss. Es existierte damit bereits während der mündlichen Verhandlung und hätte geltend gemacht werden können. Somit ist G nun mit der Einwendung des Verbraucherwiderrufs präkludiert.

hemmer-Methode: Diese Rechtsprechung führt de facto zu einer Verkürzung der Ausschluss- und Verjährungsfristen des materiellen Rechts. Die Gegenauffassung ist in der Klausur zwar sehr gut vertretbar, aber bedenken Sie auch, dass Sie sich dann das nun folgende punkteträchtige Problem abschneiden würden.

ee) Ausnahme bei verbraucherschützenden Widerrufsrechten?

Möglicherweise ist von dem Grundsatz, dass bei Gestaltungsrechten der für die Beurteilung der Präklusion gem. § 767 II ZPO maßgebliche Zeitpunkt der des Entstehens des Gestaltungsrechts ist, bei den verbraucherschützenden Widerrufsrechten eine Ausnahme zu machen.

(1) Keine Präklusion bei Willkürrecht

Es ist nämlich die Besonderheit zu beachten, dass es für die Ausübung eines Gestaltungsrechts besonderer „Gründe“, von denen § 767 II ZPO spricht, nicht bedarf.

Entsprechend dieser Gesichtspunkte hat der BGH in einem Fall entschieden, in welchem dem Schuldner vertraglich eine Option eingeräumt und er an deren Ausübung nach dem erstinstanzlichen Prozess nicht gehindert ist.

Dies könne ohne weiteres im Wege der Vollstreckungsabwehrklage geltend gemacht werden[8].

Es wird argumentiert, dass derjenige, der nach Belieben durch Ausübung eines Options-, Kündigungs-, Rücktritts- oder Widerrufsrechts in die titulierte Forderung eingreifen könne, mit der Ausübung dieses Rechts ein der Präklusion unzugängliches „tatbestandsloses“ Widerrufsrecht geltend macht[9].

(2) Präklusion auch bei Verbraucherwiderruf

Jedoch ist zu beachten, dass das Widerrufsrecht nach § 355 BGB im Unterschied hierzu dem Verbraucher nicht vertraglich eingeräumt wird, sondern aufgrund der Gesetzeslage besteht.

Es lässt sich gerade nicht einer solchen Option gleichstellen, bei der eine Vertragspartei der anderen innerhalb einer bestimmten Frist die Möglichkeit einer Gestaltungserklärung einräumt.

8 BGHZ 94, 29 für eine Mietoption.

9 So Karsten Schmidt, JuS 2000, 1099.

Bei einer solchen vertraglichen Vereinbarung spielt die Länge der Ausübungsfrist nämlich oftmals eine entscheidende Rolle. Die Partei, welche die Option gewährt, kann nicht damit rechnen, dass diese schon vor ihrem Ablauf in einem Vorprozess ausgeübt wird.

Käme es dann zur Präklusion nach § 767 II ZPO, würde man nicht nur in einen ausgehandelten Vertrag, sondern darüber hinaus ganz entscheidend in die hier vorrangigen Grundsätze der Privatautonomie eingreifen.

Das Widerrufsrecht nach § 355 I S. 1 BGB stellt nach seiner Integration ins BGB eine rechtsvernichtende Einwendung auf gesetzlicher Grundlage dar und ist wie auch die Anfechtung, Kündigung, Rücktritt etc. in dogmatischer Hinsicht als reines Gestaltungsrecht zu behandeln. Eine Sonderbehandlung im Vergleich zu anderen Widerrufsrechten ist damit nicht mehr geboten[10].

hemmer-Methode: In der Klausur ist, sofern Sie erst einmal an dieser Stelle sind, alles vertretbar. Mit Hinweis auf § 356 III S. 2 BGB, der zwingende Vorgaben des Gemeinschaftsrechts umsetzt, kann eine Präklusion gut abgelehnt werden, da es ansonsten faktisch schon zu einem Erlöschen des Widerrufsrechts vor Ablauf der dortigen Frist kommt.

Somit bleibt es bei dem Grundsatz, dass maßgeblicher Präklusionszeitpunkt die Entstehung des Widerrufsrechts ist.

Die Einwendung des G ist daher präkludiert.

b) dolo agit- Einrede, § 242 BGB

S könnte der Vollstreckung durch G möglicherweise den Arglisteinwand, § 242 BGB, wegen unzulässiger Rechtsausübung entgegenhalten, da G eine Pflicht zur alsbaldigen Rückgewähr treffen könnte („dolo agit, qui petit, quod statim redditurus est"). Dies wäre dann der Fall, wenn der i.R.d. Vollstreckungsabwehrklage präkludierte Einwand des Widerrufs materiell-rechtlich dennoch seine Wirkungen entfalten würde.

Ein Widerruf führt nämlich gem. § 357 I S. 1 BGB zur Entstehung eines Rückgewährschuldverhältnisses. Nach § 357 I BGB hat der Gläubiger hier den erlangten Kaufpreis wieder zurückzugewähren.

Jedoch ist auch der Rückgewähranspruch des Verbrauchers von der Rechtskraft des Leistungsurteils auf Kaufpreiszahlung erfasst[11].

hemmer-Methode: Käme es hier zu einem anderen Ergebnis, wäre der gesamte Streit um die Präklusion des Widerrufsrechts obsolet.

Die Arglisteinrede scheidet daher aus.

c) Ergebnis

Eine Vollstreckungsabwehrklage nach § 767 I ZPO, die S auf die Ausübung des Verbraucherwiderrufs nach § 355 I S. 1 BGB stützt, wäre zwar zulässig, aber unbegründet.

Ein gerichtliches Vorgehen gegen die Vollstreckung hat daher keine Aussicht auf Erfolg.

---

[10] So auch Thomas/Putzo, § 767 ZPO, Rn. 22b, auch wenn es hier freilich an jedweder differenzierender Argumentation fehlt.

[11] BGHZ 131, 82, 84 ff.

IV. Zusammenfassung

- Wenn in der Zwangsvollstreckung gegen den titulierten Anspruch materiell-rechtliche Einwendungen geltend gemacht werden sollen, ist die Vollstreckungsabwehrklage nach § 767 I ZPO der statthafte Rechtsbehelf.
- Die Vollstreckungsabwehrklage ist begründet, wenn dem Vollstreckungsschuldner (= Kläger) tatsächlich eine materiell-rechtliche Einwendung zusteht und diese nicht nach § 767 II ZPO präkludiert ist.
- Wegen § 767 II ZPO kann der Schuldner nur solche rechtsvernichtenden und rechtshemmenden Einwendungen vorbringen, die erst nach Schluss der letzten mündlichen Verhandlung entstanden sind.
- Bei Gestaltungsrechten kommt es maßgeblich auf deren Entstehung, nicht auf die Ausübung an (a.A. vertretbar).
- Der Verbraucherwiderruf ist wie jedes andere Gestaltungsrecht zu behandeln (a.A. vertretbar).

V. Zur Vertiefung

- Hemmer/Wüst, ZPO II, Rn. 234 ff.

Fall 5: Einwendungen gegen den titulierten Anspruch

Sachverhalt:

Die ehemaligen Gesellschafter S und G prozessierten schon jahrelang wegen einer Ausgleichsforderung, bis sie endlich vor dem OLG Bamberg im März einen Vergleich schlossen. Danach sollte S an G 50.000,- € zahlen. Bereits wenige Tage später bereute S jedoch den Vergleichsschluss. Er unterließ deshalb auch jegliche Zahlung. G, der endlich Geld sehen wollte, leitete umgehend die Zwangsvollstreckung ein. S erhob daraufhin Vollstreckungsabwehrklage, mit der er zahlreiche Einwendungen vorbrachte, letztlich aber nach Verhandlung im Juni abgewiesen wurde. Wegen einer durch S erwirkten einstweiligen Anordnung hatte G die Zwangsvollstreckung während des Prozesses einstellen müssen. Sofort nach Rechtskraft des Urteils, indem auch die einstweilige Anordnung wieder aufgehoben wurde, betrieb G die Zwangsvollstreckung weiter. Daraufhin erhebt S im August erneut Vollstreckungsabwehrklage und trägt zu deren Begründung vor, er rechne mit einer ihm zwischenzeitlich bekannt gewordenen Schadensersatzforderung auf. In der mündlichen Verhandlung stellt sich heraus, dass die besagte Forderung dem S tatsächlich zusteht. Sie beruht auf einer im Mai durch G begangenen Verletzung eines vor längerer Zeit vereinbarten Wettbewerbsverbots.

Frage: *Hat die Klage des S Aussicht auf Erfolg?*

I. Einordnung

Die Grundkonstellation dieses Falls ist eher gewöhnlich:

G vollstreckt aus einem Prozessvergleich i.S.d. § 794 I Nr. 1 ZPO, S wehrt sich dagegen mit einer Vollstreckungsabwehrklage.

Die Besonderheit besteht vorliegend darin, dass dies nicht die erste, sondern bereits die zweite Vollstreckungsabwehrklage ist, die G anstrengt. Man spricht dann von der **wiederholten Vollstreckungsabwehrklage.**

hemmer-Methode: Eine eher unscheinbare und wohl wenig bekannte Norm, welche aber genau diese Situation betrifft, ist § 767 III ZPO.
Sollte man in der Klausur allerdings erstmals auf diese Vorschrift stoßen, hilft allein der Wortlaut kaum weiter, wenn man nicht die damit zusammenhängenden Probleme kennt.

Inwieweit ein solches Vorgehen des Vollstreckungsschuldners überhaupt zulässig ist und ob er damit überhaupt Erfolg haben kann, ist Hauptgegenstand des folgenden Falls.

II. Gliederung

1. Zulässigkeit der Vollstreckungsabwehrklage, §§ 795, 767 I ZPO

a) Statthaftigkeit (+)

⇨ Prozessvergleich ist vollstreckungsfähiger Titel, § 794 I Nr. 1 ZPO

⇨ Mit Erlöschen infolge Aufrechnung gem. § 389 BGB, wird materiellrechtliche Einwendung gegen den titulierten Anspruch geltend gemacht

b) Zuständigkeit hier str.

⇨ Nach h.M. das Gericht, bei dem der durch Vergleich erledigte Rechtsstreit in erster Instanz anhängig war

c) (P): Entgegenstehende Rechtskraft der ersten Vollstreckungsabwehrklage nach § 322 I ZPO; hier (-)

⇨ BGH: wegen anderer Einwendung ist auch von einem anderen Streitgegenstand auszugehen.

d) Rechtsschutzbedürfnis (+)

⇨ Vollstreckungstitel liegt vor und ZV noch nicht beendet

2. Begründetheit

Materiell-rechtliche Einwendung (+)

⇨ Gegenforderung besteht und Aufrechnung bewirkt nach § 389 BGB Erlöschen der Hauptforderung.

Präklusion nach § 767 II ZPO hier (-)

⇨ Vergleich erwächst nicht in Rechtskraft, daher keine Anwendbarkeit der Regelung

⇨ Jedoch Präklusion nach § 767 III ZPO (+)

⇨ Aufrechnungslage bestand bereits vor der letzten mündlichen Verhandlung zur ersten Vollstreckungsabwehrklage.

III. Lösung

Die Klage hat Aussicht auf Erfolg, wenn sie zulässig und begründet ist.

hemmer-Methode: Bleiben Sie in der Klausur ruhig, selbst wenn eine unbekannte Konstellation auftaucht. Die wiederholte Vollstreckungsgegenklage stellt „auch nur“ eine Vollstreckungsabwehrklage i.S.d. § 767 I ZPO dar und wird nach dem bekannten Schema geprüft. Wenn Ihnen das Schlagwort geläufig ist, bringen Sie es aber so früh wie möglich.

1. Zulässigkeit

a) Statthaftigkeit

Zunächst müsste ein zur Vollstreckung geeigneter Titel vorliegen. Dies ist bei einem Prozessvergleich gem. § 794 I Nr. 1 ZPO der Fall.

Der Vergleich zwischen S und G wurde von diesen als Parteien eines Rechtsstreits vor einem deutschen Gericht, dem OLG Bamberg, geschlossen. Er stellt somit einen Titel i.S.d. § 794 I Nr. 1 ZPO dar, gegen den gem. § 795 S. 1 ZPO die Vollstreckungsabwehrklage nach § 767 ZPO grundsätzlich statthaft ist.

hemmer-Methode: Der Prozessvergleich hat eine Doppelnatur. Er ist Prozesshandlung, weil er den Rechtsstreit unmittelbar beendet und gleichzeitig ein privat-rechtlicher Vertrag zwischen den Parteien ist. Einen ausführlichen Fall zu den prozessualen und materiellen Wirksamkeitsvoraussetzungen des Prozessvergleichs finden Sie bei Hemmer/Wüst, „Die 40 wichtigsten Fälle zur ZPO I“, Fall 18.

Ferner müsste S eine materiell-rechtliche Einwendung gegen den titulierten materiellen Anspruch erheben.

Er macht hier geltend, dass der im Vergleich geregelte Anspruch des G durch Aufrechnung, §§ 387, 389 BGB, erloschen sei. Dies ist für die Zulässigkeit der Klage ausreichend.

Streit über die Wirksamkeit eines Prozessvergleichs

Streiten die Parteien darüber, ob überhaupt ein wirksamer Vergleich vorliegt, so ist hinsichtlich der **statthaften Klageart** zu differenzieren:

- Über Einwendungen, die den rechtlichen Bestand des Vergleichs in Frage stellen (z.B. Prozessunfähigkeit einer Partei, Anfechtung), ist regelmäßig der alte Rechtsstreit fortzusetzen, weil bei Unwirksamkeit des Vergleichs die Rechtshängigkeit des alten Verfahrens gar nicht geendet hat. Die Zwangsvollstreckung kann in diesem Fall nach § 769 ZPO analog einstweilen eingestellt werden (Thomas/Putzo, § 794 ZPO, Rn. 36). Das alte Verfahren ist auch dann fortzusetzen, wenn auf den unwirksamen Vergleich bereits gezahlt wurde und es nun um die Rückforderung geht, vgl. Life&Law 2011, 636 ff. mit weiteren Beispielen. Macht jedoch niemand die Unwirksamkeit des Vergleichs geltend, so scheitert eine neue Klage nicht an der anderweitigen Rechtshängigkeit, denn es handelt sich dabei um eine verzichtbare prozessuale Rüge, BGH, Life&Law 2014, 183 ff.
- Werden aus *nachträglich* eingetretenen Ereignissen Einwendungen gegen den Fortbestand des Vergleichs hergeleitet (z.B. Wegfall der Geschäftsgrundlage, Rücktritt, vertragliche Aufhebung), so ist die Vollstreckungsgegenklage gem. § 767 I ZPO i.V.m. § 795 S. 1 ZPO der richtige Rechtsbehelf, weil der Vergleich den alten Prozess wirksam beendet hat und das dortige Verfahren daher nicht mehr fortgesetzt werden kann. Sofern auf einen solchen Vergleich schon geleistet worden sein sollte, wäre die Rückforderung dementsprechend in einem neuen Prozess geltend zu machen.

b) Zuständiges Gericht

Problematisch ist, welches Gericht für die Vollstreckungsabwehrklage gegen einen Prozessvergleich zuständig ist.

hemmer-Methode: Die Darstellung erfolgt hier rein aus didaktischen Gründen. Nach dem Sachverhalt, der gerade keine diesbezüglichen Angaben enthält, kann ohne weiteres von einer Klageerhebung beim zuständigen Gericht ausgegangen werden.

Gem. § 795 ZPO sind für die in § 794 ZPO aufgeführten Titel die Sondervorschriften der §§ 795a – 800 ZPO zu beachten.

Die Regelung des § 797 V ZPO, nach der die Klage am allgemeinen Gerichtsstand des Schuldners zu erheben ist, wobei sich die sachliche Zuständigkeit nach dem Streitwert bestimmt, ist nicht anwendbar. Diese gilt nur für gerichtliche Urkunden i.S.d. § 795 I Nr. 5 ZPO, nicht aber für Prozessvergleiche.

Zuständig ist vielmehr gem. §§ 767 I, 802 ZPO ausschließlich das Gericht, bei dem der durch Vergleich erledigte Rechtsstreit in erster Instanz anhängig war (Thomas/Putzo, § 767 ZPO, Rn. 13 und § 731 ZPO, Rn. 4). Dies ist hier die Vorinstanz des OLG Bamberg.

c) Entgegenstehende Rechtskraft

Es wurde schon einmal rechtskräftig entschieden, dass die Vollstreckung aus dem Vergleich zulässig ist.

Der wiederholten Vollstreckungsabwehrklage könnte daher die materielle Rechtskraft, § 322 I ZPO, der ersten Vollstreckungsgegenklage entgegenstehen.

hemmer-Methode: Zu den negativen Prozessvoraussetzungen des Fehlens der anderweitigen Rechtshängigkeit sowie der entgegenstehenden Rechtskraft vgl. Hemmer/Wüst, „Die 40 wichtigsten Fälle zur ZPO I“, Fall 14 und 15.

Da die materielle Rechtskraft dem Streitgegenstand entspricht, wäre dies nur dann der Fall, wenn es auch i.R.d. wiederholten Vollstreckungsgegenklage erneut um den identischen Streitgegenstand ginge.

Es ist somit der **Streitgegenstand** der Vollstreckungsabwehrklage zu klären.

Nach herrschender Ansicht in Rechtsprechung und Rechtslehre ist der Streitgegenstand nach Lebenssachverhalt und Antrag zu bestimmen.

Danach stellt bei § 767 ZPO jede materiell-rechtliche Einwendung einen eigenen Klagegrund dar, da der Antrag (= Einstellung der Zwangsvollstreckung) jeweils auf einen anderen Lebenssachverhalt (= jeweils geltend gemachte Einwendung) gestützt wird.

Da S mit der wiederholten Vollstreckungsabwehrklage eine neue Einwendung geltend macht, liegt denknotwendig auch ein neuer Streitgegenstand vor.

Es besteht daher keine entgegenstehende Rechtskraft.

d) Rechtsschutzbedürfnis

Ein Rechtsschutzbedürfnis des S besteht, da ein zur Zwangsvollstreckung geeigneter Titel vorliegt und die Vollstreckung noch nicht beendet ist.

Die wiederholte Vollstreckungsabwehrklage, §§ 795, 767 I ZPO ist zulässig.

2. Begründetheit

Die Klage ist begründet, wenn dem Kläger eine materiell-rechtliche Einwendung zusteht und er mit dieser nicht präkludiert ist.

a) Einwendung gegen den titulierten Anspruch

S macht hier das Erlöschen der im Vergleich titulierten Ausgleichsforderung infolge Aufrechnung, § 389 BGB, geltend.

Da ihm tatsächlich eine gleichartige, d.h. ebenfalls auf Zahlung von Geld gerichtete Forderung zusteht, konnte er die Aufrechnung erklären, § 387 BGB.

hemmer-Methode: Welche materiellrechtlichen Wirkungen die im Prozess erklärte Aufrechnung zeitigt, ist ein ganz anderer Punkt. Dies hängt von ihrer prozessualen Beachtung ab, mithin der Frage, ob der Einwand präkludiert ist oder nicht. Wiederholen Sie dazu Hemmer/Wüst, „Die 40 wichtigsten Fälle zur ZPO I“, Fall 25.

b) Präklusion, § 767 II ZPO

Fraglich ist, ob der Aufrechnungseinwand präkludiert ist gem. § 767 II ZPO.

Dann müsste diese Vorschrift überhaupt auf Prozessvergleiche, § 794 I Nr. 1 ZPO, anwendbar sein.

§ 767 II ZPO soll die Rechtskraft unanfechtbar gewordener Urteile vor einer Durchbrechung i.R.d. Zwangsvollstreckung absichern. Da ein Prozessvergleich allerdings gar nicht in Rechtskraft erwächst, besteht auch keine Grundlage und schließlich kein Bedürfnis für die Anwendung des § 767 II ZPO.

hemmer-Methode: Für vollstreckbare Urkunden ist dies gesetzlich in § 797 IV ZPO ausdrücklich geregelt. Kommentieren Sie sich diese Vorschrift neben § 767 II ZPO.

Eine Präklusion nach § 767 II ZPO kommt daher bei einem Prozessvergleich nicht in Betracht.

c) Präklusion, § 767 III ZPO

Jedoch könnte der Aufrechnungseinwand nach § 767 III ZPO präkludiert sein, da er mit einer wiederholten Vollstreckungsabwehrklage geltend gemacht wird und bereits eine rechtskräftige Entscheidung über die erste Vollstreckungsabwehrklage vorliegt.

Diese Vorschrift gilt für alle Titel, auch jene, bei denen § 767 II ZPO nicht anwendbar ist.

aa) Anwendungsbereich

(1) Nur innerprozessual

Nach einer Ansicht entfaltet § 767 III ZPO nur innerhalb desselben Rechtsstreits Wirkung. Im Verhältnis der ersten zur zweiten Vollstreckungsgegenklage komme vielmehr § 767 II ZPO analog zur Anwendung[12].

Eine solche Auslegung, die den Anwendungsbereich einer vom Wortlaut einschlägigen Norm erst über Gebühr beschneidet und die sich dann öffnende Regelungslücke mit einer Analogie schließt, macht erkennbar wenig Sinn.

(2) Im Verhältnis zweier Vollstreckungsgegenklagen zueinander

Vielmehr ergibt sich aus § 767 III ZPO ein sog. Bündelungsgebot.

Danach kann der Kläger Einwendungen, die bereits bei einer vorher erhobenen Vollstreckungsgegenklage bestanden, in einer späteren Klage nicht mehr erheben[13].

Damit wird der Zweck verfolgt, eine Verzögerung der Zwangsvollstreckung durch die Häufung von Vollstreckungsgegenklagen zu vermeiden.

§ 767 II ZPO hingegen findet nur im Verhältnis von Vorprozess zur Vollstreckungsgegenklage Anwendung.

bb) Bestehen der Einwendung während erster Vollstreckungsgegenklage

Die Annahme einer Präklusion setzt jedoch weiterhin voraus, dass die Aufrechnung als Einwendungsgegenstand im Zeitpunkt der letzten mündlichen Verhandlung über die erste Vollstreckungsabwehrklage bereits existierte.

hemmer-Methode: § 767 III ZPO ist hier missverständlich formuliert. Es kommt unstreitig nicht auf den Zeitpunkt der Klageerhebung, sondern auf den der letzten mündlichen Verhandlung an.

Die Aufrechnungslage bestand erstmals im Mai. Kenntnis von der Schadensersatzforderung erlangt G jedoch erstmals zwischen Juni und August. Fraglich ist, ob hinsichtlich des Bestehens des Aufrechnungseinwands auf den Zeitpunkt abzustellen ist, in dem die Aufrechnung erstmals hätte geltend gemachten werden können (also ab Kenntnis) oder auf den Zeitraum, in dem sie objektiv vorlag.

---

12 Thomas/Putzo, § 767 ZPO, Rn. 23, 29.

13 So die h.M. (BGH, NJW 1991, 2280; Zöller, § 767 ZPO, Rn. 22; Baumbach, § 767 ZPO, Rn. 57).

(1) Zeitpunkt Kenntnis der Aufrechnung

Nach einer Ansicht ist gerade bei § 767 III ZPO auf den Zeitpunkt abzustellen, in dem der Kläger die Kenntnis von der Einwendung erlangt. Dies ergebe sich aus dem im Verhältnis zu § 767 II ZPO anderen Wortlaut („...geltend zu machen imstande war“).

Eine Vorverlagerung finde dann nur dann statt, wenn die Unkenntnis auf einem Verschulden des Klägers beruhe.

(2) Zeitpunkt erstmaliges Bestehens der Aufrechnungslage

Nach der Rechtsprechung des BGH kommt es hingegen auch hier nur auf den Zeitpunkt des erstmaligen rein objektiven Bestehens der Einwendung an.

Die Frage, warum der Kläger die nach seinem eigenen Vortrag objektiv bereits vorhandene Einwendung nicht schon in der ersten Klage in den Prozess einführte, ist für das Eingreifen der Präklusion unerheblich. Ein Verschulden spielt keine Rolle. Dem ist zu folgen, weil § 767 III ZPO zum einen Konsequenz der materiellen Rechtskraft des Urteils über die erste Vollstreckungsgegenklage ist und zum anderen deren Eingreifen ebenfalls nicht von Verschuldensgesichtspunkten abhängt.

3. Ergebnis

Da im Zeitpunkt der letzten mündlichen Verhandlung über die erste Vollstreckungsgegenklage, im Juni, die Aufrechnungslage objektiv schon bestand, ist S mit seinem Einwand gem. § 767 III ZPO präkludiert.

Die Vollstreckungsabwehrklage ist unbegründet, sie hat keine Aussicht auf Erfolg.

IV. Zusammenfassung

- Der Prozessvergleich ist ein Vollstreckungstitel nach § 794 I Nr. 1 ZPO.
- Werden in der Zwangsvollstreckung Einwendungen gegen den titulierten Anspruch geltend gemacht, so ist die Vollstreckungsabwehrklage nach §§ 795, 767 I ZPO statthaft.
- Streitgegenstand der Vollstreckungsabwehrklage ist die Unzulässigkeit der Zwangsvollstreckung wegen einer konkreten materiellrechtlichen Einwendung.
- § 767 II ZPO ist bei einem Prozessvergleich mangels materieller Rechtskraft nicht anwendbar.
- § 767 III ZPO ist im Verhältnis von erster zu wiederholter Vollstreckungsgegenklage anwendbar.
- Für die Präklusionswirkung des § 767 III ZPO kommt es nur auf das objektive Bestehen der Einwendung an.

V. Zur Vertiefung

- Hemmer/Wüst, ZPO II, Rn. 45 ff.
- Life&Law 2004, 592 ff.

3. Abschnitt: Vollstreckungsklausel

Fall 6: Klauselerteilung

Sachverhalt:

G kaufte von S einen Pkw. Wegen diverser Sachmängel erklärt G nach erfolglos verstrichener Fristsetzung zur Nacherfüllung den Rücktritt. Da S eine Rückabwicklung des Vertrages kategorisch ablehnte, verklagte ihn G mit anwaltlicher Vertretung schließlich auf Rückzahlung des Kaufpreises in Höhe von 15.000,- € vor dem zuständigen Landgericht. Nachdem im Laufe des Verfahrens S und sein Prozessbevollmächtigter erkannten, dass eine Verurteilung unausweichlich ist, machen sie einredeweise die Herausgabe des Pkw geltend. S wird daraufhin vom Landgericht zur Rückzahlung des Kaufpreises Zug-um-Zug gegen Rückgabe und Rückübereignung des Pkw durch G verurteilt. An eine freiwillige Zahlung denkt S allerdings nicht. G begibt sich deshalb persönlich auf die Geschäftsstelle des Landgerichts und beantragt beim Urkundsbeamten U die Erteilung einer vollstreckbaren Ausfertigung des Urteils. U, der erst seit kurzem diese Tätigkeit ausübt und zudem gerade einen schlechten Tag hat, meint mürrisch, er sei für die „Zug-um-Zug-Verurteilung" gar nicht zuständig, außerdem müsse man zum Landgericht schon mit Anwalt kommen. Überdies sei das Urteil so auch irgendwie unvollständig, gewöhnlich stehe da immer etwas von Annahmeverzug. Von seinen eigenen Argumenten überzeugt, verweigert U durch Beschluss die Erteilung der Vollstreckungsklausel.

Frage: *Hat ein Rechtsbehelf gegen die Verweigerung der Klauselerteilung Aussicht auf Erfolg?*

I. Einordnung

Ein im Erkenntnisverfahren erlangter Titel ist allein nicht ausreichend für die Zwangsvollstreckung. Diese kann vielmehr nur durchgeführt werden, wenn eine mit einer sog. Vollstreckungsklausel versehene Ausfertigung des Urteils vorliegt, § 724 I ZPO.

Die Vollstreckungsklausel bezeugt das Bestehen und die Vollstreckungsreife des Titels, sie hat einen spezifischen „Formalisierungseffekt". I.R.d. Zwangsvollstreckung ist sie für das Vollstreckungsorgan bindend.

Eine Erteilung der Klausel erfolgt aber nicht von Amts wegen, sondern nur auf Antrag im **sog. Klauselverfahren**.

Für dieses gelten besondere Zuständigkeiten und Rechtsbehelfe.

hemmer-Methode: Das Klauselverfahren gehört nicht mehr zum Erkenntnisverfahren, aber auch noch nicht zum Vollstreckungsverfahren.
Es bildet vielmehr als eigenständiges Verfahren eine Brücke zwischen diesen beiden Stationen.

II. Gliederung

1. Zulässigkeit der Erinnerung, § 573 I ZPO

a) **Statthaftigkeit** (+) ⇨ hier Verweigerung der Klauselerteilung durch den Urkundsbeamten U.

b) **Zuständigkeit** ⇨ Richter des LG

c) **Form und Frist** ⇨ § 573 I S. 1, 2 ZPO, kein Anwaltszwang, § 78 III ZPO

2. Begründetheit der Erinnerung

- Ordnungsgemäßes Gesuch der zur Vollstreckung berechtigten Partei (+)

⇨ Kein Anwaltszwang wegen § 78 III ZPO

- Zuständigkeit des Urkundsbeamten (+)

⇨ § 724 II ZPO, da einfache Klausel begehrt; kein Fall des § 726 II ZPO

- Vollstreckungsreife des Titels (+)

⇨ Feststellung des Annahmeverzugs bei Zug-um-Zug- Verurteilung im Titel nicht zwingend, wegen § 756 ZPO lediglich empfehlenswert

III. Lösung

Als Rechtsbehelf gegen die ablehnende Entscheidung des Urkundsbeamten ist einzig die Erinnerung nach § 573 I ZPO in Betracht zu ziehen.

hemmer-Methode: Keine Angst vor scheinbar exotischen Rechtsbehelfen. Wenn Sie den passenden Rechtsbehelf erst einmal gefunden haben, kann die Klausur kaum mehr unter dem Strich enden. Hinsichtlich der Prüfung des Rechtsbehelfs ist es in aller Regel ausreichend, wenn man das übliche Schema einer Klage verwendet und dabei aufpasst, an welchen Stellen auf rechtsbehelfsspezifische Modifikationen zu achten ist.

Um den richtigen Rechtsbehelfsweg einzuschlagen, gibt es grundsätzlich zwei Möglichkeiten: Wissen oder Kommentierung im Gesetz!

Die Erinnerung hat Aussicht auf Erfolg, wenn sie zulässig und begründet ist.

1. Zulässigkeit der Erinnerung

Eine Erinnerung nach § 573 I ZPO ist immer dann zulässig, wenn sie statthaft ist, sowie form- und fristgerecht beim zuständigen Gericht eingelegt wurde.

a) Statthaftigkeit

Gem. § 573 I S. 1 ZPO ist die Erinnerung statthaft gegen Entscheidungen des Urkundsbeamten.

G beantragte hier auf der Geschäftsstelle des Gerichts beim Urkundsbeamten, § 153 GVG, die Erteilung einer Vollstreckungsklausel.

Diese wurde ihm durch Beschluss, also durch eine Entscheidung des U verweigert.

hemmer-Methode: Inwieweit U zur Erteilung der gewünschten Klausel überhaupt zuständig war und ob sie ordnungsgemäß beantragt wurde, ist keine Frage der Zulässigkeit, sondern vielmehr Prüfungspunkt der Begründetheit.

Damit ist die Erinnerung der richtige Rechtsbehelf.

b) Zuständigkeit

Zuständig für die Entscheidung über die Erinnerung ist der Richter des Prozessgerichts, dem der Urkundsbeamte angehört.

Die Erinnerung ist somit an das LG zu adressieren, dessen Geschäftsstelle aufgesucht wurde. Dies ist hier das LG, vor dem G und S ihren Prozess führten.

c) Form- und fristgerechte Einlegung

Die Erinnerung ist gem. § 573 I S. 2 ZPO schriftlich oder zur Protokoll der Geschäftsstelle einzulegen.

G muss die angefochtene Entscheidung bezeichnen und seine Absicht, Erinnerung einlegen zu wollen, erkennen lassen, vgl. §§ 573 I S.3, 569 II S. 2 ZPO.

Anwaltszwang besteht wegen § 78 III ZPO nicht.

Die Einlegungsfrist beträgt zwei Wochen, § 573 I S. 1 ZPO.

hemmer-Methode: Sie sehen, sämtliche Zulässigkeitsvoraussetzungen ließen sich hier ohne weiteres dem Gesetz entnehmen. Auf die gleiche Art und Weise wird es auch bei den meisten anderen und zum Teil noch unbekannten Rechtsbehelfen der Fall sein.

Die Erinnerung ist i.E. zulässig.

2. Begründetheit der Erinnerung

Die Erinnerung ist begründet, wenn der Urkundsbeamte die begehrte Vollstreckungsklausel hätte erteilen müssen.

Voraussetzung hierfür wäre, dass ein ordnungsgemäßes Gesuch des G vorlag, U zuständiger Urkundsbeamte war und auch die sonstigen Voraussetzungen für die Erteilung einer einfachen Klausel vorlagen.

a) Ordnungsgemäßes Gesuch

Der Vollstreckungsgläubiger muss einen formlosen Antrag auf Erteilung der Vollstreckungsklausel stellen.

G ist im Titel, dem Urteil des LG, als zur Vollstreckung berechtigte Partei ausgewiesen, mithin Vollstreckungsgläubiger.

hemmer-Methode: Soll die Zwangsvollstreckung für eine nicht im Titel bezeichnete Partei stattfinden, so bedarf es einer titelumschreibenden Klausel, §§ 727 – 729 ZPO.

Die Stellung des Antrags auf Erteilung der Vollstreckungsklausel ist eine Prozesshandlung. Da diese aber gem. § 724 II ZPO vor dem Urkundsbeamten der Geschäftsstelle vorzunehmen ist, bedarf es gem. § 78 III ZPO selbst beim Landgericht keiner Vertretung durch einen Rechtsanwalt.

Ein ordnungsgemäßes Gesuch lag vor.

b) Zuständigkeit des Urkundsbeamten

Ob der Urkundsbeamte für die Erteilung der Vollstreckungsklausel zuständig ist, hängt von der Art der begehrten Klausel ab.

Der Urkundsbeamte ist ausschließlich nur bei einfachen Vollstreckungsklauseln gem. § 724 ZPO zuständig.

Bei den sog. qualifizierten Vollstreckungsklauseln hingegen, die den Titel ergänzen, § 726 ZPO, oder gar übertragen, §§ 727 – 729 ZPO, ist der Rechtspfleger zuständig, § 20 Nr. 12 RPflG[14].

[14] Schönfelder, Nr. 96.

hemmer-Methode: Die Zuständigkeit bei §§ 726 – 729 ZPO kann nicht der ZPO entnommen werden. Daher gilt erneut: Merken oder kommentieren!

Aus diesem Grund ist es unumgänglich zu klären, welche Klauselart G hier überhaupt begehrt hat.

Da im Titel nur eine Zug-um-Zug-Verurteilung des S erfolgte, könnte eine titelergänzende Klausel i.S.d. § 726 II ZPO nötig sein, für deren Erteilung U gerade nicht zuständig gewesen wäre.

hemmer-Methode: Erteilt der Urkundsbeamte trotz Unzuständigkeit eine qualifizierte Klausel, so ist umstritten, ob diese wegen Verletzung der funktionellen Zuständigkeit unwirksam ist (dafür KG, InVo 2000, 65; dagegen OLG Zweibrücken, NJW-RR 1997, 882).

§ 726 II ZPO gilt aber ausweislich seines Wortlauts nur, wenn der Schuldner eine Willenserklärung abzugeben hat. S wurde jedoch lediglich zur Zahlung eines bestimmten Geldbetrages verurteilt, die Abgabe einer irgendwie gearteten Willenserklärung hat von ihm nicht zu erfolgen. Eine Zuständigkeit des Rechtspflegers ist damit nicht gegeben.

Da nur eine einfache Klausel begehrt wurde, war der Urkundsbeamte U zuständig.

hemmer-Methode: Bei Zug-um-Zug-Verurteilungen erfolgt eine Prüfung bezüglich der Leistung des Gläubigers grds. erst im Vollstreckungsverfahren, vgl. §§ 756, 765 ZPO. Ausnahmsweise erfolgt in Fällen des § 726 II ZPO, d.h. bei Verurteilung des Schuldners zur Abgabe einer Willenserklärung, die Prüfung schon im vorgelagerten Klauselerteilungsverfahren. Hintergrund dieser Regelung ist § 894 I S. 2 ZPO, wonach die Fiktion der Abgabe der Willenserklärung nur bei Vorliegen einer gem. §§ 726, 730 ZPO qualifizierten Klausel stattfindet.

c) Wirksamer Titel mit vollstreckungsfähigem Inhalt

Weiterhin ist allgemeine Voraussetzung für die Erteilung einer Vollstreckungsklausel die Vorlage eines wirksamen, insbesondere nicht aufgehobenen Titels mit vollstreckungsfähigem Inhalt.

Das Urteil des LG stellt in der Tat einen Vollstreckungstitel dar, § 704 I ZPO.

Einen vollstreckungsfähigen Inhalt haben alle Titel, die auf eine Leistung des Schuldners gerichtet sind.

hemmer-Methode: Deshalb sind grundsätzlich klageabweisende Urteile, Feststellungsurteile sowie Gestaltungsurteile in der Hauptsache nicht vollstreckungsfähig. Soweit sie allerdings Grundlage anderer staatlicher Maßnahmen sind, werden auch sie für vollstreckbar erklärt (z.B. für die Kostenfestsetzung gem. §§ 103 ff. ZPO oder die Aufhebung von Vollstreckungsmaßnahmen, § 767 ZPO).

Das Urteil des LG ist ein ausreichend bestimmtes Leistungsurteil und deshalb vollstreckungsfähig.

d) Feststellung des Annahmeverzugs bei Verurteilung Zug-um-Zug

Fraglich ist, ob aufgrund der Verurteilung des S nur Zug-um-Zug, §§ 349 S. 2, 322 BGB, Besonderheiten zu beachten sind.

Möglicherweise ist es nötig, dass für die Zwangsvollstreckung der Annahmeverzug des Schuldners im Titel festgestellt werden muss.

aa) Nur im Fall des § 726 II ZPO nötig

Aus § 726 II ZPO ergibt sich aber, dass dies wiederum nur dann erforderlich ist, wenn der Schuldner zur Abgabe einer Willenserklärung verurteilt wurde. Für die hier vorliegende Verurteilung zur Zahlung eines Geldbetrages ist dies nicht erforderlich.

bb) Aber empfehlenswert

Wird der Gerichtsvollzieher (GV) mit der Vollstreckung beauftragt, so kann er aber gem. § 756 I ZPO nur dann vollstrecken, wenn er selbst gleichzeitig dem Schuldner die Gegenleistung in Verzug begründender Weise anbietet, § 293 BGB.

Leistungsort nach § 269 I BGB für die Rückgewährpflicht des G hinsichtlich des Pkw ist der Ort, wo dieser sich vertragsgemäß befindet[15], d.h. der Wohnort des G. S hat ihn dort abzuholen.

Zu dieser Handlung hat ihn der GV gem. § 295 BGB aufzufordern. Erst wenn S dem nicht nachkommt und dadurch in Verzug gerät, kann der GV vollstrecken.

hemmer-Methode: Wird das Vollstreckungsgericht beauftragt, so ist gem. § 765 ZPO die Vollstreckung nur unter noch strengeren Voraussetzungen möglich.

Ist hingegen im Urteil der Annahmeverzug festgestellt, so kann der Gläubiger vollstrecken, ohne die Gegenleistung nochmals anbieten zu müssen, §§ 348, 322 III, 274 II BGB.

Die Vollstreckungsorgane können in diesem Fall sofort mit der Zwangsvollstreckung beginnen, §§ 756 I, 765 Nr. 1 ZPO, da das Urteil eine öffentliche Urkunde i.S.d. § 415 I ZPO ist, die den Annahmeverzug nachweist.

hemmer-Methode: Dies kann in der Praxis enorme Auswirkungen haben, etwa wenn der Schuldner von mehreren Gläubigern gehetzt wird. Die zeitlich erste Pfändung geht dann nämlich im Rang vor, vgl. § 804 III ZPO oder § 830 I S. 3 ZPO, § 879 BGB.

Es ist also für den Kläger in jedem Fall empfehlenswert, sobald eine Zug-um-Zug-Verurteilung im Raum steht, d.h. spätestens bei Geltendmachung einer entsprechenden Einrede durch den Gegner (z.B. § 273 BGB, § 320 BGB, § 348 BGB), neben dem Leistungsantrag einen zusätzlichen Feststellungsantrag zu erheben, dass der Schuldner im Annahmeverzug ist.

hemmer-Methode: Das Feststellungsinteresse, § 256 I ZPO, für diesen Antrag des Klägers folgt aus der gerade dargelegten Möglichkeit der erleichterten Zwangsvollstreckung. Er ist in objektiver Klagehäufung, § 260 ZPO, zur Leistungsklage zu erheben. Einer isolierten Klage auf Feststellung eines Annahmeverzugs fehlt nämlich in der Regel gerade das Feststellungsinteresse.

cc) Ergebnis

Da die Feststellung des Annahmeverzugs im Urteil zwar empfehlenswert, aber gerade nicht unbedingt notwendig für die Zwangsvollstreckung ist, durfte der Urkundsbeamte im konkreten Fall auch aus diesem Grunde die Erteilung der einfachen Vollstreckungsklausel nicht verhindern.
Die Erinnerung ist damit begründet.

---
[15] Vgl. Palandt, § 269 BGB, Rn. 16.

3. Entscheidung

Die Erinnerung nach § 573 I ZPO stellt kein Rechtsmittel dar. Es fehlt ihr am Devolutiveffekt.

Der Vorgang wird dem Urkundsbeamten, bevor es zur Entscheidung durch einen Richter kommt, nochmals vorgelegt. Entsprechend § 572 I ZPO hat er dann selbst die Möglichkeit in der Rechtssache abzuhelfen.

Erst wenn U nicht abhilft, wird ein Richter des LG durch Beschluss, §§ 573 I S. 3, 572 IV ZPO, der Erinnerung stattgeben und den Urkundsbeamten zur Erteilung der beantragten Klausel anweisen.

hemmer-Methode: Der richtige Rechtsbehelf gegen die Entscheidung des Richters ist die sofortige Beschwerde, §§ 573 II, 567 ZPO. Gegen den daraufhin ergehenden Beschluss ist dann unter Umständen die Rechtsbeschwerde, § 574 ZPO statthaft. Ein Klausurersteller könnte hieraus eine schöne Schachtelprüfung basteln.

IV. Zusammenfassung

- Für die Erteilung der einfachen Klausel, § 724 ZPO, ist der Urkundsbeamte der Geschäftsstelle zuständig.
- Die Erteilung der vollstreckbaren Ausfertigung kann formlos beantragt werden. Nach § 78 III ZPO besteht kein Anwaltszwang.
- Gegen die Verweigerung der Klauselerteilung ist die Erinnerung nach § 573 I ZPO statthaft.
- Bei einer Zug-um-Zug-Verurteilung muss nur im Fall des § 726 II ZPO, wenn der Schuldner zur Abgabe einer Willenserklärung verurteilt wurde, eine titelumschreibende Klausel beantragt werden.
- Die Feststellung des Annahmeverzugs im Urteil ist ebenfalls nur in der Konstellation des § 726 II ZPO erforderlich. Sie ist aber aus den geschilderten Gründen heraus für den Vollstreckungsgläubiger auch ansonsten äußerst empfehlenswert.

V. Zur Vertiefung

- Hemmer/Wüst, ZPO II, Rn. 70 ff.

Fall 7: Klauselerteilung

Sachverhalt:

Die X-OHG hatte sich im November zur Sicherung eines Darlehens der G-Bank gegenüber in einer notariellen Urkunde der sofortigen Zwangsvollstreckung unterworfen. Darin wurde auch vereinbart, dass der gesamte Darlehensbetrag sofort rückzahlbar sei, wenn die X-OHG mit mehr als zwei Raten in Zahlungsverzug kommen sollte. Kurz darauf trat S als weiterer Gesellschafter in die X-OHG ein. Aufgrund der allgemein schlechten wirtschaftlichen Lage musste die X-OHG Ende Januar des Folgejahres Insolvenz anmelden, die Eröffnung des Verfahrens wurde allerdings mangels Masse abgelehnt. Die Gesellschaft wurde im Handelsregister gelöscht. Der verwahrende Notar erteilte nunmehr der G-Bank eine vollstreckbare Ausfertigung der Urkunde gegen S. S legt nach anwaltlicher Beratung Erinnerung gegen die Klauselerteilung ein. Er sei als Gesellschafter überhaupt nicht der Schuldner, ferner bestreitet er den Zahlungsverzug und überdies dürfe der Notar eine solche Klausel auch gar nicht ausstellen.

Frage: *Wird die Erinnerung des S Aussicht auf Erfolg haben?*

I. Einordnung

Nur die X-OHG als selbstständiger Träger von Rechten und Pflichten, § 124 I HGB, hat sich in der notariellen Urkunde, § 794 I Nr.5 ZPO, der sofortigen Zwangsvollstreckung unterworfen. Erteilt wurde die Klausel aber gegen den Gesellschafter S.

Es handelt sich damit nicht mehr nur um eine einfache Klausel i.S.d. § 725 ZPO. Vielmehr liegt eine sog. **titelumschreibende** oder **titelübertragende Klausel** vor. Die Erteilung einer solchen richtet sich nach den §§ 727 – 729 ZPO.

Sie wird erteilt, wenn die Zwangsvollstreckung für oder gegen die Rechtsnachfolger der im Titel bezeichneten Partei erfolgen soll.

hemmer-Methode: Sinn einer Titelumschreibung ist es, einen neuen Rechtsstreit über denselben prozessualen Anspruch zu vermeiden. Soweit die Umschreibung möglich ist, fehlt einer Leistungsklage daher das Rechtsschutzbedürfnis.

Darüber hinaus war nach dem Titelinhalt der materielle Anspruch auf Darlehensrückzahlung von einer Bedingung – Zahlungsverzug mit mehr als zwei Raten – abhängig.

Daher könnte ferner eine **titelergänzende Klausel** i.S.d. § 726 I ZPO gegeben sein.

II. Gliederung

1. Zulässigkeit der Erinnerung, §§ 795, 732 I ZPO

a) Statthaftigkeit (+)

⇨ S bringt formelle und materielle Einwendungen gegen die Klausel vor.

b) Zuständigkeit

⇨ AG am Sitz des Notars, §§ 797 III, 802 ZPO

c) Form und Frist

⇨ § 569 II, III ZPO analog; keine Frist zu beachten

d) Rechtsschutzbedürfnis (+)

⇨ Klausel wurde erteilt und Vollstreckung noch nicht beendet

2. Begründetheit der Erinnerung

Formelle Mängel (-)

⇨ Notar sowohl für Erteilung einfacher als auch qualifizierter Klauseln zuständig, vgl. § 797 II ZPO

Materielle Einwendungen gegen Titelergänzung (-)

⇨ Eine solche liegt gar nicht vor; bei Verfallklauseln keine Anwendung von § 726 I ZPO, da Schuldner die Zahlung beweisen muss

Materielle Einwendung gegen Titelumschreibung

⇨ (P): analoge Anwendung der §§ 727, 729 II ZPO (-); auch nach Gesellschaftsauflösung abzulehnen, § 129 IV HGB

III. Lösung

Als Rechtsbehelfe des Vollstreckungsschuldners gegen die Erteilung einer Klausel kommen die Erinnerung, § 732 I ZPO, und die Klauselgegenklage, § 768 ZPO, in Betracht. Dies gilt unter Verweis auf § 795 ZPO auch dann, wenn es sich bei dem Vollstreckungstitel um eine notarielle Urkunde gem. § 794 I Nr. 5 ZPO handelt.

hemmer-Methode: Weigert sich allerdings der Notar selbst, dem Gläubiger eine vollstreckbare Ausfertigung zu erteilen, so kann dieser Beschwerde nach § 54 BeurkG oder Klauselerteilungsklage nach §§ 795, 731 ZPO erheben.

S erhebt hier nach rechtlicher Beratung explizit die Erinnerung, so dass keine Zweifel hinsichtlich des gewählten Rechtsbehelfs bestehen.

Die Erinnerung, §§ 795, 732 I ZPO hat Aussicht auf Erfolg, wenn sie zulässig und begründet ist.

1. Zulässigkeit der Erinnerung, §§ 795, 732 I ZPO

Die Erinnerung wäre zunächst zulässig, wenn sie statthaft ist, formgerecht beim zuständigen Gericht eingereicht wurde und ein Rechtsschutzbedürfnis des S besteht.

a) Statthaftigkeit

Die Erinnerung gem. §§ 795, 732 I ZPO ist statthaft, wenn der Vollstreckungsschuldner Einwendungen gegen die Zulässigkeit der gegen ihn erteilten Vollstreckungsklausel geltend macht. Dabei können im Verfahren nach § 732 ZPO sowohl formelle als auch materielle Einwendungen gegen die Klausel geltend gemacht werden.

hemmer-Methode: Nach h.M. können mit der Erinnerung nach § 732 ZPO aber nur solche Mängel geltend gemacht werden, die sich aus vorgelegten Urkunden ergeben und damit innerhalb der Prüfungskompetenz des Klauselorgans stehen. Grund dafür ist, dass die Prüfungskompetenz des Erinnerungsgerichts bei dem speziellen Rechtsbehelf des § 732 ZPO nicht weiter gehen soll als die der Klauselorgane. Für diese Fälle ist alternativ die Klauselgegenklage gem. § 768 ZPO statthaft, bezüglich anderer materieller Einwendungen – solche außerhalb der Prüfungskompetenz der Klauselorgane – kann nur sie allein erhoben werden (vgl. dazu Anmerkung in Fall 10).

aa) Mängel unter formellen Gesichtspunkten

Als formelle Fehler bei der Erteilung der Klausel kommen die Erteilung durch ein unzuständiges Organ, das Fehlen eines wirksamen bzw. vollstreckungsreifen Titels oder das Fehlen der erforderlichen Nachweise bei qualifizierten Klauseln in Betracht.

S wendet einmal die Unzuständigkeit des Notars ein. Dies würde auf jeden Fall einen formellen Mangel darstellen.

Das Bestreiten des Zahlungsverzuges ist so auszulegen, dass S geltend macht, es liege ein zusätzlicher formeller Mangel auch deswegen vor, weil der nach § 726 I ZPO erforderliche Nachweis für die Erteilung einer titelergänzenden Klausel nicht geführt sei.

hemmer-Methode: Vertretbar ist es auch, dies als Einwand anzusehen, dass sich aus etwa vorgelegten Urkunden nicht der Nachweis des Zahlungsverzugs ergäbe. Dies würde dann einen materiellen Fehler darstellen.

bb) Materielle Mängel

Als materielle Mängel kommen Einwände in Betracht, wonach der im Titel festgeschriebene Anspruch nicht gegen den Schuldner S geltend gemacht werden dürfe.

S trägt hier vor, dass er als Gesellschafter überhaupt nicht als Schuldner angesehen werden dürfe. Die Gesellschafterstellung wird durch den Gläubiger in aller Regel mit einem Handelsregisterauszug nachgewiesen. Der Einwand des S bezieht sich also darauf, dass auch aufgrund einer vorgelegten Urkunde eine titelumschreibende Klausel nicht hätte erteilt werden dürfen.

Er macht damit einen materiellen Mangel geltend. Die Erinnerung ist bezüglich aller geltend gemachten Fehler statthaft.

b) Zuständiges Gericht

Zuständig für die Entscheidung über die Erinnerung ist gem. § 797 III ZPO das Amtsgericht, in dessen Bezirk der klauselerteilende Notar seinen Amtssitz hat. Diese Zuständigkeit ist ausschließlich, § 802 ZPO.

hemmer-Methode: Die Zuständigkeit ergibt sich gerade nicht aus § 732 I S. 1 ZPO, da ein notarielle Urkunde i.S.d. § 794 I Nr. 5 ZPO vorliegt, vgl. § 795 I S. 1 ZPO. Generell gilt: Kommt in der Klausur ein Vollstreckungstitel nach § 794 ZPO vor, dann überprüfen Sie die §§ 795a – 800 ZPO kurz hinsichtlich des Vorliegens von Sonderbestimmungen.

c) Ordnungsgemäße Form

Spezielle Formvorschriften für die Einlegung der Erinnerung nach § 732 I ZPO sind explizit im Gesetz nicht vorgesehen.

In analoger Anwendung von § 569 II, III ZPO kann sie schriftlich oder zu Protokoll der Geschäftsstelle erhoben werden.

Eine besondere Frist ist nicht zu beachten.

hemmer-Methode: Da die Erinnerung zu Protokoll der Geschäftsstelle eingelegt werden kann, gibt es auch am Landgericht keinen Anwaltszwang, § 78 III ZPO.

d) Rechtsschutzbedürfnis

Das Rechtsschutzbedürfnis tritt ein, sobald die Klausel erteilt ist. Da es auch noch nicht wegen Beendung der Vollstreckung wieder erloschen ist, besteht es bei S.

hemmer-Methode: Ein Rechtsschutzinteresse ist auch dann nicht gegeben, wenn bezüglich einer geltend gemachten Einwendung bereits ein rechtskräftiges stattgebendes Urteil gem. § 731 ZPO bzw. ein abweisendes Urteil nach § 768 ZPO vorliegt.

Die Erinnerung ist zulässig.

2. Begründetheit der Erinnerung

Die Erinnerung ist begründet, wenn formelle oder materielle Einwendungen gegen die Erteilung der qualifizierten Klausel bestehen, sodass im Zeitpunkt der Entscheidung über die Erinnerung die Klausel nicht erteilt werden dürfte.

hemmer-Methode: Nicht begründet werden kann die Erinnerung mit Einwendungen gegen das Bestehen des titulierten Anspruchs selbst. Hierfür ist die Vollstreckungsabwehrklage gem. § 767 ZPO der einschlägige Rechtsbehelf. Mit Hilfe der Erinnerung soll nur die Zulässigkeit der Zwangsvollstreckung, nicht aber der Titel an sich angegriffen werden.

a) Formelle Mängel

aa) Zuständigkeit des Notars

S rügt zunächst die Zuständigkeit des Notars bzgl. der Erteilung dieser Klausel.

Gem. § 797 II S. 1 ZPO ist der Notar für die Ausfertigung vollstreckbarer Ausfertigungen der von ihm verwahrten Urkunden zuständig.

hemmer-Methode: Nochmals zur Terminologie und zum besseren Verständnis: Die Urschrift der Urkunde – der Vollstreckungstitel – findet sich in den Notarakten. Zur Durchführung der Zwangsvollstreckung wird dem Gläubiger davon eine beglaubigte Abschrift angefertigt, die mit der Vollstreckungsklausel versehen wird. Dieses Schriftstück stellt dann die vollstreckbare Ausfertigung dar, vgl. § 724 I ZPO.

Eine Differenzierung hinsichtlich der Zuständigkeit zwischen einfachen und qualifizierten Klauseln wie etwa bei einem Urteil als Titel wird hier nicht vorgenommen.

hemmer-Methode: Bei einem Urteil ist gem. § 725 ZPO der Urkundsbeamte für die Erteilung der einfachen Klausel und nach § 20 Nr. 12 RPflG der Rechtspfleger für die Erteilung einer qualifizierten Klausel zuständig.

Der Notar kann für die bei ihm verwahrten Urkunden sowohl einfache als auch qualifizierte Klauseln erteilen. Er war daher im konkreten Fall für die Erteilung der vollstreckbaren Ausfertigung in jedem Fall zuständig.

Diesbezüglich liegt somit kein formeller Mangel vor.

bb) Nachweis des Bedingungseintritts gem. § 726 I ZPO

S behauptet die Voraussetzung für die Vollstreckung aus der Urkunde, der Zahlungsverzug mit mehr als zwei Raten, seien bisher noch nicht eingetreten.

Der Eintritt einer Bedingung ist aber nur unter den Voraussetzungen des § 726 I ZPO schon im Klauselerteilungsverfahren zu prüfen. Die Beweislast für die Bedingung muss danach insbesondere den Gläubiger treffen.

Bei der Vereinbarung zwischen der X-OHG und der G-Bank in der notariellen Urkunde bezüglich der sofortigen Fälligkeit des Gesamtdarlehensbetrages bei Verzug mit einer bestimmten Ratenanzahl handelt es sich um eine sog. **Verfallklausel.**

hemmer-Methode: Dieses Schlagwort sollte in der Klausur unbedingt fallen. Häufig anzutreffen sind solche Verfallklauseln auch in Prozessvergleichen, § 794 I Nr. 1 ZPO.

Bei diesen Klauseln trifft aber nach den allgemeinen Grundsätzen der Beweislast-verteilung nicht den Gläubiger, sondern den Schuldner die Beweislast für die rechtzeitige Zahlung[16]. Dieser hat schließlich auch in allen sonstigen Fällen die Erfüllung gem. § 362 BGB nachzuweisen.

I.R.d. § 726 I ZPO ist diese Beweislastverteilung zu berücksichtigen. Der Gläubiger muss hier selbstverständlich nur für solche Bedingungen Beweis führen, für die er überhaupt die Beweislast zu tragen hat. Hinsichtlich der Zahlung durch den Schuldner ist dies gerade nicht der Fall. Daher wird bei einer Verfallklausel auch nur eine einfache Klausel nach § 724 ZPO erteilt.

Im Klauselerteilungsverfahren musste der Notar daher nicht das Vorliegen des Zahlungsverzugs prüfen, weshalb der Einwand des S ins Leere geht.

hemmer-Methode: Will der Schuldner die Fälligkeit aufgrund einer Verfallklausel bestreiten bzw. sich auf Erfüllung berufen, so muss er diese Einwendungen nach § 775 Nr. 4, 5 ZPO und gegebenenfalls durch Vollstreckungsabwehrklage, § 767 ZPO, geltend machen.

§ 726 I ZPO steht somit der Klauselerteilung nicht entgegen.

b) Materieller Mangel

S macht weiterhin geltend, dass er nicht der in der notariellen Urkunde angegebene Schuldner sei und deshalb die Klausel nicht gegen ihn hätte erteilt werden dürfen.

Die vollstreckbare Ausfertigung kann nur dann gegen eine andere als die im Titel genannte Partei ausgestellt werden, wenn die **Voraussetzungen für eine Umschreibung des Titels gem. §§ 727 – 729 ZPO** vorliegen.

S ist erst nach Anfertigung der notariellen Urkunde in die X-OHG eingetreten. Gem. §§ 130 I, 128 HGB haftet er aber dennoch für die bereits vor seinem Eintritt begründeten Schulden.

Dies stellt eine gesetzliche Haftung, jedoch keine Rechtsnachfolge i.S.d. § 727 ZPO dar. Der Gesellschafter ist nicht, selbst bei Auflösung der Gesellschaft, deren Rechtsnachfolger. Eine Norm, die dies anordnet, existiert schlechthin nicht.

Ebenso wenig liegt eine Firmenfortführung i.S.d. § 729 II ZPO durch die Gesellschafter vor. Diese Vorschrift erfasst nur die Fälle des § 25 I HGB.

Möglicherweise durfte eine Titelumschreibung aber in analoger Anwendung der §§ 727, 729 II ZPO erfolgen.

[16] Thomas/Putzo, § 726 ZPO, Rn. 3.

hemmer-Methode: Die Kenntnis, dass eine solche Analogie überhaupt diskutiert wird, führt in der Klausur dann schon regelmäßig zu einer zweistelligen Punktzahl.

Ließe man dies jedoch zu, würde die ausdrückliche gesetzliche Regelung in § 129 IV HGB konterkariert.

Danach darf aus einem Titel gegen die Gesellschaft gerade nicht gegen den Gesellschafter vollstreckt werden. Diesem steht nach § 129 I HGB das Recht zu, gegen die Inanspruchnahme wegen Gesellschaftsverbindlichkeiten persönliche Einreden zu erheben. Im Wege der Zwangsvollstreckung darf dies nicht unterlaufen werden[17].

c) Ergebnis

Da die Voraussetzungen für die Titelumschreibung nicht vorliegen, durfte keine Klausel gegen S erteilt werden.

Die Erinnerung, §§ 795, 732 I ZPO, ist begründet.

IV. Zusammenfassung

- Ist ein Titel erst nach Eintritt einer bestimmten Bedingung vollstreckbar, muss für die Erteilung der Klausel der Bedingungseintritt nachgewiesen werden, § 726 I ZPO. Es handelt sich dann um eine sog. titelergänzende Klausel.
- Wird die Klausel gegen eine nicht im Titel genannte Partei erteilt, liegt eine sog. titelumschreibende Klausel vor. Diese ist nur zulässig, wenn die Voraussetzungen der §§ 727 ff. ZPO gegeben sind.
- Formelle Fehler des Klauselverfahrens können nur mit der Erinnerung nach § 732 ZPO geltend gemacht werden.
- Materielle Mängel, die innerhalb der Prüfungskompetenz des Klauselorgans liegen, können sowohl mit der Klauselerinnerung gem. § 732 ZPO als auch mit der Klauselgegenklage nach § 768 ZPO vorgebracht werden.
- Für die Geltendmachung anderer materieller Mängel, also solche, die außerhalb der Prüfungskompetenz des Klauselorgans liegen, ist nur die Klage nach § 768 ZPO statthaft (str.).
- Bei sog. Verfallklauseln wird keine titelergänzende Klausel nach § 726 I ZPO erteilt, da der Gläubiger eine Erfüllung durch den Schuldner nicht zu beweisen braucht.
- Die Titelumschreibung von der Gesellschaft auf den Gesellschafter ist nicht analog §§ 727, 729 II ZPO möglich. Dies verstieße gegen § 129 IV HGB.

V. Zur Vertiefung

- Hemmer/Wüst, ZPO II, Rn. 66 ff., 83 ff.

---

17 So OLG Köln, NJW-RR 1994, 1118; a.A. MKZPO, § 729 ZPO, Rn. 11.

Fall 8: Klauselerteilung

Sachverhalt:

G verklagt D auf Herausgabe eines ihm gehörenden wertvollen Gemäldes und erhält ein stattgebendes Urteil. Nach dessen Erlass, bevor G aber noch vollstrecken kann, veräußert und übergibt D das Gemälde an den gutgläubigen S. G erfährt von diesem Vorgang und beantragt die Erteilung einer vollstreckbaren Ausfertigung des Urteils gegen S. Der Rechtspfleger fragt bei S nach, ob dieser das Gemälde tatsächlich von D erhalten habe. S antwortet, dies sei schon richtig, doch höre er nun zum ersten Mal von allen Umständen. Jedenfalls sei er nun der Eigentümer, deswegen könne ja wohl kaum gegen ihn vollstreckt werden. Nachdem der Rechtspfleger diese Auskunft erhalten hat, erteilt er dem G eine vollstreckbare Ausfertigung.

Frage: *Kann sich S mit einer Klauselgegenklage erfolgreich wehren?*

I. Einordnung

Nach § 727 I ZPO kann die vollstreckbare Ausfertigung eines Urteils auch gegen den Rechtsnachfolger einer Partei erteilt werden. Es handelt sich dabei wie im obigen Fall 7 bereits erwähnt um eine sog. titelumschreibende Klausel.

Dadurch soll ein neuer Prozess vermieden werden. Ein solcher wäre andernfalls nötig, da grundsätzlich die Klausel nur gegen den im Titel bezeichneten Schuldner erteilt werden darf.

hemmer-Methode: Wegen der Möglichkeit der Titelumschreibung fehlt einem neuen Prozess das Rechtsschutzbedürfnis, soweit wegen §§ 322, 325 ZPO nicht schon die Rechtskraft entgegensteht (vgl. dazu Fall 9).

Zuständig für die Erteilung dieser qualifizierten Klausel ist der Rechtspfleger des Prozessgerichts, § 20 Nr. 12 RPflG und nicht der Urkundsbeamte. Dies ist dem Umstand geschuldet, dass das Vorliegen bestimmter Voraussetzungen überprüft werden muss und dafür eine besondere Rechtskunde erforderlich ist.

Weigert sich der Rechtspfleger, eine qualifizierte Klausel zu erteilen, so kann der Gläubiger gem. § 11 I RPflG, §§ 567 ff. ZPO sofortige Beschwerde erheben.

Der Schuldner kann sich gegen die Erteilung der Klausel sowohl mit der Erinnerung, § 732 ZPO als auch mit Hilfe der Klauselgegenklage nach § 768 ZPO wehren.

hemmer-Methode: Bei der Klauselgegenklage handelt es sich um eine prozessuale Gestaltungsklage, die darauf gerichtet ist, die aufgrund der erteilten Klausel zulässige Zwangsvollstreckung für unzulässig zu erklären.

II. Gliederung

1. Zulässigkeit der Klauselgegenklage, § 768 ZPO

a) Statthaftigkeit (+)

⇨ In § 768 ZPO aufgeführte materielle Einwendung gegen die Klausel

b) Zuständigkeit

⇨ Prozessgerichts des ersten Rechtszuges, §§ 768, 767 I, 802 ZPO

c) Rechtsschutzbedürfnis (+)

⇨ Klausel wurde erteilt und Vollstreckung noch nicht beendet

2. Begründetheit

Fehlen der Klauselerteilungsvoraussetzungen nach § 727 I Var. 2 ZPO

⇨ **(P): Rechtskrafterstreckung nach § 325 ZPO**

- S ist Rechtsnachfolger des D (+)
- Eintritt der Rechtsnachfolge nach Rechtshängigkeit (+)
- Verhinderung der Rechtskrafterstreckung durch § 325 II ZPO (+) ⇨ nach h.M. „doppelte Gutgläubigkeit" hinsichtlich Rechtshängigkeit und materieller Berechtigung erforderlich

III. Lösung

Die Klauselgegenklage, § 768 ZPO, hat Aussicht auf Erfolg, wenn sie zulässig und begründet ist.

1. Zulässigkeit der Klauselgegenklage, § 768 ZPO

a) Statthaftigkeit

Die Klauselgegenklage ist die richtige Klageart, wenn gegen die Erteilung der Klausel Einwendungen aus dem Katalog des § 768 ZPO vorgebracht werden.

S macht geltend, dass gegen ihn nicht vollstreckt werden könne, da er Eigentümer des Gemäldes sei. Dies ist insoweit auszulegen, dass er das Vorliegen der Voraussetzungen für die Erteilung einer titelumschreibenden Klausel gem. § 727 ZPO bestreitet.

Es handelt sich dabei um eine materielle Einwendung, die mit der Klauselgegenklage geltend gemacht werden kann.

Anmerkung: Statthaftigkeit der Erinnerung, § 732 ZPO
Ob die Einwendung der fehlenden Rechtskrafterstreckung nach § 325 II ZPO auch mit § 732 ZPO vorgebracht werden könnte, ist weitestgehend umstritten.
Nach einer Ansicht umfasst § 732 ZPO sämtliche materielle Einwendungen (Thomas/Putzo, § 732 ZPO, Rn. 1, 7, 8). Die Frage, ob ein gutgläubiger Erwerb nach § 325 II ZPO vorliegt, könne deshalb sowohl mit § 732 ZPO als auch mit § 768 ZPO geklärt werden (Thomas/Putzo, § 727 ZPO, Rn. 15 bezeichnet dies als allgemeine Meinung).
Die wohl h.M. lässt dagegen nur solche Einwendungen zu, die innerhalb der Prüfungskompetenz der Klauselorgane liegen. Die Prüfungskompetenz des Erinnerungsgerichts soll bei dem speziellen Rechtsbehelf des § 732 ZPO nicht weitergehen als die des Klauselorgans.
Da S hier die Rechtsnachfolge bei der Anhörung im Klauselumschreibungsverfahren nach § 730 ZPO eingeräumt hat, bedurfte es nicht des Nachweises durch öffentliche oder öffentlich beglaubigte Urkunden seitens des Gläubigers. Der Rechtspfleger musste daher zwingend (Thomas/Putzo, § 727 ZPO, Rn. 7) die Vollstreckungsklausel erteilen. Die Voraussetzungen des § 325 II ZPO kann der Rechtspfleger überhaupt nicht überprüfen, weil sich ein derartiger Nachweis wohl kaum durch Urkunden führen lässt.

Da also bei Erteilung der Klausel diese Voraussetzung nicht geprüft wird, kann die Erinnerung auch nicht greifen, als ja dem Rechtspfleger insoweit kein Vorwurf gemacht werden kann.

Für diesen Fall bliebe nach wohl h.M. nur die Klauselgegenklage, bei der der Gläubiger die Beweislast für die Bösgläubigkeit trägt, Th/P, § 727 ZPO, Rn. 15.

b) Zuständiges Gericht

Für die Klauselgegenklage ist gem. §§ 768, 767 I, 802 ZPO ausschließlich das Prozessgericht des ersten Rechtszuges zuständig.

hemmer-Methode: Für die Erteilung der Klausel ist der Rechtspfleger des jeweiligen Prozessgerichts zuständig (vgl. Thomas/Putzo, § 727 ZPO, Rn. 5).

c) Rechtsschutzbedürfnis

Ein anerkennenswertes Rechtsschutzinteresse des S liegt vor, da die Klausel bereits erteilt wurde.

Es fiele erst dann weg, wenn die Zwangsvollstreckung aus dem mit der Vollstreckungsklausel versehenen Titel vollständig beendet ist.

hemmer-Methode: Das Rechtsschutzbedürfnis ist auch dann gegeben, wenn gleichzeitig formelle Mängel vorliegen, die mit der Erinnerung, § 732 ZPO, geltend gemacht werden könnten. § 732 ZPO ist dann nicht etwa vorrangig.

Die Klauselgegenklage, § 768 ZPO, ist zulässig.

2. Begründetheit

Die Klauselgegenklage ist begründet, wenn die Voraussetzungen für die Titelumschreibung nach § 727 ZPO nicht vorlagen.

Die Klausel wurde hier nach Anhörung des S gem. § 730 ZPO gegen diesen als Rechtsnachfolger des im Urteil bezeichneten Schuldners, § 727 I Var. 2 ZPO, erteilt.

hemmer-Methode: Eine Umschreibung nach § 727 I Var. 3 ZPO liegt nicht vor. Besitzer der streitbefangenen Sache ist nämlich nur derjenige, welcher der Partei oder ihrem Rechtsnachfolger den Besitz vermittelt i.S.d. § 868 BGB. Besitzmittlungswille liegt bei S aber ganz offensichtlich nicht vor, da er erklärt, selbst Eigentümer zu sein.

Die Vollstreckungsgegenklage ist daher dann begründet, wenn entweder keine Rechtsnachfolge und/oder keine Rechtskrafterstreckung nach § 325 ZPO vorliegt.

a) Rechtsnachfolge bezüglich der streitbefangenen Sache

Unter Rechtsnachfolge i.S.d. § 727 I ZPO ist jede Gesamt- oder Sondernachfolge, gleich aus welchem Rechtsgrund, zu verstehen.

hemmer-Methode: Unter § 727 I ZPO fällt auch die Titelumschreibung für und gegen den Erben. § 728 I ZPO korrespondiert mit § 326 ZPO und gilt nur für den Nacherben i.S.d. § 2100 BGB im Verhältnis zum Vorerben, da hier keine Rechtsnachfolge vorliegt.

Aufgrund der Einigung[18] zwischen S und D über den Eigentumsübergang des Gemäldes und der Übergabe liegt eine Sonderrechtsnachfolge (auch Einzelrechtsnachfolge genannt) in diesen Gegenstand vor.

Das Gemälde ist streitbefangene Sache, da im Prozess zwischen G und D über das Eigentum gestritten wurde.

b) Rechtskrafterstreckung

Die materielle Rechtskraft des Urteils, § 322 ZPO, zwischen G und D müsste auch gegenüber S wirken.

aa) § 325 I ZPO

Grundsätzlich wirkt ein Urteil nur inter partes, also zwischen den am Rechtsstreit beteiligten Parteien, § 325 I Var. 1 ZPO.

Gem. § 325 I Var. 2 ZPO wird aber die subjektive Rechtskraftwirkung auch auf den Rechtsnachfolger einer Partei ausgedehnt, wenn die Rechtsnachfolge nach Rechtshängigkeit eingetreten ist.

S erhielt das Gemälde von D nach Erlass des Urteils, also nach Rechtshängigkeit der Klage des G.

hemmer-Methode: Tritt die Rechtsnachfolge bereits vor der letzten mündlichen Verhandlung ein, so ist § 265 ZPO bedeutsam.[19] § 265 II S. 1 ZPO besagt zwar, dass die Veräußerung einer Sache keinen Einfluss auf den Prozess hat, bei Rechtsnachfolge auf Klägerseite ist aber nach der sog. Relevanztheorie dennoch der Klageantrag dahingehend zu ändern, dass nunmehr Leistung an den Rechtsnachfolger verlangt wird. Ansonsten ist die Klage mangels Aktivlegitimation des Klägers als unbegründet abzuweisen (vgl. Hemmer/Wüst, ZPO I, Rn. 205 ff.).

bb) § 325 II ZPO

Eine Rechtskrafterstreckung tritt gem. § 325 II ZPO aber dann nicht ein, wenn der Rechtsnachfolger gutgläubig war.

Worauf sich die Gutgläubigkeit aber beziehen muss, geht aus der Formulierung der Vorschrift nicht eindeutig hervor und ist daher umstritten.

(1) Prozessrechtliche Bedeutung

Einigkeit besteht insoweit, dass sich der gute Glaube des Rechtsnachfolgers auf die fehlende Rechtshängigkeit bezüglich des Erwerbsgegenstands beziehen muss.

Die Gutgläubigkeit richtet sich nach den Vorschriften des bürgerlichen Rechts. Ob daher nur positive Kenntnis (§ 892 BGB) oder auch grob fahrlässige Unkenntnis (§ 932 II BGB) zur Bösgläubigkeit führt, hängt von dem jeweiligen Rechtsgeschäft ab.

Im konkreten Fall wurde eine bewegliche Sache nach §§ 929 ff. BGB übereignet, sodass für die Frage der Gutgläubigkeit des S § 932 II BGB entsprechend heranzuziehen ist.

S wusste nicht, dass es sich bei dem Gemälde um eine streitbefangene Sache handelt. Es ist auch nicht ersichtlich, dass er dies hätte erkennen können. Er war daher gutgläubig bezüglich der fehlenden Rechtshängigkeit.

(2) Materiell-rechtliche Bedeutung

Nach überwiegender Ansicht kommt § 325 II ZPO neben der prozessrechtlichen auch noch materiell-rechtliche Bedeutung zu.

---

18 Vgl. zu dieser Voraussetzung der Sonderrechtsnachfolge Palandt, § 198 BGB, Rn. 1.

19 Vgl. zu dieser Vorschrift d'Alquen, in Life&Law 2011, 671 ff.

Die Rechtskrafterstreckung trete nur dann nicht ein, wenn sich beim Erwerb vom Nichtberechtigten der gute Glaube auch auf das Recht bzw. die Verfügungsberechtigung, § 366 HGB beziehe.

Es ist eine „doppelte Gutgläubigkeit“ erforderlich.

Dieser Auffassung ist zu folgen, da derjenige, der hinsichtlich der materiellen Berechtigung des Rechtsvorgängers nicht gutgläubig erwerben konnte, nicht schutzwürdig ist.

hemmer-Methode: Noch komplizierter wird die Situation, wenn der Rechtsnachfolger vom wirklich materiell Berechtigten erwirbt, dieser aber aufgrund einer (falschen) Entscheidung im Rechtsstreit um die Sache dennoch unterliegt. Nach einer Ansicht kann sich die Gutgläubigkeit hier nur auf die fehlende Rechtshängigkeit beziehen (Thomas/Putzo, § 325 ZPO, Rn. 8), andere verlangen, dass auch hier eine doppelte Gutgläubigkeit erforderlich ist, da im Einklang mit dem Urteil stets von der Nichtberechtigung des unterlegenen Rechtsvorgängers auszugehen sei.

S war hier auch hinsichtlich des Eigentums des D am Gemälde gutgläubig, § 932 II BGB. Dieser war Besitzer, sodass die Rechtsvermutung des § 1006 BGB eingriff.

Eine doppelte Gutgläubigkeit des S lag damit vor.

Anmerkung: Beachten Sie bezüglich der Verteilung der Beweislast bei der Klauselgegenklage, § 768 ZPO, Folgendes:
Nach allgemeinen Regeln trifft für den Eintritt der klagebegründenden Tatsachen den Kläger die Beweislast.

Daher wird in der Rechtslehre vertreten, dass im Klageverfahren nach § 768 ZPO der klagende Vollstreckungsschuldner beweisen müsse, dass die Voraussetzungen für die Erteilung einer qualifizierten Klausel nicht vorlagen.
Dies würde aber dazu führen, dass je nachdem, ob eine Klausel (ggf. zu Unrecht) erteilt wurde oder nicht, die Beweislast unterschiedlich ausgestaltet ist. Denn wird die Klauselerteilung verweigert, so hat der Vollstreckungsgläubiger, wenn er Klauselerteilungsklage nach § 731 ZPO erhebt, die Klauselerteilungsvoraussetzungen zu beweisen.

Eine solche „zufällige“ Verteilung der Beweislast ist aber mit der Gegenansicht abzulehnen.
Die Frage der Beweislast ist nicht nach der Parteirolle zu bestimmen, sondern danach, wer bei Erteilung der Klausel den Nachweis zu führen hat. Somit hat der Vollstreckungsgläubiger den Nachweis für das Vorliegen der Voraussetzungen für die qualifizierte Klausel zu führen.
Jedenfalls hinsichtlich der Bösgläubigkeit i.S.d. § 325 II ZPO ist dies auch allgemeine Ansicht (vgl. Thomas/Putzo, § 768 ZPO, Rn. 9).

c) Ergebnis

Wegen der doppelten Gutgläubigkeit des S trat gem. § 325 II ZPO keine Rechtskrafterstreckung des Urteils auf D ein. Damit lagen die Voraussetzungen für die Erteilung einer qualifizierten Klausel nicht vor.

Die Klauselgegenklage des S ist begründet.

IV. Zusammenfassung

- Liegt eine Rechtskrafterstreckung gem. § 325 ZPO vor, kann nach § 727 ZPO eine titelumschreibende Klausel gegen den Rechtsnachfolger einer Partei erteilt werden.

  Die materielle Rechtskraft, § 322 ZPO, erstreckt sich gem. § 325 I ZPO grundsätzlich auch auf den Rechtsnachfolger einer Partei.
- War der Rechtsnachfolger doppelt gutgläubig – also hinsichtlich des Fehlens der Rechtshängigkeit und des materiellen Rechts –, so tritt gem. § 325 II ZPO keine Rechtskrafterstreckung ein.
- Mit der Klauselgegenklage, § 768 ZPO, können die dort aufgeführten materiellen Einwendungen gegen die Klauselerteilung geltend gemacht werden. Dies gilt sowohl für Einwendungen, die sich aus der Urkunde ergeben und damit innerhalb der Prüfungskompetenz der Klauselorgane liegen, als auch für nicht aus den Urkunden ersichtliche Einwendungen.
- Im Verfahren nach § 768 ZPO trifft denjenigen die Beweislast für die Erteilungsvoraussetzungen der qualifizierten Klausel, der hinsichtlich dieser Tatsachen den Nachweis führen müsste, wenn ihm die Klausel noch nicht erteilt wurde und er sie begehrt (durch Gesuch an den Rechtspfleger oder im Wege der Klauselerteilungsklage, § 731 ZPO).

V. Zur Vertiefung

- Hemmer/Wüst, ZPO II, Rn. 75 ff., 90.
- Hemmer/Wüst, ZPO I, Rn. 550 ff.

Fall 9: Leistungsklage statt Klauselumschreibung

Sachverhalt:

D produziert und vertreibt unter der im Handelsregister eingetragenen Firma „Bratmaxe e.K." Grillstände und Grillzubehör. Er erwirbt von der G-OHG eine Tonne Edelstahlblech. Kurz nach der Lieferung fallen D erhebliche Qualitätsmängel auf, die er sofort telefonisch rügt und eine Frist zur Nacherfüllung setzt. Nach erfolglosem Fristablauf erklärt D schriftlich den Rücktritt vom Kaufvertrag. Daraufhin erhebt die G-OHG gegen die Firma „Bratmaxe e.K." Klage auf Zahlung des Kaufpreises. Es erfolgt die antragsgemäße Verurteilung, weil es D nicht gelingt, die von der Klägerin bestrittene unverzügliche Mängelanzeige nachzuweisen. Der sich in argen Liquiditätsschwierigkeiten befindliche D bietet der G-OHG an, vorerst zwei Drittel des Kaufpreises freiwillig zu zahlen und den Rest später „in besseren Zeiten". Da die G-OHG befürchtet, bei einer Zwangsvollstreckung noch schlechter wegzukommen, willigt sie ein. D zahlt zunächst wie vereinbart. Die noch offene Kaufpreisforderung gerät jedoch in der Folge beidseitig in Vergessenheit.

Drei Jahre später veräußert D sein Unternehmen an S. Dieser bezieht die Geschäftsräume und übernimmt die Produktionsstätten. Er firmiert unter der Bezeichnung „Bratmaxe e.K. Inh. S". Eine Eintragung im Handelsregister wurde von keinem der Beteiligten veranlasst.

Kurz darauf erhebt die G-OHG erneut gegen die „Bratmaxe e.K." Klage auf Zahlung des noch offenen Kaufpreises. Sie trägt vor, S hafte als Fortführer des Unternehmens.

Frage: *Ist die Klage zulässig?*

I. Einordnung

Hat eine Partei einen rechtskräftigen Titel erstritten, so ist sie nicht gezwungen, aus diesem auch sofort und vollumfänglich zu vollstrecken.

hemmer-Methode: In der Praxis kann es triftige Gründe geben, eine gütliche Einigung zu erzielen und von einer Vollstreckung abzusehen. So dürfte es oftmals mühsam bis unmöglich sein, in „schwarze" Konten oder in unter dem Kopfkissen gebunkertes Bargeld zu vollstrecken.

Auch wenn der Gläubiger im Rahmen einer einvernehmlichen Lösung vorerst nur teilweise befriedigt wird, geht er, soweit nicht ein Erlass i.S.d. § 397 BGB vorliegt, seiner rechtskräftig festgestellten Forderung keineswegs verlustig. Diese verjährt gem. § 197 I Nr. 3 BGB vielmehr erst in 30 Jahren.

Treten auf Schuldnerseite zwischenzeitlich Veränderungen ein (z.B. Unternehmensverkauf, Erbfall), so wird für den Gläubiger die Frage relevant, wie er nunmehr zwangsweise zu seinem Geld kommen kann.

II. Gliederung

Zulässigkeit der Leistungsklage

1. **Parteifähigkeit**
   - G-OHG (+) ⇨ § 50 I ZPO, § 124 I HGB
   - „Bratmaxe e.K." ⇨ Beklagter ist der Kaufmann, § 17 II HGB, also S
2. **Entgegenstehende Rechtskraft**, § 322 ZPO (-)
   ⇨ Keine Rechtskrafterstreckung nach § 325 I ZPO, da Schuld*mit*übernahme keine Rechtsnachfolge
3. **(P): Rechtsschutzbedürfnis** (-), wenn ein einfacherer und billigerer Weg bestünde
   - Klauselerteilungsverfahren nach §§ 729, 727 ZPO hier nicht einschlägig. Fortführung des Handelsgeschäfts nach § 25 HGB kann mangels Registereintragung nicht durch öffentliche Urkunden nachgewiesen werden
   - Klauselerteilungsklage, § 731 ZPO, (-) ist weder einfacher noch billiger, da Prozessaufwand, Prüfungsumfang und Kosten gleich sind.

III. Lösung

Eine erneute Leistungsklage gegen die „Bratmaxe e.K." wäre zulässig, wenn alle Prozessvoraussetzungen vorliegen.

Insbesondere darf die Rechtshängigkeit der ersten Klage nicht entgegenstehen und es müsste in Anbetracht der Möglichkeit der Titelumschreibung gem. §§ 727 ff. ZPO auch ein Rechtsschutzbedürfnis für eine erneute Leistungsklage bestehen.

hemmer-Methode: Durch einen solchen Obersatz können Sie dem Korrektor bereits ganz am Anfang Ihrer Klausur zeigen, dass sie die relevanten Probleme erkannt haben. Zudem bietet eine solche Einleitung auch Ihnen selbst eine große Hilfe für den weiteren Prüfungsaufbau.

1. Parteifähigkeit

a) Kläger

Die klagende G-OHG ist gem. § 50 I ZPO, § 124 I HGB parteifähig und wird im Prozess gem. § 51 I ZPO, §§ 125, 126 HGB von den Gesellschaftern vertreten.

hemmer-Methode: Achten Sie an dieser Stelle auf Ihre Formulierung. Die OHG ist zwar selbst parteifähig, aber nicht prozessfähig. Die prozessuale Parteifähigkeit korrespondiert mit der Rechtsfähigkeit, die Prozessfähigkeit mit der Handlungsfähigkeit.
Eine Gesellschaft ist aber gerade nicht selbst handlungsfähig, sie kann nur durch ihre Vertreter agieren. Oder haben Sie schon einmal eine OHG an sich im Supermarkt beim Einkaufen gesehen?

b) Beklagter

Die verklagte Firma „Bratmaxe e.K." ist mangels Rechtsfähigkeit selbst nicht parteifähig, da es sich dabei bloß um den Namen des Kaufmanns handelt, § 17 I HGB, und nicht um ein selbstständiges Rechtsgebilde[20].

---

[20] Vgl. Hemmer/Wüst, ZPO I, Rn. 183 f.

Jedoch kann der Kaufmann selbst unter dieser Bezeichnung verklagt werden, § 17 II HGB. Partei ist dann nicht die Firma, sondern der das Unternehmen betreibende Kaufmann, hier also S. Dieser ist ohne weiteres partei- und prozessfähig.

Ebenfalls unschädlich ist, dass in der Klageschrift die Firma mit „Bratmaxe e.K." statt „Bratmaxe e.K. Inh. S" bezeichnet wird. Im Handelsregister erfolgte keine Änderung der Firmenbezeichnung gem. § 31 I HGB, sodass die Änderung der Bezeichnung wegen § 15 I HGB der G-OHG schon nicht entgegengehalten werden kann.

hemmer-Methode: Doch selbst wenn die G-OHG Kenntnis von dem Nachfolgezusatz, § 22 I HGB, hatte, so ergibt sich nichts anderes. Die Klageerhebung ist als Prozesshandlung der Auslegung nach analoger Anwendung der §§ 133, 157 BGB fähig. Hier liegt zwar eine berichtigungsfähige, unrichtige Parteibezeichnung vor, vom objektiven Empfängerhorizont her ist jedoch völlig klar, wer Beklagter sein soll.

2. Entgegenstehende Rechtskraft

Der erneuten Leistungsklage wegen des restlichen Kaufpreises könnte die Rechtskraft, § 322 I ZPO, des bereits ergangenen Urteils im ersten Prozess entgegenstehen.

Gem. § 325 I Var. 1 ZPO tritt die subjektive Rechtskraftwirkung grundsätzlich nur für und gegen die Parteien des Rechtsstreits ein. Partei im vorangegangenen Prozess war aber nicht die „Bratmaxe e.K.", sondern D.

a) Rechtskrafterstreckung, § 325 I ZPO

Eine Rechtskrafterstreckung auf S, der im laufenden Prozess Partei ist, käme allenfalls gem. § 325 I Var. 2 ZPO in Betracht, wenn eine Rechtsnachfolge vorläge.

Eine Haftung des S könnte sich hier aus § 25 HGB ergeben. Diese Vorschrift ordnet eine gesetzliche Schuldmitübernahme an. Ob eine solche allerdings als Rechtsnachfolge i.S.d. §§ 265 II, 325 I Var. 2 ZPO anzusehen ist, ist umstritten.

Rechtsnachfolger ist, wer die streitbefangene Sache bzw. den rechtshängigen Anspruch nach Rechtshängigkeit erwirbt, sodass er nunmehr sachlich legitimiert ist. § 25 HGB bewirkt aber nur einen gesetzlichen Schuldbeitritt[21] (kumulative Schuldübernahme), aufgrund der fortbestehenden Haftung des Unternehmensverkäufers, § 26 HGB, ist jedoch dieser weiterhin passivlegitimiert. Daher ist mit der Rechtsprechung des BGH[22] eine Rechtsnachfolge in dieser Konstellation abzulehnen.

Dieses Ergebnis wird durch die Existenz des § 729 II ZPO untermauert. Unterfiele die Firmenfortführung wegen Rechtsnachfolge schon dem § 727 I ZPO, so bedürfte es dieser Vorschrift gar nicht.

b) Identität der Streitgegenstände

Überdies sind die Streitgegenstände der ersten und zweiten Leistungsklage auch unterschiedlich, sodass selbst bei Rechtskrafterstreckung S nicht den Einwand der entgegenstehenden Rechtskraft erheben könnte.

---

21 Baumbach/Hopt, § 25 HGB, Rn. 10.

22 Vgl. Thomas/Putzo, § 265 ZPO, Rn. 10 m.w.N. auch zur Gegenauffassung.

Im Vorprozess war Streitgegenstand die Frage, ob D zur Kaufpreiszahlung verpflichtet ist.

Nunmehr wird darüber gestritten, ob S wegen der Übernahme des Geschäfts für die Schuld des bisherigen Inhabers haftet. Das Bestehen des Kaufpreisanspruchs ist hier lediglich eine Vorfrage, nur auf diese würde sich die materielle Rechtskraft beziehen. Das Gericht wäre lediglich insoweit an das Ergebnis des Vorprozesses gebunden, als es das Bestehen des Kaufpreisanspruchs der neuen Entscheidung zugrunde legen müsste. Eine entgegenstehende Rechtskraft ergibt sich daraus aber nicht.

3. Rechtsschutzbedürfnis

Der Klage der G-OHG könnte jedoch das Rechtsschutzbedürfnis fehlen. Zwar ist bei Leistungsklagen grundsätzlich von einem solchen auszugehen, doch kann es ausnahmsweise entfallen, wenn ein einfacherer und billigerer Weg zur Erreichung des angestrebten Ergebnisses besteht.

Das mit der Leistungsklage angestrebte Ziel, die Schaffung eines Vollstreckungstitels gegen S, könnte ebenfalls durch die Erteilung einer vollstreckbaren Ausfertigung des Urteils zwischen der G-OHG und D gegen S erreicht werden. Dazu bedürfte es einer titelumschreibenden Klausel.

Eine solche Klausel erteilt der Rechtspfleger, § 20 Nr. 12 RPflG, auf Gesuch im Klauselerteilungsverfahren nach §§ 729 II, 727 ZPO oder sie kann mit der Klauselerteilungsklage nach § 731 ZPO erlangt werden. Möglicherweise ist damit ein einfacherer und billigerer Weg gegeben.

a) Klauselverfahren, §§ 729 II, 727 ZPO

Nach §§ 729 II, 727 ZPO ist eine Klausel gegen den Firmenfortführer nach § 25 I HGB zu erteilen, wenn der Erwerb des Geschäfts nach rechtskräftiger Feststellung der Schuld erfolgt ist.

Auf dieses einfachere Verfahren – keine Klage erforderlich – darf die G-OHG aber nur dann verwiesen werden, wenn der Antrag auf Erteilung der qualifizierten Klausel auch sicheren Erfolg verspricht.

Dies wäre nur dann der Fall, wenn die Fortführung des Handelsgeschäfts unter Beibehaltung der Firma (mit Nachfolgezusatz) mit öffentlichen oder öffentlich beglaubigten Urkunden nachgewiesen werden könnte, vgl. § 727 I ZPO.

Der erforderliche Nachweis könnte durch die Vorlage eines Handelsregisterauszugs, § 9 II HGB, geführt werden. Allerdings erfolgte hier trotz einer entsprechenden Pflicht, § 31 I HGB keine Eintragung ins Handelsregister. Daher kann der im Klauselverfahren erforderliche Nachweis nicht erbracht werden, der Rechtspfleger wird keine Klausel nach §§ 729 II, 727 ZPO erteilen.

hemmer-Methode: Denkbar wäre zwar, dass der Rechtspfleger gem. § 730 ZPO bei S nachfragt (liegt nach dem Wortlaut des § 730 ZPO im Ermessen des Rechtspflegers), ob dieser das Handelsgeschäft fortführt. Gesteht S dies zu, § 288 ZPO, würde eine Klausel erteilt werden. Damit kann aber nicht gerechnet werden.

Die G-OHG kann daher nicht auf das Klauselverfahren verwiesen werden.

b) Klauselerteilungsklage, § 731 ZPO

Da die G-OHG die für die Erteilung einer titelumschreibenden Klausel erforderlichen Nachweise nicht mittels öffentlicher oder öffentlich beglaubigter Urkunden führen kann, bleibt ihm noch die Möglichkeit der Klauselerteilungsklage nach § 731 ZPO zur Erlangung einer qualifizierten Klausel.

Die Klage würde, da die Voraussetzungen der §§ 729 II, 727 I ZPO gegeben sind, Erfolg haben. Die G-OHG erhielte dann eine vollstreckbare Ausfertigung des gegen D ergangenen Urteils, welches ihm ebenso wie ein mittels Leistungsklage erstrittenes Urteil die Zwangsvollstreckung gegen S ermöglicht. Das Reichsgericht verneinte daher im Falle der Zulässigkeit einer Klauselerteilungsklage das Rechtsschutzbedürfnis für eine erneute Leistungsklage[23].

Das Rechtsschutzbedürfnis für die Leistungsklage entfällt aber nicht bereits deswegen, weil mit der Klauselerteilungsklage das gleiche Ergebnis erzielt werden kann. Stellt die Rechtsordnung mehrere Rechtsbehelfe zur Verfügung, so besteht grundsätzlich die freie Wahl zwischen ihnen. Das Vorgehen nach § 731 ZPO müsste daher auch eindeutig der einfachere und günstigere Weg sein.

aa) Einfacherer Weg

Die Klauselerteilungsklage nach § 731 ZPO wäre dann der prozessual einfachere Weg, wenn bei ihr Prüfungsaufwand und –umfang geringer sind als bei der Leistungsklage.

In beiden Fällen handelt es sich um ein normales Klageverfahren, das gegebenenfalls über drei Instanzen geführt werden müsste.

Da sich die Rechtskraft des Urteils gegen den Veräußerer des Handelsgeschäfts nicht auf den Übernehmer erstreckt, kann dieser auch gegenüber der Klage nach § 731 ZPO Einwendungen gegen den vollstreckbaren Anspruch nach Maßgabe des § 767 I ZPO erheben, ohne an die Einschränkungen des § 767 II ZPO gebunden zu sein[24]. Es ist S daher nicht genommen, den Kaufpreisanspruch zu bestreiten, da dieser nur im Verhältnis der G-OHG zu D rechtskräftig festgestellt wurde.

bb) Billigerer Weg

Das Verfahren nach § 731 ZPO ist auch nicht kostengünstiger als die Leistungsklage, da der Streitwert hier entsprechend dem Wert des zu vollstreckenden Anspruchs zu bestimmen ist[25] und daher mit dem der Leistungsklage identisch ist.

Auch die Möglichkeit der Klauselerteilungsklage, § 731 ZPO, nimmt der erneuten Leistungsklage nicht das Rechtsschutzbedürfnis, da sie kein einfacherer und billigerer Weg ist.

4. Ergebnis

Die Leistungsklage der G-OHG gegen S ist zulässig.

---

[23] So heute noch Thomas/Putzo, § 731 ZPO, Rn. 1.

[24] Vgl. BGH, NJW 1987, 2863.

[25] Thomas/Putzo, § 731 ZPO, Rn. 8.

IV. Zusammenfassung

- Besteht neben einer erhobenen Leistungsklage auch die Möglichkeit der Titelumschreibung, so bedarf das Rechtsschutzbedürfnis einer genaueren Erörterung.
- Kann ein Klauselverfahren mit hinreichenden Erfolgsaussichten durchgeführt werden, so nimmt dieses als einfacherer und kostengünstigerer Weg der erneuten Leistungsklage das Rechtsschutzbedürfnis.
- Die Zulässigkeit einer Klauselerteilungsklage gem. § 731 ZPO beseitigt hingegen nicht das Rechtsschutzbedürfnis für eine erneute Leistungsklage.
- Der Erwerber und Fortführer eines Handelsgeschäfts, § 25 HGB, ist nicht Rechtsnachfolger des Veräußerers. Es liegt ein gesetzlicher Schuldbeitritt vor.
- Eine titelumschreibende Klausel gegen den Erwerber kann nach §§ 729 II, 727 ZPO erteilt werden.

4. Abschnitt: Zustellung

Fall 10: Zustellungsempfänger

Sachverhalt:

G verklagt S vor dem Landgericht auf Zahlung von 8.000,- €. Wegen Meinungsverschiedenheiten mit seinem Mandanten legt Anwalt R des S noch vor der mündlichen Verhandlung sein Mandat nieder und macht dem Gericht hiervon Mitteilung. Da S im Verhandlungstermin ohne einen Rechtsanwalt erscheint, ergeht ein Versäumnisurteil gegen ihn. G lässt sich umgehend eine vollstreckbare Ausfertigung erteilen und beauftragt den Gerichtsvollzieher, das Urteil direkt an S zuzustellen und sofort zu vollstrecken. Der Gerichtsvollzieher begibt sich zur Wohnung des S, übergibt diesem eine beglaubigte Abschrift der vollstreckbaren Ausfertigung und pfändet mehrere Einrichtungsgegenstände.

Frage: *Hat ein Vorgehen des S gegen die Zwangsvollstreckung Aussicht auf Erfolg?*

I. Einordnung

Die Zustellung des Vollstreckungstitels soll dem Schuldner, der zwar regelmäßig, aber nicht zwangsläufig von dessen Existenz weiß, noch einmal Gelegenheit geben, von dem Titel Kenntnis zu nehmen und sein Verhalten darauf einzurichten. Sie stellt die letzte Mahnung vor der Zwangsvollstreckung dar.

Grundsätzlich muss die Zustellung wegen ihrer Warnfunktion spätestens bei Beginn der Zwangsvollstreckung erfolgen, § 750 I ZPO. Danach fordert der Gerichtsvollzieher letztmalig zur freiwilligen Zahlung auf, § 105 Nr. 2 GVGA[26], bevor er „zur Tat schreitet“.

hemmer-Methode: Entbehrlich ist die vorherige Zustellung nur dann, wenn sie den Sinn der Zwangsvollstreckung vereiteln würde. Dies ist der Fall bei Arrest und einstweiliger Verfügung, §§ 936, 929 III S. 1 ZPO, da es dort gerade auf die Überraschung des Schuldners ankommt.

Eine fehlerhafte oder unwirksame Zustellung führt nicht zur Nichtigkeit der Vollstreckungsmaßnahme, sondern nur zu deren Anfechtbarkeit. Der Schuldner kann sich gegen solch einen formellen Mangel mit der Erinnerung, § 766 ZPO, wehren.

II. Gliederung

1. Zulässigkeit der Erinnerung

a) Statthaftigkeit (+)

⇨ Verfahrensfehler des GV wird geltend gemacht, § 766 I ZPO

b) Zuständigkeit

⇨ Vollstreckungsgericht gem. §§ 766 I, 764 II, 802 ZPO

c) Form

⇨ Schriftlich / zu Protokoll der Geschäftsstelle, § 569 II S. 1, III ZPO analog

d) Beschwer hier (+)

⇨ Schuldner immer erinnerungsbefugt, da durch die Zwangsvollstreckung als solche beschwert

[26] Geschäftsanweisung für Gerichtsvollzieher, Schönfelder Ergänzungsband Nr. 109.

2. Begründetheit der Erinnerung

(P): Wirksame Zustellung

- Zustellung im Parteibetrieb, §§ 191 ff. ZPO, durch den GV neben Amtszustellung, §§ 166 ff. ZPO möglich
- Zustellungsempfänger ⇨ grds. der Schuldner, bei Bestellung eines Prozessbevollmächtigten aber zwingend an diesen zuzustellen, § 172 ZPO
- Prozessvollmacht des R noch nicht erloschen mangels Anzeige der Bestellung eines neuen Anwalts, § 87 I ZPO
- Hier erfolgt Amtszustellung des Urteils, § 317 I ZPO an R, daneben erfolgte Parteizustellung nach § 750 I S. 2 ZPO zum Beginn der Zwangsvollstreckung wirksam

III. Lösung

Die Zwangsvollstreckung könnte hier allenfalls wegen einer fehlerhaften Zustellung angreifbar sein. Zur Rüge solche formeller Mängel ist die Erinnerung gem. § 766 I ZPO der richtige Rechtsbehelf.

Diese hat Aussicht auf Erfolg, wenn sie zulässig und begründet ist.

1. Zulässigkeit der Erinnerung

a) Statthaftigkeit

Die Vollstreckungserinnerung ist statthaft, soweit es um eine Rüge des Vollstreckungsverhaltens des Gerichtsvollziehers (GV), also um die Verletzung von Verfahrensvorschriften durch diesen geht.

Vor Beginn der Zwangsvollstreckung hat der GV die Zulässigkeit der Zwangsvollstreckung von Amts wegen zu prüfen, insbesondere das Vorliegen der allgemeinen Verfahrensvoraussetzungen. Ohne zuvor erfolgte fehlerfreie und wirksame Zustellung darf er nicht vollstrecken.

Beginnt der Gerichtsvollzieher dennoch mit der Zwangsvollstreckung, so liegt ein Verfahrensfehler vor, der mit der Erinnerung, § 766 I ZPO geltend gemacht werden kann.

hemmer-Methode: Die vom Gerichtsvollzieher bei fehlender oder unwirksamer Zustellung vorgenommenen Vollstreckungsmaßnahmen sind aber keineswegs nichtig, sondern nur anfechtbar (Thomas/Putzo, § 750 ZPO, Rn. 13).
Daher wurden die gepfändeten Möbel des S auf jeden Fall verstrickt, allerdings entstand nach der herrschenden gemischt-privat-öffentlich-rechtlichen Theorie kein Pfändungspfandrecht (vgl. Fall 18).

Die Erinnerung nach § 766 I ZPO ist mithin statthaft.

b) Zuständigkeit

Ausschließlich sachlich und örtlich zuständig ist gem. §§ 766 I, 764 II, 802 ZPO als Vollstreckungsgericht das Amtsgericht, in dessen Bezirk die Vollstreckung stattfinden soll. Im vorliegenden Fall ist dies das Amtsgericht am Wohnsitz des S.

c) Form und Frist

Die Erinnerung muss in entsprechender Anwendung des § 569 II S. 1, III ZPO schriftlich oder zu Protokoll der Geschäftsstelle eingelegt werden.

Ein Anwaltszwang gem. § 78 ZPO besteht schon deswegen nicht, weil das Vollstreckungsgericht stets ein Amtsgericht ist.

Eine Frist ist nach h.M. nicht einzuhalten.

d) Beschwer

Der Schuldner ist durch die Zwangsvollstreckung als solche beschwert und kann daher grundsätzlich Erinnerung einlegen.

hemmer-Methode: Ausnahmsweise kann es dann an der Beschwer fehlen, wenn die gerügte Verfahrensnorm ausschließlich den Schutz eines Dritten bezweckt. Dies wäre hinsichtlich § 809 ZPO der Fall, wenn sich der Schuldner darauf beruft, ein Dritter sei Gewahrsamsinhaber und nicht zur Herausgabe bereit gewesen.

S ist als Vollstreckungsschuldner erinnerungsbefugt, da insbesondere das Zustellungserfordernis seinem Schutz dient.

e) Rechtsschutzbedürfnis

Das Rechtsschutzinteresse besteht in dem Zeitraum zwischen Beginn und Beendigung der Zwangsvollstreckung.

hemmer-Methode: Steht eine konkrete Vollstreckungsmaßnahme unmittelbar bevor und würde eine spätere Entscheidung nichts mehr nützen, dann ist die Erinnerung auch zu diesem Zeitpunkt schon zulässig.

Durch die Pfändung der Einrichtungsgegenstände begann die Zwangsvollstreckung bereits.

Hinsichtlich ihrer Beendigung ist bei § 766 I ZPO darauf abzustellen, ob die konkrete Vollstreckungsmaßnahme noch rückgängig gemacht werden kann. Die Möbel des S wurden noch nicht versteigert, eine Aufhebung der Pfändung ist ohne weiteres möglich. Sie ist daher insoweit noch nicht beendet.

Die Erinnerung gem. § 766 I ZPO ist i.E. zulässig.

2. Begründetheit der Erinnerung

Die Erinnerung ist begründet, wenn die angefochtene Vollstreckungsmaßnahme unzulässig ist. Unzulässig ist eine Vollstreckungsmaßnahme immer dann, wenn die Voraussetzungen für die Zulässigkeit der Zwangsvollstreckung nicht vorlagen oder das Vollstreckungsorgan bei der Durchführung der Pfändung gegen wesentliche Verfahrensvorschriften verstoßen hat.

Hier könnte es an der allgemeinen Vollstreckungsvoraussetzung der wirksamen Zustellung des Vollstreckungstitels fehlen.

a) Zustellung im Parteibetrieb

Gem. § 750 I S. 2 ZPO kann der Vollstreckungstitel auf Betreiben des Gläubigers nach §§ 191 ff. ZPO zugestellt werden.

Diese Möglichkeit steht alternativ neben der Zustellung von Amts wegen, §§ 166 ff. ZPO.

Sie gibt dem Gläubiger die Möglichkeit, das Verfahren zu beschleunigen.

hemmer-Methode: Bei der Amtszustellung muss der Gläubiger bei der Geschäftsstelle erst eine Zustellungsbescheinigung, § 169 I ZPO, beantragen, mit der er dem Vollstreckungsorgan dann die Zustellung nachweisen kann.

Im Parteibetrieb erfolgt die Zustellung durch den GV, § 192 I ZPO. Insoweit liegt hier kein Verfahrensfehler vor.

b) Zustellungsempfänger

Die Zustellung müsste auch an die richtige Person erfolgt sein.

hemmer-Methode: Ganz exakt kann man noch zwischen Zustellungsadressat, § 182 II Nr. 1 ZPO, und Zustellungsempfänger, § 182 II Nr. 2 ZPO, differenzieren (vgl. Hemmer/Wüst, ZPO II, Rn. 95).

aa) Zustellung an R

Zustellungsempfänger ist der Schuldner. Wurde er im Erkenntnisverfahren durch einen Prozessbevollmächtigten vertreten, muss die Zustellung bis zur Beendigung des Rechtsstreits an diesen erfolgen, § 172 I S. 1 ZPO. Zu einem Verfahren gehört insbesondere die Zustellung der abschließenden Entscheidung[27].

(1) Prozessvollmacht des R, § 87 I ZPO

Eine zwingende Zustellung des Urteils an R müsste also dann stattfinden, wenn dieser noch Prozessbevollmächtigter des S ist.

Vor dem Landgericht herrschte gem. § 78 I ZPO Anwaltszwang, jedoch hatte R sein Mandat niedergelegt.

Im Interesse der Kontinuität der Prozessvertretung bestimmt aber § 87 I ZPO, dass die Vollmacht erst mit der Bestellung eines neuen Anwalts und deren Anzeige entsteht.

hemmer-Methode: § 87 I ZPO gilt über seinen Wortlaut hinaus nicht nur gegenüber dem Gegner, sondern auch gegenüber dem Gericht (BGH, VersR 1985, 1185).

Auch nach der Mandatsniederlegung wird der bisherige Anwalt im Rubrum aufgeführt und es ist an ihn zuzustellen. Das Urteil muss daher zwingend an R zugestellt werden.

(2) Zustellung von Amts wegen

Eine Zustellung an R im Parteibetrieb musste G hier jedoch gar nicht vornehmen. Vielmehr werden gem. § 317 I ZPO die Urteile den Parteien von Amts wegen zugestellt, ein Versäumnisurteil zumindest der unterlegenen Partei.

Da dem G bereits eine vollstreckbare Ausfertigung erteilt wurde, muss das Versäumnisurteil auch bereits verkündet und unterschrieben sein, vgl. § 317 II S. 1 ZPO.

Es kann daher davon ausgegangen werden, dass das Gericht das Urteil – den Vollstreckungstitel – ordnungsgemäß an R zugestellt hat gem. § 172 I S. 1 ZPO bzw. dies noch veranlassen wird.

hemmer-Methode: Hat man noch nie von den §§ 317 I, 329 III ZPO und dem dahinter stehenden Mechanismus gehört, wird man in der Klausur kaum auf diesen „Dreh“ kommen.

(3) Zustellung an S

Gem. § 172 I S. 3 ZPO gehört auch die Zwangsvollstreckung noch zum Rechtszug i.S.d. § 172 ZPO. Die im Parteibetrieb nach §§ 750 S. 2, 191 ff. ZPO an S zwecks Einleitung der Zwangsvollstreckung erfolgte Zustellung hätte gem. §§ 191, 172 I S. 1 ZPO möglicherweise auch an R erfolgen müssen.

[27] Thomas/Putzo, § 172 ZPO, Rn. 5.

hemmer-Methode: Höchstwahrscheinlich war im Zeitpunkt der Zustellung an S durch den GV noch gar keine Amtszustellung des Versäumnisurteils an R erfolgt.

Dies wäre aber nur dann der Fall, wenn R auch hinsichtlich der Zwangsvollstreckung noch Prozessbevollmächtigter wäre.

Die Vorschrift des § 87 I ZPO gilt aber nur für das eigentliche, dem Anwaltszwang des § 78 I ZPO unterliegende Hauptverfahren[28]. In der Zwangsvollstreckung als Nebenverfahren kann die Parteizustellung nach § 750 I S. 2 ZPO, die nicht wie die Urteilszustellung nach § 327 I ZPO Rechtsmittelfristen in Lauf setzt, ohne Verstoß gegen § 172 I S. 1 ZPO unmittelbar an die Partei erfolgen.

hemmer-Methode: So ist auch nach der Vollmachtskündigung und deren Anzeige an das Gericht die Zustellung des Kostenfestsetzungsbeschlusses an den Anwalt unwirksam.

Die im Parteibetrieb erfolgte Zustellung an S ist daher wirksam.

bb) Ergebnis

Da sonstige Mängel nicht erkennbar sind, ist die Zustellung wirksam. Die erfolgte Pfändung der Einrichtungsgegenstände war daher nicht verfahrensfehlerhaft. Die zulässige Erinnerung ist nicht begründet. Ein gerichtliches Vorgehen des S gegen die Zwangsvollstreckung hat keine Aussicht auf Erfolg.

IV. Zusammenfassung

- Gegen verfahrensfehlerhafte Vollstreckungsmaßnahmen des GV kann der Schuldner sich mit der Erinnerung, § 766 I ZPO, zur Wehr setzen.
- Der Schuldner ist grundsätzlich erinnerungsbefugt, da er durch die Zwangsvollstreckung als solche beschwert ist.
- Das Rechtsschutzbedürfnis für die Erinnerung besteht spätestens ab Beginn der Vollstreckungsmaßnahme und endet erst dann, wenn diese nicht mehr rückgängig gemacht werden kann.
- Urteile und Beschlüsse, die Vollstreckungstitel darstellen, werden von Amts wegen zugestellt, §§ 317 I, 329 III ZPO.
- Die Prozessvollmacht des Anwalts endet gem. § 87 I ZPO erst dann, wenn ein neuer bestellt und dies angezeigt wurde. Bis dahin ist weiterhin an den bisherigen Anwalt zuzustellen, § 172 I S. 1 ZPO.
- § 87 I ZPO gilt nur, soweit der Anwaltszwang reicht. Daher findet er in der Zwangsvollstreckung keine Anwendung.

V. Zur Vertiefung

- Hemmer/Wüst, ZPO II, Rn. 92 ff.
- Hemmer/Wüst, „Die 40 wichtigsten Fälle zur ZPO I“, Fall 8 (zur Prozessvollmacht).

[28] Thomas/Putzo, § 87 ZPO, Rn. 6.

Fall 11: Verzicht auf Zustellung

Sachverhalt:

S hat sich gegenüber G1 in einem Prozessvergleich zur Zahlung von 3.000,- € verpflichtet. Der Vergleich enthält u.a. auch die Erklärung des S, dass er im Falle der Zwangsvollstreckung auf die Zustellung des Titels verzichte. Als S nicht zahlt und G1 von Zahlungsschwierigkeiten erfährt, beauftragt er sofort den Gerichtsvollzieher. Dieser pfändet daraufhin die wertvolle Ledergarnitur des S. Wenige Tage später erscheint erneut der Gerichtsvollzieher bei S, diesmal im Auftrag des G2. Er übergibt S die vollstreckbare Ausfertigung eines Versäumnisurteils, indem dieser zur Zahlung von 2.500,- € an G2 verurteilt wurde. Da sich in der Wohnung des S außer der Ledergarnitur keine weiteren pfändbaren Gegenstände befinden, wird diese vom Gerichtsvollzieher auch für G2 gepfändet. G2 erhebt nunmehr Erinnerung gegen die im Auftrag des G1 erfolgte Pfändung mit dem Einwand, es fehle an der Zustellung des Titels. S erklärt im Erinnerungsverfahren nochmals, dass er auf diese verzichte.

Frage: *Wird die Erinnerung des G2 Erfolg haben?*

I. Einordnung

Besitzt der Schuldner nicht genug Vermögen, um alle Gläubiger zu befriedigen, stellt sich das Problem, nach welchen Gesichtspunkten die Verteilung zu erfolgen hat.

hemmer-Methode: Für die einzelnen Gläubiger ist dies von enormer praktischer Bedeutung – alles, was ein anderer bekommt, kann man selbst abschreiben.

Wurde eine bewegliche Sache mehrfach gepfändet, §§ 826, 827 ZPO, und ist ihr Versteigerungserlös nicht für alle Gläubiger ausreichend, so bestimmt § 804 III ZPO pragmatisch, dass eine frühere Pfändung der späteren vorgeht – es gilt: „Wer zuerst kommt, malt zuerst".

Widerspricht allerdings ein nachrangiger Pfandgläubiger dieser Verteilung, so hat gem. § 827 II ZPO der Gerichtsvollzieher den Erlös zu hinterlegen und es findet das Verteilungsverfahren nach §§ 872 ff. ZPO statt.

hemmer-Methode: Sie sehen, es ist auf den ersten Blick unvorhersehbar, wie viele Folgestreitigkeiten sich ergeben können. Und Sie werden beim Durcharbeiten der nächsten Fälle merken, dass es noch viel „besser" wird.

II. Gliederung

1. Zulässigkeit der Erinnerung

a) Statthaftigkeit

⇨ (+), mit Pfändung trotz fehlender Zustellung wird Verfahrensfehler des GV geltend gemacht

b) Zuständigkeit

⇨ Vollstreckungsgericht, §§ 766 I, 764 II, 802 ZPO

c) Form

⇨ Schriftlich oder zu Protokoll der Geschäftsstelle, § 569 II S. 1, III ZPO analog

d) Erinnerungsbefugnis

⇨ (+), verfahrensrechtliche Beschwer aus der Stellung als nachpfändender Gläubiger

2. Begründetheit der Erinnerung

Keine Zustellung des ersten Titels (Prozessvergleich)

(P): Verzicht möglich?

- vorheriger Verzicht ⇨ (-), Zustellungserfordernis nach h.M. als Voraussetzung staatlicher Vollstreckungstätigkeit der Parteidisposition entzogen
- nachträglicher Verzicht ⇨ (+), sog. Rügeverzicht, § 295 ZPO, nach h.M. wirksam

III. Lösung

Die Erinnerung, § 766 I ZPO, gegen die erste Pfändung durch den Gerichtsvollzieher (GV) hätte Aussicht auf Erfolg, wenn sie zulässig und begründet ist.

hemmer-Methode: Wie Sie sicherlich schon bemerkt haben, ist die Anzahl der Rechtsbehelfe in der Zwangsvollstreckung nicht unendlich. Hier taucht als Einstieg in die Klausur erneut ein „alter" Bekannter" auf (vgl. Fall 2, 10).

1. Zulässigkeit der Erinnerung

a) Statthaftigkeit

Die Vollstreckungserinnerung ist statthaft gegen jedes auf die Zwangsvollstreckung bezogene Verhalten des GV.

Hier wendet sich G2 gegen die im Auftrag des G1 durch den GV vorgenommene Vollstreckungsmaßnahme.

hemmer-Methode: Ob überhaupt eine erinnerungsfähige Rechtsverletzung, also das Fehlen einer Zulässigkeitsvoraussetzung für die Zwangsvollstreckung bzw. ein wesentlicher Verfahrensverstoß, vorliegt, ist erst eine Frage der Begründetheit.

Die Erinnerung, § 766 I ZPO, ist statthaft.

b) Zuständigkeit

Ausschließlich sachlich und örtlich zuständig ist gem. §§ 766 I, 764 II, 802 ZPO als Vollstreckungsgericht das Amtsgericht, in dessen Bezirk die Vollstreckung stattfinden soll. Dies ist hier das Amtsgericht am Wohnsitz des S.

c) Form und Frist

Die Erinnerung muss schriftlich oder zu Protokoll der Geschäftsstelle eingelegt werden, § 569 II S. 1, III ZPO analog, einer Frist bedarf es nach h.M. nicht.

Eines besonderen Antrages bedarf es nicht, aus der Eingabe des G2 muss nur hervorgehen, dass er die angegriffene Vollstreckungsmaßnahme aus der Welt schaffen will.

d) Erinnerungsbefugnis

Problematisch ist die Beschwer des G2.

Er wendet sich gegen die im Auftrag des G1 erfolgte Pfändung. An dem Vollstreckungsverhältnis zwischen S und G1 ist G2 aber nicht als Partei beteiligt, er ist diesbezüglich grundsätzlich ein außenstehender Dritter.

hemmer-Methode: Beachten Sie: Ein Dritter ist nur unter besonderen Voraussetzungen erinnerungsbefugt:

(1) Der Dritte muss selbst von der Zwangsvollstreckung betroffen sein, d.h. der Vollstreckungsakt muss in seine **Rechtssphäre** eingreifen.

(2) Die **Beschwer** muss **verfahrensrechtlicher Art** sein, es muss um die Verletzung einer verfahrensrechtlich geschützten Rechtsposition gehen.

(3) Die verfahrensrechtliche Beschwer muss sich aus einer **Vollstreckungsnorm** ergeben, die zumindest auch dem Schutz des Dritten dient.

G2 ist von der Zwangsvollstreckung selbst betroffen, da bei wirksamer Pfändung durch G1 alleine dieser wegen § 804 III ZPO vorrangig aus dem Versteigerungserlös des gepfändeten Gegenstands befriedigt wird.

Seine erforderliche verfahrensrechtliche Beschwer ergibt sich nach h.M. ohne weiteres aus der Stellung als nachpfändender Gläubiger, der an der Ausschaltung des Vordermanns ein berechtigtes Interesse hat.[29]

hemmer-Methode: Nach der gemischt-öffentlich-privatrechtlichen Theorie erscheint dies zunächst verwunderlich. Danach wäre ein gem. § 804 III ZPO vorrangiges Pfändungspfandrecht des G1 nur bei ordnungsgemäßer Zustellung entstanden. Daraus könnte man folgern, G2 wäre gar nicht beschwert, er müsse den Vorrang seines Pfändungspfandrechts nur im Verteilungsverfahren nach §§ 872 ff. ZPO geltend machen. Allerdings muss beachtet werden, dass das Verteilungsverfahren sowohl die Auskehrung des Erlöses verzögert als auch mit den Erlös reduzierenden Kosten verbunden ist. Es besteht daher auch unter diesem Gesichtspunkt ein berechtigtes Interesse des G2, eine fehlerhafte vorangegangene Pfändung mit der Erinnerung anzugreifen, um einen späteren Streit im Verteilungsverfahren zu vermeiden.

G2 ist erinnerungsbefugt.

e) Rechtsschutzbedürfnis

Das Rechtsschutzinteresse des nachpfändenden Gläubigers für die Erinnerung besteht, solange nicht die gesetzlichen Voraussetzungen für die Einleitung des Verteilungsverfahrens, §§ 872 ff. ZPO, vorliegen.

Dafür ist notwendig, dass sich bei der Versteigerung des gepfändeten Gegenstandes ein unzureichender Erlös ergibt und der GV diesen auf Verlangen eines Gläubigers hinterlegt, § 827 II ZPO.

Da hier eine Versteigerung noch nicht stattgefunden hat, ist ein Rechtsschutzbedürfnis des G2 auf jeden Fall gegeben.

Die Erinnerung, § 766 I ZPO, ist zulässig.

2. Begründetheit der Erinnerung

Die Erinnerung wäre begründet, wenn es an einer erforderlichen Zustellung fehlen würde und keine Heilung eingetreten wäre. Dann wäre die Pfändung durch G1 mangels einer allgemeinen Vollstreckungsvoraussetzung unzulässig gewesen.

a) Keine Zustellung erfolgt

Die Zustellung einer vollstreckbaren Ausfertigung des Prozessvergleichs, § 794 I Nr. 1 ZPO, erfolgte nicht.

Fraglich ist aber, ob eine solche überhaupt erforderlich war. S hatte ausdrücklich vor Beginn der Vollstreckung auf die Zustellung des Titels verzichtet und nachträglich diesen Verzicht bekräftigt.

[29] BGH, Rpfleger 1989, 248.

Es ist daher zu prüfen, inwieweit der vorherige bzw. der nachträgliche Verzicht auf die Zustellung durch den Schuldner wirksam ist.

b) Verzicht auf vorherige Zustellung

Ob der Schuldner wirksam auf die vorherige Zustellung des Vollstreckungstitels verzichten kann, ist umstritten.

aa) e.A.: Verzicht wirksam

Nach einer Auffassung sei der vorherige Verzicht wirksam, da die Zustellungsvorschriften nur dem Interesse des Schuldners dienen. Dieser könne sich somit ohne weiteres seines Schutzes begeben, ohne damit öffentliche Belange zu gefährden[30].

bb) h.M.: Verzicht unwirksam

Nach überwiegender Ansicht handele es sich bei dem Zustellungserfordernis um die Voraussetzung für die Legitimation der staatlichen Vollstreckungstätigkeit. Ohne die Zustellung sei dieser eine Grenze gezogen, die keineswegs zur Disposition der Parteien stünde[31].

hemmer-Methode: Im Übrigen wird diese Auffassung von praktischen Gesichtspunkten getragen. Dem GV soll nicht die oftmals schwierige Prüfung der Wirksamkeit einer Verzichtserklärung des Schuldners aufgebürdet werden müssen.

Da der vorherige Verzicht des S unwirksam ist, fehlte es an der erforderlichen Zustellung.

Die im Auftrag des G1 erfolgte Vollstreckung war daher unzulässig.

c) Nachträglicher Verzicht

Im Erinnerungsverfahren hat sich S nochmals dahingehend eingelassen, dass er auf die vorherige Zustellung des Vollstreckungstitels verzichtet habe und somit den konkreten Verfahrensablauf gebilligt.

Möglicherweise ist dieser nachträgliche Verzicht wirksam.

aa) e.A.: Verzicht unwirksam

Das Reichsgericht hielt den nachträglichen Verzicht des Schuldners mit Rücksicht auf die Interessen der anderen Gläubiger für unwirksam. Die nachfolgenden ordnungsgemäß vorgehenden Gläubiger müssten vor Manipulationen geschützt werden, die andernfalls der Schuldner im Zusammenwirken mit einzelnen Gläubigern betreiben könnte[32].

bb) h.M.: Verzicht wirksam

Nach heute herrschender Auffassung muss hingegen ein der Vollstreckung erst nachfolgender Verzicht des Schuldners auf die Zustellung möglich sein[33]. Dies ergibt sich aus § 295 I ZPO, wonach auf die Befolgung von Verfahrensvorschriften verzichtet werden kann, sog. **Rügeverzicht**.

hemmer-Methode: Unterscheiden Sie die Heilung durch Rügeverzicht nach § 295 I ZPO von der Heilung von Zustellungsmängeln nach § 189 ZPO.

[30] Brox/Walker, Zwangsvollstreckungsrecht, Rn. 155.

[31] Thomas/Putzo, § 750 ZPO, Rn. 1.

[32] RGZ 83, 340.

[33] Stein-Jonas/Münzberg, § 750 ZPO, Rn. 8 m.w.N.

Letztere setzt voraus, dass überhaupt eine förmliche Zustellung beabsichtigt war und nur später ein tatsächlicher Zugang stattfand.

Zudem ist es dem Schuldner unbenommen, die fehlende Zustellung nicht mit der Erinnerung anzugreifen und damit eine faktische Unbeachtlichkeit herbeizuführen.

Auch das Argument der Benachteiligung bestimmter Gläubiger greift nicht. Denn mit der Antwort auf die hier interessierende Frage, ob der Schuldner wirksam auf die Zustellung verzichten kann, ist keine Aussage darüber verbunden, wann diese Heilungswirkung eintritt. Dies spielt auch nicht hier, sondern erst im Verteilungsverfahren eine Rolle.

hemmer-Methode: Nach h.M. tritt die Heilung nur ex nunc ein, da ein fehlerhafter Vollstreckungsakt keine Vorzugsstellung gegenüber ordnungsgemäß vorgehenden Gläubigern verschaffen kann.

Der nachträgliche Verzicht des S auf die Zustellung ist wirksam.

d) Ergebnis

Da die fehlende Zustellung bei der Vollstreckung im Auftrag des G1 durch den nachträglichen Verzicht des S geheilt wurde, ist kein Verfahrensmangel mehr gegeben.

Die Erinnerung ist daher unbegründet.

hemmer-Methode: G2 wird daher mit der Geltendmachung seines vorrangigen Pfändungspfandrechts im Ergebnis doch auf das Verteilungsverfahren, §§ 872 ff. ZPO, verwiesen.

V. Zur Vertiefung

- Hemmer/Wüst, ZPO II, Rn. 97.

Dies stellt aber keinen Widerspruch zu den Ausführungen i.R.d. Erinnerungsbefugnis dar. Das Scheitern der Erinnerung beruht allein darauf, dass kein Verfahrensfehler bei der Pfändung durch G1 vorliegt. Nur auf die Klärung dieser Frage zielt die Erinnerung letztlich ab, ihr Sinn und Zweck besteht nicht in der Entscheidung über den Rang der Pfandrechtsgläubiger.

IV. Zusammenfassung

- Ein am konkreten Vollstreckungsverfahren nicht beteiligter Dritter ist erinnerungsbefugt, wenn er selbst verfahrensrechtlich beschwert ist und die verletzte Norm auch seinem Schutz dient.
- Ein Verzicht auf die Zustellung des Vollstreckungstitels ist vor Durchführung der Zwangsvollstreckung nicht möglich.
- Der Schuldners kann nachträglich auf die Zustellung des Titels verzichten, § 295 I ZPO.
- Die Heilungswirkung tritt nur ex nunc ein, erst mit dem Rügeverzicht entsteht ein Pfändungspfandrecht.
- Die mehrfache Pfändung einer beweglichen Sache ist möglich, §§ 826, 827 ZPO.
- Der zuerst pfändende Gläubiger ist aus dem Erlös vorrangig zu befriedigen, § 804 III ZPO.
- Ist der Versteigerungserlös nicht zur Deckung aller Forderungen ausreichend, so findet auf Antrag, § 827 II ZPO, ein Verteilungsverfahren, §§ 872 ff. ZPO, statt.

Kapitel II: Vollstreckung wegen Geldforderungen

1. Abschnitt: Vollstreckung in bewegliche Sachen

Fall 12: Pfändung beim Schuldner

Sachverhalt:

Zur Finanzierung eines neuen Wagens im Wert von 20.000,- € nahm der Handelsvertreter S bei der G-Bank ein Teilzahlungsdarlehen auf. Der Wagen wurde zur Sicherheit an die G-Bank übereignet. Da die Geschäfte des S u.a. wegen der Widerrufsmöglichkeit seiner Kunden nach § 312g I BGB immer schlechter liefen, konnte er die Zahlungen an die G-Bank bald nicht mehr aufbringen. Als er bereits mit fünf Raten in Höhe von insgesamt 4.000,- € in Verzug gekommen war, klagte die G-Bank nach ordnungsgemäßer Kündigung des Darlehens auf Zahlung der kompletten Restschuld in Höhe von 15.000,- €. Sie erhielt ein stattgebendes Versäumnisurteil, da S zur Verhandlung ohne Anwalt erschien, ließ sich eine vollstreckbare Ausfertigung erteilen und beauftragte den Gerichtsvollzieher GV mit der Pfändung. Dabei solle er auch den ihr sicherungsübereigneten Wagen pfänden.

GV ist ein Frühaufsteher. Um 5.30 Uhr erscheint er an der Haustür des S und übergibt ihm eine beglaubigte Abschrift der vollstreckbaren Ausfertigung. S ist es ganz recht, dass GV so zeitig gekommen ist, da die Nachbarn möglichst wenig merken sollen. Er bittet ihn deshalb auch schnell herein. GV pfändet

- *das Fernsehgerät und den DVD-Player,*
- *die Geschirrspülmaschine,*
- *die Kanarienvögel (indem er ein Pfandsiegel am Käfig anbringt),*
- *eine goldene Rolex-Armbanduhr,*
- *den Computer und*
- *den Wagen.*

Frage: *Wurden die einzelnen Gegenstände ordnungsgemäß gepfändet?*

I. Einordnung

Ist die Zwangsvollstreckung an sich zulässig (vgl. Schema S. 1), kann der GV mit der eigentlichen Vollstreckungstätigkeit beginnen.

Er hat dabei die nach dem Gesetz bestehenden Vorschriften über die Art und Weise der Zwangsvollstreckung zu beachten.

Welche Normen für die konkrete Vollstreckungsmaßnahme einschlägig sind, richtet sich nach dem Vollstreckungsgrund und dem Vollstreckungsgegenstand.

hemmer-Methode: Neben der Kenntnis der allgemeinen Vollstreckungsvoraussetzungen (Titel – Klausel – Zustellung – Antrag) ist es in einer Klausur essentiell notwendig, dass Sie sich klar machen, **wegen Was in Was** vollstreckt wird (vgl. die Übersicht bei Hemmer/Wüst, ZPO II, Rn. 20 ff.). Danach bestimmt sich, welche Normen zu prüfen sind.

Zur Durchsetzung einer Geldforderung kann in das gesamte bewegliche und unbewegliche Vermögen des Schuldners vollstreckt werden.

Allerdings darf nicht vergessen werden, dass sich insbesondere der zwangsweise Zugriff auf seine beweglichen körperlichen Gegenstände auf den Schuldner besonders belastend auswirkt. Aus diesem Grund hat der Gesetzgeber zur Aufrechterhaltung einer existenzangemessenen Lebensgrundlage in gesetzlicher Konkretisierung des Sozialstaatsprinzips, Art. 20, 28 GG, in den §§ 811 ff. ZPO eine Reihe von Pfändungsbeschränkungen normiert.

Gerade wegen dieser Vorschriften und dem zudem oft unterdurchschnittlichen Verwertungserfolg beweglicher Gegenstände bei der Versteigerung, §§ 814 ff. ZPO, hat die Forderungspfändung gegenüber der Sachpfändung in der Praxis die weitaus größere Bedeutung erlangt.

II. Gliederung

1. Zulässigkeit der ZV

Funktionelle **Zuständigkeit** des GV ⇨ (+), § 808 I ZPO

Allgemeine Vollstreckungsvoraussetzungen
⇨ (+), insbesondere ordnungsgemäße Zustellung gem. §§ 750 I S. 2, 172 II S. 3 ZPO

2. Pfändung auf rechtmäßige Weise

Richterliche **Durchsuchungsanordnung** nach § 758a I ZPO entbehrlich, da Einwilligung des S

Zwar Vollstreckung zur Nachtzeit, § 758a IV ZPO, und ohne besondere richterliche Anordnung, aber auch insoweit **Einverständnis** des S

3. Pfändungsbeschränkungen

a) **Fernsehgerät** ⇨ unpfändbar nach § 811 I Nr. 1 ZPO (h.M.)

b) **DVD-Player** ⇨ pfändbar

c) **Geschirrspülmaschine** ⇨ unpfändbar nach § 812 ZPO (trotz Wortlaut „sollen“ kein Ermessen des GV)

d) **Kanarienvögel** ⇨ unpfändbar nach § 811c I ZPO

e) **Goldene Rolex-Armbanduhr**

⇨ Uhr grundsätzlich unpfändbar nach § 811 I Nr. 1 ZPO, hier aber Austauschpfändung nach § 811a ZPO möglich

f) **Computer** ⇨ bei Handelsvertreter nach § 811 I Nr. 5 ZPO unpfändbar

g) **Wagen** ⇨ hier problematisch

- Evidentes Dritteigentum, aber Pfändung gläubigereigener Sache möglich
- Wegen § 811 I Nr. 5 ZPO unpfändbar
- § 811 II ZPO nicht einschlägig
- Aber Möglichkeit der Erwirkung eines Herausgabetitels und Vollstreckung nach § 883 ZPO ohne die Beschränkungen des § 811 I ZPO
- Nach h.M. dennoch kein arglistiges Verhalten des S, wenn er sich auf Pfändungsschutz beruft

III. Lösung

Die einzelnen Gegenstände wären ordnungsgemäß gepfändet worden, wenn die Zwangsvollstreckung an sich zulässig war, diese in der rechten Weise erfolgte und zudem nicht gegen gesetzliche Pfändungsbeschränkungen verstoßen wurde.

hemmer-Methode: Prozessualer Aufhänger für das Abprüfen dieser Probleme wird in der Klausur regelmäßig die Erinnerung des Vollstreckungsschuldners, § 766 I ZPO, sein. Denkbar wäre aber auch, dass der Vollstreckungsgläubiger nach erfolgreicher Erinnerung des Schuldners die sofortige Beschwerde, § 793 ZPO, erhebt.

1. Zulässigkeit der ZV

a) Zuständigkeit des GV

Pfändet ein funktionell unzuständiges Vollstreckungsorgan, so sind die getroffenen Vollstreckungsmaßnahmen allein deshalb regelmäßig nichtig[34].

hemmer-Methode: Auch für ein gerichtliches Vorgehen gegen nichtige und damit wirkungslose Vollstreckungsakte besteht ein Rechtsschutzbedürfnis, um den bestehenden Anschein einer wirksamen Vollstreckungsmaßnahme aus der Welt zu schaffen.

Bewegliche Sachen werden nach § 808 I ZPO durch den GV gepfändet, sodass hier das zuständige Vollstreckungsorgan gehandelt hat.

b) Allgemeine Vollstreckungsvoraussetzungen

Mit dem Endurteil lag ein Vollstreckungstitel i.S.d. § 704 I ZPO vor, die erforderliche Klausel war erteilt, § 724 I ZPO.

Ebenso liegt in der Übergabe durch den GV an S persönlich eine ordnungsgemäße Zustellung im Parteibetrieb, § 750 I S. 2 ZPO i.V.m. §§ 191 ff. ZPO.

Zwar herrscht vor dem Landgericht Anwaltszwang, § 78 I ZPO, und der Titel ist an den Prozessbevollmächtigten zuzustellen, § 172 I S. 1 ZPO. Dies gilt jedoch nur dann, wenn tatsächlich ein Anwalt bestellt wurde. Hier erschien S ohne Anwalt zur Verhandlung, deshalb erging wegen § 333 ZPO auch ein Versäumnisurteil nach § 331 I ZPO gegen ihn. Hat eine Partei keinen Prozessbevollmächtigten, so wird an diese direkt zugestellt, § 172 II S. 3 ZPO.

hemmer-Methode: Im Übrigen wird S als der unterliegenden Partei das VU gem. § 317 I S. 1 ZPO auch von Amts wegen zugestellt (vgl. dazu Fall 10).

Die Zwangsvollstreckung an sich war daher zulässig.

2. Pfändung in der rechten Weise

Der GV hat in der Wohnung des S gepfändet, wozu er gem. § 758 ZPO prinzipiell befugt ist. Da dieser Lebensbereich des Schuldners aber dem besonderen Schutz des Art. 13 GG unterfällt, sind auch in der Zwangsvollstreckung spezielle Verfahrensvorschriften zu beachten.

---

[34] Thomas/Putzo, vor § 704 ZPO, Rn. 58.

a) Richterliche Durchsuchungsanordnung, § 758a I ZPO

Gem. § 758a I ZPO ist für das Betreten und die Durchsuchung der Wohnung des Schuldners eine richterliche Anordnung notwendig, die nach § 758a V ZPO auch vorgezeigt werden muss.

hemmer-Methode: Der Begriff der Wohnung umfasst wegen der weiten Auslegung des Art. 13 I GG auch Geschäfts-, Arbeits- und Betriebsräume.

Die richterliche Anordnung ist jedoch nach § 758a I S. 1 ZPO dann entbehrlich, wenn der Schuldner einwilligt. Da S den GV hereinbat, liegt eine solche Einwilligung vor.

hemmer-Methode: Im Falle der Abwesenheit des Schuldners genügt die Einwilligung eines zur Familie gehörenden erwachsenen Hausgenossen. Trifft der GV überhaupt niemanden an, so muss er es zumindest noch einmal unter Vorankündigung versuchen, bevor der Gläubiger (!) die richterliche Durchsuchungsanordnung beantragen kann.

b) Nachtzeit, § 758a IV ZPO

Die Vollstreckungstätigkeit in Wohnungen wird durch § 758a IV ZPO auch zeitlich beschränkt.

An Feiertagen und in der Nachtzeit zwischen 21.00 Uhr und 6.00 Uhr sollen grundsätzlich keine Vollstreckungshandlungen stattfinden. Zudem bedarf es bei Pfändungsmaßnahmen in Wohnungen während der Nachtzeit zusätzlich zur Durchsuchungsanordnung nach § 758a I ZPO noch einer weiteren besonderen Anordnung, § 758a IV S. 1 ZPO.

Hier erschien der GV um 5.30 Uhr, also noch in der Nachtzeit, ohne dass er über eine besondere richterliche Anordnung verfügte. S hatte allerdings auch gegen die frühe Uhrzeit nichts einzuwenden.

In § 758a IV ZPO ist zwar nicht wie in § 758a I ZPO die Entbehrlichkeit der Durchsuchungsanordnung wegen Einwilligung des Schuldners ausdrücklich normiert, jedoch spricht nichts dagegen, dass der Schuldner auch auf die Einhaltung dieser Verfahrensvorschrift verzichten kann. Öffentliche Belange werden dadurch nicht beeinträchtigt.

Die Einwilligung des S deckt damit auch die Vollstreckung während der Nachtzeit.

3. Pfändungsbeschränkungen

Bei der Pfändung beweglicher Sachen hat der GV die gesetzlichen Pfändungsbeschränkungen, §§ 811 ff. ZPO, von Amts wegen zu beachten. Ein Verstoß gegen diese Schuldnerschutzvorschriften mündet zwar nicht unmittelbar in die Nichtigkeit der Pfändung. Erst auf eine Erinnerung des Schuldners hin sind die betroffenen Vollstreckungsmaßnahmen aufzuheben, § 776 ZPO.

hemmer-Methode: Die Pfändungsbeschränkungen sollen aus sozialpolitischen Gründen eine sog. „Kahlpfändung" des Schuldners verhindern und ihm die lebensnotwendigen Güter belassen. Könnten ihm auch diese genommen werden, fiele er der Sozialhilfe anheim und der Gläubiger wäre damit im Ergebnis mittelbar auf Kosten der Allgemeinheit befriedigt.

a) Fernsehgerät und DVD-Player

Die Pfändung dieser Geräte könnte gegen § 811 I Nr. 1 ZPO verstoßen.

Danach sind die vom Schuldner im Rahmen einer angemessenen bescheidenen Lebensführung benötigten Sachen des persönlichen Gebrauchs und des Haushalts unpfändbar.

Ob der Fernseher mit Hinblick auf das Informationsbedürfnis des Schuldners unter § 811 I Nr. 1 ZPO fällt, war lange umstritten. Viele Stimmen sehen auch heute noch einen Radioempfänger als ausreichend an.

Bei der Anwendung des § 811 ZPO ist allerdings entgegen dieser Meinungen ein zeitgemäßerer Maßstab anzulegen. Nach heutiger Anschauung muss ein Fernsehempfänger zum Mindestbestand einer bescheidenen Lebensführung gezählt werden, selbst wenn es sich um ein Farbgerät handelt[35].

Sehr wohl pfändbar ist allerdings der DVD-Player, da ein solches Gerät zu einer bescheidenen Lebensführung keineswegs notwendig und mithin entbehrlich ist[36].

hemmer-Methode: Unpfändbar nach § 811 I Nr. 1 ZPO sind etwa der Staubsauger, das Fahrrad, der Kühlschrank und die Waschmaschine.

Die Pfändung des Fernsehgeräts verstößt gegen § 811 I Nr. 1 ZPO, nicht aber die des DVD-Players.

b) Geschirrspülmaschine

Zunächst ist festzuhalten, dass eine Geschirrspülmaschine schon nicht dem Wortlaut des § 811 I Nr. 1 ZPO unterfallen kann, weil sie auch unter Beachtung der heutigen Umstände nicht zu den für eine bescheidene Lebensführung erforderlichen Haushaltsgegenständen zählt.

Vielmehr entspricht eine Geschirrspülmaschine einem Teil des Hausrats und wäre damit grundsätzlich pfändbar. Eine Ausnahme ist gem. § 812 ZPO jedoch dann zu machen, wenn die Verwertung offensichtlich zu einer Verschleuderung von Werten führen würde.

hemmer-Methode: Ist erkennbar, dass die Verwertung nicht einmal die Vollstreckungskosten abdecken würde, verbietet außerdem bereits § 803 II ZPO eine Pfändung.

Die h.M. ist der Ansicht, dass dem GV trotz des insoweit eindeutigen Wortlauts des § 812 ZPO („sollen") kein Ermessen zukommen dürfe. Vielmehr **hat** die Pfändung bei Vorliegen der Voraussetzungen dieser Norm stets zu unterbleiben[37].

Eine Geschirrspülmaschine stellt zwar keinen unbedingt erforderlichen Haushaltsgegenstand dar (s.o.), sie ist jedoch heutzutage durchaus Bestandteil eines gewöhnlichen Haushalts.

In der Zwangsversteigerung lässt sich bei lebensnaher Betrachtung für eine gebrauchte Spülmaschine erfahrungsgemäß nur ein sehr geringer Wert erzielen, welcher in einem deutlichen Missverhältnis zu dem Gebrauchswert stehen würde, den die Maschine für den Schuldner hat[38].

§ 812 ZPO verbietet daher die Pfändung.

35 So schon BFH, NJW 1990, 1871.

36 VGH Mannheim, NJW 1995, 2804 bzgl. Videorecorder.

37 Thomas/Putzo, § 812 ZPO, Rn. 1.

38 AG Heidelberg, DGVZ 1981, 31.

c) Kanarienvögel

Nicht zu Erwerbszwecken gehaltene Haustiere sind nach § 811c I ZPO unpfändbar.

Ein hoher Wert, der ausnahmsweise die Pfändung dennoch gestatten würde, liegt ersichtlich nicht vor. Zudem fehlt es an einer bedeutenden Härte für den Gläubiger und darüber hinaus an einer entsprechenden Anordnung des Vollstreckungsgerichts, § 811c II ZPO.

d) Goldene Rolex-Armbanduhr

Eine Uhr unterfällt grundsätzlich § 811 I Nr. 1 ZPO und ist daher nicht pfändbar[39].

Im Hinblick auf den hohen Wert der konkreten Uhr erscheint es aber unangemessen, diese gänzlich dem Vollstreckungszugriff zu entziehen. Um den gegenläufigen Interessen von Schuldner und Gläubiger gerecht zu werden, hat der Gesetzgeber die Möglichkeit der **Austauschpfändung, § 811a ZPO**, geschaffen.

Danach darf die Uhr trotz Unpfändbarkeit nach § 811 I Nr. 1 ZPO gepfändet werden, wenn der Gläubiger aufgrund eines entsprechenden Beschlusses des Vollstreckungsgerichts dem Schuldner bei der Pfändung ein brauchbares Ersatzstück oder den zu dessen Erwerb erforderlichen Geldbetrag stellt.

Natürlich wird der Gläubiger vorher nur in den seltensten Fällen wissen, hinsichtlich welcher Gegenstände eine Ersatzpfändung in Betracht kommt. Somit wird es regelmäßig an einem entsprechenden gerichtlichen Beschluss fehlen.

Ist aber wie hier bei der goldenen Rolex-Uhr zu erwarten, dass die Austauschpfändung zugelassen wird, darf der GV die Sache bereits im Wege der **vorläufigen Austauschpfändung, § 811b ZPO** beschlagnahmen. Die G-Bank muss dann binnen zwei Wochen nach Benachrichtigung durch den GV beim Vollstreckungsgericht die Austauschpfändung beantragen.

hemmer-Methode: Da es sich bei der Rolex-Uhr um eine im Verhältnis zu ihrer Größe besonders wertvolle Sache und damit um eine Kostbarkeit handelt, wird der GV diese nicht im Gewahrsam des S belassen, sondern selbst in Besitz nehmen, § 808 I, II S. 1 ZPO. Das Ersatzstück bzw. den erforderlichen Geldbetrag erhält S dennoch erst nach dem gerichtlichen Beschluss über die Austauschpfändung, § 811b IV S. 1 ZPO.

e) Computer

Der Computer könnte nach § 811 I Nr. 5 ZPO unpfändbar sein.

Diese Pfändungsschutzvorschrift ist nur anwendbar, wenn S seinen Erwerb aus persönlicher Arbeitsleistung zieht. Grundsätzlich nicht zum geschützten Personenkreis sollen dagegen nach h.M. Kaufleute gehören, da diese trotz persönlicher Arbeitsleistung ihren Erwerb im Wesentlichen aus Warenumsatz und Nutzung ihrer sachlichen Betriebsmittel oder ihres Kapitals ziehen[40].

Bei einem Handelsvertreter, §§ 84 ff. HGB, kann dies aber nicht gelten, selbst wenn er kein Kleingewerbetreibender nach § 1 II HGB, sondern selbst Kaufmann ist.

---

[39] OLG München, DGVZ 1983, 140.

[40] Thomas/Putzo, § 811 ZPO, Rn. 22.

Dieser erwirtschaftet seine Einnahmen durch Vermittlungsgespräche, also ganz vorrangig durch Einsatz der persönlichen Arbeitskraft.

hemmer-Methode: Der von § 811 I Nr. 5 ZPO umfasste Personenkreis ist eines der wenigen wirklichen Probleme bei den Schuldnerschutzvorschriften i.R.d. Sachpfändung. Man sollte zumindest einmal davon gehört haben.

Liegt eine persönliche Arbeitsweise vor, dann sind die zur Fortsetzung dieser Erwerbstätigkeit erforderlichen Gegenstände unpfändbar. Erforderlich sind solche Gegenstände, deren Wegfall die Erwerbstätigkeit des Schuldners erheblich erschweren und sich damit auf dessen Einkommen nachteilig auswirken würden.

Ein Computer wird man bei einem Handelsvertreter als zur Erwerbstätigkeit erforderlich ansehen müssen, um z.B. Kalkulationen zu erstellen, Präsentationen vorzuführen oder Abrechnungsdaten zu verwalten.

Der Computer ist daher nach § 811 I Nr. 5 ZPO unpfändbar.

f) Wagen

aa) Pfändung gläubigereigener Sache

Die Pfändung des an die G-Bank sicherungsübereigneten Wagens könnte schon deshalb verfahrensfehlerhaft sein, weil es sich um evidentes Dritteigentum handelt. Schließlich hat die G-Bank den GV über die Sicherungsübereignung informiert.

Der GV stellt im Zuge der Sachpfändung gem. § 808 I ZPO lediglich den Gewahrsam des Schuldners an der Sache fest.

Er prüft nicht die Eigentumslage. Allerdings hat der GV Rechte Dritter zu beachten, wenn diese offenbar entgegenstehen.

hemmer-Methode: Gewahrsam i.S.d. § 808 I ZPO ist die rein tatsächliche Herrschaft über die Sache. Er ist vom Besitz des BGB zu unterscheiden, entspricht aber auch nicht vollständig dem Gewahrsamsbegriff i.S.d. § 242 StGB. I.R.d. Zwangsvollstreckung wird der Besitzdiener nach h.M. nicht als Gewahrsamsinhaber angesehen (Thomas/Putzo, § 808 ZPO, Rn. 3), im strafrechtlichen Sinne hingegen schon (Tröndle/Fischer, § 242 StGB, Rn. 11).

Die G-Bank hat den GV angewiesen, auch in den in ihrem Eigentum befindlichen Wagen zu vollstrecken. Dass die Vollstreckung in eine gläubigereigene Sache möglich sein muss, belegt § 811 II ZPO.

Einem solchen Vorgehen des Gläubigers fehlt auch nicht das Rechtsschutzinteresse. Diese Verwertungsmöglichkeit kann für ihn wirtschaftlich sehr interessant sein, insbesondere wenn er als Sicherungseigentümer an der Sache selbst in keiner Weise interessiert ist und es ihm nur um die Befriedigung seiner Forderung geht.

hemmer-Methode: Nach der herrschenden gemischt privatrechtlich-öffentlich-rechtlichen Theorie (dazu Fall 15) erhält der Gläubiger zwar kein Pfändungspfandrecht, wohl aber entsteht die Verstrickung als Grundlage der Verwertung. Ausgleichsansprüche nach der Versteigerung braucht er nicht zu befürchten, da diese ihm als Eigentümer selbst zustünden.

bb) § 811 I Nr. 5 ZPO

Der Wagen könnte allerdings von § 811 I Nr. 5 ZPO geschützt sein.

Bei einem Handelsvertreter, der zum Abschluss seiner Geschäfte viel reisen muss, ist ein Wagen für die Erwerbstätigkeit erforderlich und daher unpfändbar.

hemmer-Methode: Das ist aber nicht zwangsläufig so. Sofern bei Benutzung öffentlicher Verkehrsmittel nicht wesentlich mehr Zeit aufgewendet werden muss, kann eine Pfändung grundsätzlich zulässig sein (BGH, FamRZ 2010, 550).

Allenfalls kommt auch hier eine Austauschpfändung in Betracht, was anders als bei einer Uhr für die G-Bank wohl aber unwirtschaftlich ist.

hemmer-Methode: Bei der Austauschpfändung eines PKW wäre zudem zu beachten, dass das Ersatzstück eine annähernd gleiche Haltbarkeit und Lebensdauer wie das gepfändete Fahrzeug aufweist (BGH, NJW-RR 2011, 1366).

cc) Kein Pfändungsschutz wegen Sicherungsübereignung?

Möglicherweise ist aber der Pfändungsschutz nach § 811 I Nr. 5 ZPO deswegen zu versagen, weil es sich um eine im Eigentum des Gläubigers befindliche Sache handelt.

(1) § 811 II ZPO

Eine Privilegierung der G-Bank ergibt sich nicht aus § 811 II ZPO. Sie ist keine Vorbehaltseigentümerin, die wegen der Kaufpreisforderung bezüglich des Gegenstandes vollstreckt.

Zwar ist sie Sicherungseigentümerin, die hinsichtlich der durch den Gegenstand gesicherten Forderung vollstreckt, doch verbietet sich aufgrund des Ausnahmecharakters eine analoge Anwendung des § 811 II ZPO (Thomas/Putzo, § 811 ZPO, Rn. 39).

(2) Möglichkeit der Herausgabevollstreckung, § 883 ZPO

Die G-Bank könnte allerdings auf Herausgabe des Wagens aus § 985 BGB klagen und bei einem stattgebenden Urteil nach § 883 ZPO vollstrecken, ohne dass die Schuldnerschutzvorschriften der §§ 811 ff. ZPO entgegenstünden.

hemmer-Methode: Um dies in der Klausur zu erkennen, benötigt man einen gewissen Überblick über das Zwangsvollstreckungsrecht. Sie werden sehen, dass sich ein solcher einstellen wird, wenn Sie immer und immer wieder Fälle bearbeiten.

Nach e.A. handelt ein Schuldner, der sich trotz der Sicherungsübereignung auf die Pfändungsbeschränkungen beruft, zumindest dann arglistig, wenn ihm gegenüber dem Herausgabeanspruch des Schuldners keine Einwendungen zustehen.

Die h.M. stellt konsequent darauf ab, dass eine Berücksichtigung materieller Herausgabeansprüche im Verfahren der Vollstreckung wegen einer Geldforderung nach §§ 803 ff. ZPO nicht stattfindet. Dem Gläubiger steht es ja frei, aufgrund seines Eigentums Klage zu erheben, um den Schutz des § 811 I ZPO auszuschalten.

Wählt er diesen Weg nicht, so handelt der Schuldner nicht arglistig, wenn er sich auf die zu seinem Schutz erlassenen Vorschriften beruft.

Im Ergebnis ist somit der Wagen wegen § 811 I Nr. 5 ZPO nicht pfändbar.

IV. Zusammenfassung

- Der Gerichtsvollzieher ist zuständig für die Vollstreckung in die körperlichen Sachen des Schuldners gem. §§ 808 ff. ZPO.
- Eine Pfändung in der Wohnung des Schuldners kann ohne dessen Einwilligung nur aufgrund einer richterlichen Durchsuchungsanordnung erfolgen, § 758a I ZPO.
- Die Pfändung darf grundsätzlich nicht zur Unzeit stattfinden, § 758a IV ZPO.
- Bei der Sachpfändung sind die Pfändungsbeschränkungen der §§ 811 ff. ZPO von Amts wegen zu beachten.
- Gegebenenfalls kann in eine nach § 811 ZPO geschützte Sache im Wege der Austauschpfändung, §§ 811a, b ZPO, vollstreckt werden.
- Erwirbt der Schuldner sein Einkommen durch persönliche Arbeitsleistung, so sind ihm gem. § 811 I Nr. 5 ZPO die zur Berufsausübung erforderlichen Sachen zu belassen.
- Die Pfändung einer gläubigereigenen Sache ist möglich, vgl. § 811 II ZPO.
- Vollstreckt der Eigentümer der Sache nach Herausgabeklage gem. § 883 ZPO, so sind die §§ 811 ff. ZPO nicht anwendbar.

V. Zur Vertiefung

- Hemmer/Wüst, ZPO II, Rn. 99 ff.
- BGH, Life&Law 2016, 313 ff. zu der Frage, ob ein auf „Lieferung" gerichteter Titel nach § 883 ZPO oder §§ 887 f. ZPO zu vollstrecken ist.

Fall 13: Pfändung bei Ehegatten

Sachverhalt:

Ehefrau S aus Dresden kaufte im Warenhaus des G „dringend benötigte“ Kleidungsstücke (Schuhe) zum Preis von 49,- € mit ihrer Kundenkarte (kein Aufpreis, keine Zinsen). Aufgrund in der Folgezeit unerwartet auftretender finanzieller Probleme der S, konnte sie die Rechnung des G nicht begleichen. G erwirkte daraufhin einen rechtskräftigen Titel gegen S und beauftragte den Gerichtsvollzieher GV mit der Zwangsvollstreckung. Dieser pfändete in der Ehewohnung ein Figurenset aus Meißener Porzellan, welches der Ehemann D von seinen Eltern geerbt hatte. D widerspricht der Maßnahme vehement und macht geltend, dass die Figuren ausschließlich ihm gehören.

Frage: *Kann D gerichtlich die Verwertung des Porzellans verhindern?*

I. Einordnung

Vollstreckt der GV, so kann er gem. § 808 I ZPO grundsätzlich alles pfänden, was sich im Gewahrsam des Schuldners befindet.

hemmer-Methode: Gewahrsam bedeutet tatsächliche Sachherrschaft, er stellt einen formalisierten Zugriffstatbestand in der Zwangsvollstreckung dar.

Besonders schwierig gestaltet sich eine Pfändung für jeden GV dann, wenn diese in von mehreren Personen als Wohnraum genutzten Räumen stattfindet.

Üben mehrere Personen gemeinsam die tatsächliche Sachherrschaft aus, so wird Mitgewahrsam begründet. Ein Mitgewahrsamsinhaber ist aber wie ein Dritter i.S.d. § 809 ZPO zu behandeln. Ist er nicht herausgabebereit, so kann die Sache auch nicht gepfändet werden.

Ehegatten, die nicht getrennt leben, missbrauchen diese gesetzlich vorgegebene Situation meist dadurch, dass derjenige Ehegatte, der nicht Schuldner ist, sich als Alleineigentümer oder Alleingewahrsamsinhaber ausgibt.

Folge ist, dass eine Pfändung in der Wohnung, soweit kein Titel gegen beide Eheleute vorliegt, von jedem einzelnen Ehegatten willkürlich verhindert und i.E. praktisch undurchführbar gemacht werden kann. Auf dieses Problem reagierte auch der Gesetzgeber, indem er mit § 739 ZPO und § 1362 BGB Sondervorschriften für die Pfändung bei Eheleuten schuf.

II. Gliederung

1. Erinnerung, § 766 I ZPO

a) <u>Zulässigkeit</u>

Statthaftigkeit
⇨ (+), Maßnahme des GV gegeben

Zuständiges Gericht
⇨ AG Dresden, §§ 766 I, 764 II, 802 ZPO

Form
⇨ schriftlich oder zu Protokoll der Geschäftsstelle, § 569 II S. 1, III ZPO analog

Erinnerungsbefugnis
⇨ (+), mit § 809 2.Alt. ZPO wird Verletzung einer drittschützenden Verfahrensvorschrift geltend gemacht.

Rechtsschutzbedürfnis
⇨ (+), ZV begonnen, noch nicht beendet

b) Begründetheit

Verletzung drittschützender Verfahrensnorm ⇨ (-), wg. § 739 ZPO i.V.m. § 1362 BGB gilt S als Alleingewahrsamsinhaberin

2. Drittwiderspruchsklage, § 771 ZPO

a) Zulässigkeit

Statthaftigkeit
⇨ (+), Eigentum ist ein die Veräußerung hinderndes Recht

Zuständiges Gericht
⇨ AG Dresden, örtlich: §§ 771 I, 802 ZPO; sachlich: § 6 S. 1 ZPO

Rechtsschutzbedürfnis
⇨ (+), ZV wurde begonnen, ist aber noch nicht beendet.

b) Begründetheit

Interventionsrecht ⇨ (+), Figuren im Eigentum des D, Vermutung des § 1362 BGB ist widerlegbar.

(P): Einrede des G, § 242 BGB

- Geltendmachung des Interventionsrechts verstößt gegen Treu und Glauben, wenn Schuldner materiellrechtlich selbst für die Forderung haftet.
- Mitverpflichtung des D ⇨ (+), § 1357 BGB, Kauf von Schuhen dient der angemessenen Deckung des Lebensbedarfs.

III. Lösung

Gegen die Pfändung der Porzellanfiguren könnte sich D möglicherweise sowohl mit dem Einwand des Mitgewahrsams als auch mit dem seines Alleineigentums erfolgreich zur Wehr setzen.

Als Rechtsbehelfe kommen die Vollstreckungserinnerung, § 766 I ZPO, und die Drittwiderspruchsklage, § 771 I ZPO, in Betracht.

hemmer-Methode: Durch die Formulierung solcher Obersätze geben Sie nicht nur dem Korrektor, sondern auch Ihnen selbst die „Marschroute" vor. Die Auswirkungen einer solchen Einleitung auf die Benotung Ihrer Arbeit sollten Sie nicht unterschätzen!

1. Erinnerung, § 766 I ZPO

Die Erinnerung hätte Aussicht auf Erfolg, wenn sie zulässig und begründet ist.

a) Zulässigkeit

aa) Statthaftigkeit

Die Erinnerung ist statthaft, um die Verletzung von Vorschriften über die formellen Voraussetzungen und die eigentliche Durchführung der Zwangsvollstreckung geltend zu machen, die der GV zu beachten hat.

Der Gerichtsvollzieher hat bei der Pfändung die Eigentumslage nicht zu prüfen, vielmehr achtet er nur auf den Gewahrsam, §§ 808, 809 ZPO. Der Einwand des D, er allein und nicht seine Frau S sei Eigentümer der Figuren, kann daher nicht mit der Erinnerung geltend gemacht werden. Mangels Prüfungskompetenz kann insoweit die Verletzung einer Verfahrensvorschrift durch den GV nicht vorliegen.

hemmer-Methode: Anders ist dies im Fall des evidenten Dritteigentums (z.B. das Buch beim Studenten mit dem Stempel der Universitätsbibliothek).
Die Pfändung einer solchen Sache ist bereits verfahrensfehlerhaft.

D könnte aber die Erinnerung darauf stützen, dass er an den Figuren Gewahrsam gehabt habe. Diesem Umstand hätte der GV auf jeden Fall Beachtung schenken müssen.

Er hatte möglicherweise Mitgewahrsam, d.h. durch die Pfändung läge dann eine Verletzung des § 809 2.Alt. ZPO vor.

Die Vollstreckungserinnerung ist statthaft.

bb) Zuständiges Gericht

Zuständig ist ausschließlich das Vollstreckungsgericht, §§ 766 I, 764 II, 802 ZPO. Dies ist hier das Amtsgericht Potsdam, da die streitgegenständliche Vollstreckungsmaßnahme des GV in dessen Bezirk stattfand.

cc) Erinnerungsbefugnis

D ist weder Schuldner noch Gläubiger und damit Dritter i.R.d. Zwangsvollstreckung.

Ein Dritter ist nur dann erinnerungsbefugt, wenn er die Verletzung einer Verfahrensvorschrift geltend machen kann, die auch seinem Schutz dient (sog. Dritterinnerungsbefugnis).

Der möglicherweise verletzte § 809 ZPO ist eine Vorschrift, die gerade den Schutz des Gewahrsamsinhabers bezweckt.

hemmer-Methode: § 809 ZPO ist der Paradefall für eine drittschützende Verfahrensnorm im Zwangsvollstreckungsrecht!

D ist erinnerungsbefugt.

dd) Rechtsschutzbedürfnis

Das Rechtschutzbedürfnis fehlt in der Regel, wenn die Vollstreckung überhaupt noch nicht begonnen hat oder bereits vollständig beendet ist.

Durch die Pfändung wurde die Vollstreckung begonnen, mangels Versteigerung ist sie auch noch nicht beendet.

Ein Rechtsschutzbedürfnis besteht damit.

b) Begründetheit

Die Erinnerung wäre begründet, wenn durch die Vollstreckung in die Porzellanfiguren eine dem Schutz des D dienende Vorschrift verletzt wurde.

Der GV hätte gegen **§ 809 2.Alt. ZPO** verstoßen, wenn er einen im Gewahrsam des D befindlichen Gegenstand ohne dessen Zustimmung gepfändet hätte.

aa) Gewahrsam des D

Gewahrsam liegt vor, wenn nach dem äußeren Anschein die tatsächliche Zugriffsmöglichkeit eines Menschen auf eine Sache besteht und aufgrund dieser Umstände nach der Verkehrsauffassung ein entsprechender Gewahrsamswille anzunehmen ist.

Als Wohnungsmitinhaber hat D jederzeit die faktische Zugriffsmöglichkeit auf die Porzellanfiguren. Nach der Verkehrsanschauung hat ein Ehegatte auch einen generellen Gewahrsamswillen hinsichtlich sämtlicher Gegenstände in der Ehewohnung. Damit hat D neben S Mitgewahrsam an den Figuren.

Da Mitgewahrsam Drittgewahrsam i.S.v. § 809 ZPO ist, hat der GV diesen grundsätzlich zu beachten.

bb) § 739 ZPO

Etwas anderes könnte sich aber daraus ergeben, dass S und D verheiratet sind.

Danach gilt ein Ehegatte als Alleingewahrsamsinhaber, wenn nach **§ 1362 BGB** sein Eigentum an dem Gegenstand vermutet wird, § 739 ZPO.

Da es sich bei den Porzellanfiguren um bewegliche Sachen handelt, die im Besitz beider Eheleute stehen und die auch nicht ausschließlich zum persönlichen Gebrauch des D bestimmt sind, wird nach § 1362 I S. 1 BGB zugunsten des G die S als Eigentümerin vermutet.

hemmer-Methode: § 1362 BGB soll den Gläubiger vor einer Verschleierung der Eigentumslage vor einem Zusammenwirken beider Ehegatten bewahren.

S ist somit i.R.d. Zwangsvollstreckung als Alleingewahrsamsinhaberin an den Porzellanfiguren anzusehen. Diese durch § 739 ZPO begründete Vermutung ist unwiderleglich („gilt").

hemmer-Methode: Die analoge Anwendbarkeit von § 739 ZPO und § 1362 BGB auf die nichteheliche Lebensgemeinschaft wurde bzw. wird in der Rechtslehre stark diskutiert, von der h.M. aber abgelehnt. Soweit die Vorschriften nicht analog angewandt werden, hält man sie z.T. im Hinblick auf Art. 6 GG verbreitet für verfassungswidrig. Der BGH hat die analoge Anwendung abgelehnt. Lesen Sie zur Argumentation unbedingt Life&Law 2007, 237 ff.

cc) Ergebnis

Da D wegen § 739 ZPO keinen Mitgewahrsam hat, verstieß der GV bei der Pfändung der Figuren auch nicht gegen § 809 2.Alt. ZPO.

Die Erinnerung ist unbegründet.

2. Drittwiderspruchsklage, § 771 ZPO

Eine Drittwiderspruchsklage hat Aussicht auf Erfolg, wenn sie zulässig und begründet ist.

a) Zulässigkeit

aa) Statthaftigkeit

Die Drittwiderspruchsklage ist zulässig, wenn ein Dritter behauptet, ihm stehe an dem Gegenstand der Vollstreckung ein die Veräußerung hinderndes Recht zu.

(1) Dritter

Dritter i.S.d. § 771 I ZPO ist jeder, der nicht Gläubiger oder Schuldner des Zwangsvollstreckungsverfahrens ist.

hemmer-Methode: Der Gläubiger ist nie Dritter, der Schuldner ausnahmsweise dann, wenn er nur mit bestimmten Vermögensmassen haftet, z.B. der Erbe (wenn etwa wegen einer Nachlassverbindlichkeit trotz wirksamer Geltendmachung der beschränkten Erbenhaftung in sein persönliches Vermögen vollstreckt wird).

Weder betreibt D die Zwangsvollstreckung noch wird gegen ihn vollstreckt. Er ist daher Dritter.

(2) Die Veräußerung hinderndes Recht

Nach dem insoweit ungenauen Wortlaut des § 771 I ZPO müsste D ein die Veräußerung hinderndes Recht geltend machen.

Ein solches Recht gibt es aber nicht, selbst das Eigentum als stärkste dingliche Rechtsposition erlischt mit der Ablieferung an den Erwerber in der Versteigerung, § 817 II ZPO.

Es muss sich vielmehr um ein Recht des Dritten handeln, in das zivilrechtswidrig eingegriffen würde, wenn der Schuldner oder der Gläubiger selbst den Gegenstand veräußern würde.

D macht sein Eigentum an den Porzellanfiguren geltend. Dabei handelt es sich um ein die Veräußerung hinderndes Recht[41].

Dritteigentum bewirkt, dass der Gegenstand nicht zum Schuldnervermögen gehört und damit auch nicht der Haftung für die Titelforderung unterliegt.

Die Drittwiderspruchsklage ist statthaft.

bb) Zuständiges Gericht

Örtlich ausschließlich zuständig ist nach §§ 771, 802 ZPO das Gericht, in dessen Bezirk die Zwangsvollstreckung stattfindet.

Die sachliche Zuständigkeit richtet sich nach § 1 ZPO i.V.m. §§ 23, 71 GVG.

hemmer-Methode: Die sachliche Zuständigkeit ist bei § 771 ZPO im Unterschied zur örtlichen gerade keine ausschließliche. Nichts ist leichter im Klausurstress zu übersehen als eine solche feine Differenzierung. Kommentieren Sie sich § 771 ZPO daher entsprechend, soweit zulässig!

Für die Ermittlung des bezüglich der sachlichen Zuständigkeit ausschlaggebenden Streitwerts ist § 6 ZPO maßgeblich.

Entscheidend ist der Wert des gepfändeten Gegenstandes oder der Wert der zu vollstreckenden Forderung, je nachdem, welcher Wert geringer ist.

Hier kann angenommen werden, dass die Figuren, gefertigt aus Meißener Porzellan, wertvoller sind als 49,- €, sodass auf die Forderung abzustellen ist.

Damit ist auch für die Drittwiderspruchsklage das AG Dresden zuständig, § 23 Nr. 1 GVG.

cc) Rechtsschutzbedürfnis

Das Rechtsschutzbedürfnis entsteht, sobald die Zwangsvollstreckung in den betreffenden Gegenstand begonnen hat, sie entfällt erst mit deren Beendung.

Vorliegend hat die Vollstreckung in die Porzellanfiguren durch deren Pfändung bereits begonnen. Sie ist auch noch nicht beendet, weil die Figuren weder versteigert noch vom Gläubiger freigegeben wurden.

Damit besteht noch ein Rechtsschutzbedürfnis für D.

hemmer-Methode: Ob das Rechtsschutzbedürfnis einer Drittwiderspruchsklage entfällt, wenn die Erinnerung als kostengünstigerer Weg ebenfalls zum gewünschten Ergebnis führt (nach h.M. grundsätzlich nebeneinander anwendbar), kann hier dahinstehen, da diese nicht begründet ist. Vergleichen Sie zu dieser Problematik Fall 16.

Die Drittwiderspruchsklage ist im Ergebnis zulässig.

---

[41] Thomas/Putzo, § 771 ZPO, Rn. 15.

b) Begründetheit

Die Drittwiderspruchsklage ist begründet, wenn dem Kläger das geltend gemachte Drittrecht (Interventionsrecht) tatsächlich zusteht und dessen Geltendmachung nicht durch Gegenrechte des Beklagten ausgeschlossen wird.

aa) Interventionsrecht

D könnte ein die Veräußerung hinderndes Recht zustehen, wenn er Eigentümer der Porzellanfiguren wäre. Als solcher wäre er allein befugt, sie zu veräußern, vgl. § 903 BGB.

Durch Universalsukzession i.R.d. Erbfolge nach seinen Eltern, § 1922 BGB, erlangte D das Eigentum an den Figuren. Die Tatsache, dass S und D miteinander verheiratet sind, ändert nichts an der Zuordnung des Eigentums, vgl. § 1363 II BGB. Etwas anderes würde allenfalls dann gelten, wenn durch einen Ehevertrag der Ehestand der Gütergemeinschaft (§§ 1415 ff. BGB) vereinbart worden wäre.

Gegenteiliges ergibt sich auch nicht aus der Regelung des § 1362 BGB. Dieser Vorschrift kommt als gesetzlicher Vermutung lediglich prozessuale Bedeutung für die Beweislast zu.

Die Vermutung des § 1362 BGB kann, anders als die des § 739 ZPO, widerlegt werden.

hemmer-Methode: Machen Sie sich diesen Unterschied unbedingt klar. Er führt dazu, dass die Erinnerung des Ehegatten unbegründet ist, die Drittwiderspruchsklage dagegen sehr wohl Erfolg haben kann. Zu Fragen der Beweislastverteilung und Beweisführung vgl. Hemmer/Wüst, „Die 40 wichtigsten Fälle zur ZPO I“, Fall 37 und 38.

Es kann hier davon ausgegangen werden, dass es D im Prozess gelingen wird, sein Eigentum an den Porzellanfiguren zu beweisen (z.B. mittels alter Urkunden oder Zeugenaussagen).

bb) Einwendung des G nach § 242 BGB

Möglicherweise kann aber G gegen das Interventionsrecht des D die Einrede des § 242 BGB erheben, wenn es gegen Treu und Glauben verstößt, dass sich D auf sein Eigentum beruft.

(1) Dolo agit, qui petit, quod statim redditurus est

Der Einwand der unzulässigen Rechtsausübung bzw. der Arglist kann dem Drittwiderspruchskläger insbesondere deshalb entgegenstehen, weil er selbst materiell-rechtlich für die Forderung haftet, die dem Titel gegen den Beklagten zu Grunde liegt[42].

hemmer-Methode: Kurz – auf § 771 ZPO kann sich nicht berufen, wer ohnehin haftet! Diese Überleitung kann der entscheidende „Kniff“ der Klausur sein. Oftmals fungiert die Drittwiderspruchsklage nur als Aufhänger für eine Sachenrechtsklausur (z.B. wie hier i.R.d. Interventionsrechts Prüfung der Eigentumslage); mit der Verbindung über § 242 BGB lässt sich nun auch noch ein schuldrechtlicher Teil abprüfen. Wenn Sie hier den dolo agit-Einwand des Beklagten nicht erkennen, fahren Sie die Klausur an die Wand.

Dem Titel des G liegt der Anspruch auf Kaufpreiszahlung für die Schuhe der S zu Grunde. Würde D für diese Forderung ebenfalls haften, wäre es treuwidrig, wenn er sich auf sein Eigentum beruft.

---

[42] Thomas/Putzo, § 771 ZPO, Rn. 14.

(2) Haftung des D

Da D den Kaufvertrag, § 433 BGB, nicht selbst abgeschlossen hat, würde er nur haften, wenn S ihn bei dem Kauf mitverpflichtet hat.

Eine solche Mitverpflichtung könnte sich aufgrund der sog. Schlüsselgewalt gem. § 1357 I BGB ergeben, wenn es sich bei dem Kauf der Schuhe um ein Geschäft zur angemessenen Deckung des Lebensbedarfs handelte. Der Bedarf einer Frau, Schuhe zu tragen, kann nicht abgestritten werden.

Angemessen ist ein Geschäft dann, wenn es unter Beachtung der konkreten wirtschaftlichen Verhältnisse der Familie gewöhnlicherweise von einem Ehegatten selbstständig, d.h. ohne Konsultation des anderen, vorgenommen zu werden pflegt. Bei gewöhnlichen Einkommensverhältnissen unterrichtet eine Frau ihren Ehemann regelmäßig nicht von einem Schuhkauf über 49,- €.

hemmer-Methode: Es kommt bei der Angemessenheit des Geschäfts nicht darauf an, ob die Frau tatsächlich noch ein paar Schuhe braucht, sondern es erfolgt eine typisierte Betrachtung. Dies birgt – wie sich zeigt – für den Ehemann nicht unerhebliche Risiken. Da § 1357 BGB keine dingliche Wirkung entfaltet, wird er auch noch nicht einmal Miteigentümer der Schuhe (Die Geltendmachung des Naturalteilungsanspruchs aus §§ 1008, 749 I, 752 BGB scheidet daher von Vornherein aus).

Damit liegen die Voraussetzungen des § 1357 I S. 1 BGB vor, gem. § 1357 I S. 2 BGB wurde D mitverpflichtet.

cc) Ergebnis

Da D für die titulierte Kaufpreisverbindlichkeit mithaftet, handelt er treuwidrig, wenn er sich gegenüber G auf seine Eigentümerstellung beruft.

Wegen der Einrede des G nach § 242 BGB ist die Drittwiderspruchsklage unbegründet.

IV. Zusammenfassung

- Wird eine Sache im Gewahrsam eines Dritten gepfändet, so kann dieser seine Erinnerung auf § 809 2.Alt. ZPO stützen.
- Bei der Zwangsvollstreckung gegen Ehegatten gilt gem. §§ 739, 1362 BGB regelmäßig der Schuldner als Alleingewahrsamsinhaber. Der Ehegatte kann daher nicht mit Erfolg Erinnerung einlegen.
- Wird eine im Eigentum eines Dritten stehende Sache gepfändet, so kann dieser sein Recht mit der Drittwiderspruchsklage, § 771 ZPO, geltend machen.
- § 1362 BGB bewirkt keine Änderung der Eigentumsverhältnisse, sondern hat nur prozessuale Bedeutung für die Beweislast. Der Ehegatte kann daher mit Erfolg Drittwiderspruchsklage einlegen.
- Die Erhebung der Drittwiderspruchsklage verstößt gegen Treu und Glauben, § 242 BGB, wenn der Kläger für die titulierte Forderung selbst materiell-rechtlich haftet.

V. Vertiefung

- Hemmer/Wüst, ZPO II, Rn. 116 ff.
- Hemmer/Wüst, ZPO II, Rn. 254 ff.
- BGHZ 170, 187, Life&Law 2007, 237 ff.: Keine analoge Anwendung der § 1362 BGB, § 739 ZPO auf die nichteheliche Lebensgemeinschaft.

Fall 14: Verwertung gepfändeter Sachen

Sachverhalt:

Der Gerichtsvollzieher GV teilt dem Gläubiger G mit, dass er aufgrund dessen Auftrages wegen eines Vollstreckungsbescheides über 35.000,- € einen im Eigentum des Schuldners S stehenden Pkw Audi A8 (Wert 50.000,- €) gepfändet habe. Einen Versteigerungstermin werde er noch bekannt geben. G ist an dem Wagen sehr interessiert. Er befragt daher seinen Rechtsanwalt R, wie erstens eine Zwangsversteigerung abläuft und zweitens welche Möglichkeiten es für ihn gibt, „die Karre günstig zu bekommen".

Frage: *Was wird R dem G raten?*

I. Einordnung

Für einen Gläubiger ist die Zwangsvollstreckung erst dann endgültig beendet, wenn er hinsichtlich seiner Forderung tatsächlich befriedigt ist. Die „schönste" Pfändung allein nützt ihm nichts. Entscheidend ist das Ergebnis der Verwertung.

Regelmäßig ist der Gläubiger mehr als zufrieden, wenn er am Ende einen ausreichenden Geldbetrag erhält. Unter Umständen verfolgt er aber – wie hier – noch andere Interessen. Inwieweit er diese durchsetzen kann, soll mit diesem Fall aufgezeigt werden.

hemmer-Methode: Vom Klausurtypus handelt es sich um ein – im Ersten Staatsexamen eher selten anzutreffendes – Beratungsgutachten eines Anwalts für seinen Mandanten. Zu den Besonderheiten vgl. Hemmer/Wüst/Gold, „Assessor-Basics Zivilrechtliche Anwaltsklausur", § 5.

Die Verwertung beweglicher Sachen ist in den §§ 814 ff. ZPO geregelt. Der Gerichtsvollzieher wird in dieser zweiten Phase der Vollstreckung ohne erneuten Antrag des Gläubigers tätig.

Soweit Bargeld gepfändet wurde, bedarf es lediglich der Ablieferung an den Gläubiger, vgl. § 815 I ZPO.

Bei anderen Sachen, wie dem hier gepfändeten Pkw, erfolgt grundsätzlich eine öffentliche Versteigerung, § 814 ZPO.

Diese erfolgt vor Ort oder über das Internet, § 814 II Nr. 1, 2 ZPO.[43]

II. Gliederung

1. Allgemeiner Verfahrensablauf bei der Versteigerung, § 814 ZPO

a) Pkw ist entgegen § 808 II ZPO vom GV sogleich wegzuschaffen, § 157 GVGA

b) **Anberaumung** der Versteigerung gem. § 816 ZPO

c) **Zuschlag** an den Erwerber, § 817 I S.1 ZPO ⇨ nach h.M.: kaufähnlicher öffentlich-rechtlicher Vertrag, § 817 I S. 3, § 156 BGB

[43] Diese seit 2009 geltende Möglichkeit intendiert, die Chancen auf eine erlösträchtige Versteigerung zu erhöhen, weil der potentielle Bieterkreis größer ist.
Bei Interesse: www.justiz-auktion.de

d) **Ablieferung** an den Erwerber, § 817 II ZPO ⇨ nach h.M. Übereignung kraft hoheitlicher Gewalt

e) **Zahlung** durch den Erwerber, §§ 817 II, 819 ZPO ⇨ Erlös tritt kraft dinglicher Surrogation analog § 1247 S. 2 BGB anstelle des Pfandes

f) **Auszahlung** des Erlöses in Höhe der bestehenden Forderung an den Gläubiger, im Übrigen an den Schuldner

2. Möglichkeiten für den Gläubiger zur Erlangung der Pfandsache

Bei der öffentlichen Versteigerung können sowohl Schuldner als auch Gläubiger **mitbieten**

⇨ Bei Ersteigerung durch Gläubiger gem. § 817 IV ZPO Wegfall der Barzahlungspflicht (Fall einer gesetzlich geregelten Aufrechnung)

Bei Nichterreichung des Mindestgebots gem. § 817a I S. 1 ZPO kann **Zuweisung des Eigentums** an Gläubiger beantragt werden, §§ 817a II S. 2, 825 ZPO

III. Lösung

R wird G zunächst auftragsgemäß den Verfahrensablauf bei der Versteigerung gepfändeter Sachen erläutern und ihm sodann Möglichkeiten aufzeigen, wie er selbst die Pfandsache erlangen kann.

1. Allgemeiner Verfahrensablauf bei einer öffentlichen Versteigerung

a) Verbleib der Sache bis zur Versteigerung

Soweit es sich nicht um Geld, Kostbarkeiten oder Wertpapiere handelt, belässt der GV grundsätzlich die gepfändete Sache zunächst beim Schuldner, § 808 II S. 1 ZPO. Dies erspart eine kostspielige gesonderte Verwahrung bis zur Versteigerung.

Die Pfändung wird durch die Anbringung eines Pfandsiegels, landläufig als „Kuckuck“ bezeichnet, kenntlich gemacht, § 808 II S. 2 ZPO.

hemmer-Methode: Für den Schuldner besteht naturgemäß eine große Versuchung, das durch den GV angebrachte Pfandsiegel zu entfernen und die betreffende Sache beiseite zu schaffen. Ein solches Verhalten ist daher in § 136 StGB (Verstrickungsbruch) und § 289 StGB (Pfandkehr) strafrechtlich sanktioniert.

Bei einem Kraftfahrzeug ist allerdings zu beachten, dass hier in besonderem Maße der Erfolg der Vollstreckung gefährdet wäre, wenn die Sache beim Schuldner verbleibt. Allein schon ein kurzfristiger weiterer Gebrauch des Wagens durch den Schuldner ist mit hohem Risiko (Unfall!) und möglicherweise nicht unerheblichem Verschleiß verbunden. Ein Pkw ist daher, zumal dies leicht möglich ist, zur Sicherheit des Gläubigers vom GV sofort wegzuschaffen[44].

Es kann daher davon ausgegangen werden, dass sich der Audi A8 bereits nicht mehr im Besitz des Schuldners, sondern in Verwahrung des GV befindet.

b) Festsetzung des Versteigerungstermins

Die Verwertung des Wagens erfolgt gem. § 814 ZPO in öffentlicher Versteigerung.

[44] OLG Hamburg, MDR 1967, 763; OLG Düsseldorf, MDR 1968, 424; jetzt in § 157 GVGA normiert (Schönfelder Ergänzungsband Nr. 109).

Zuständig ist der GV, der auch gepfändet hat. Er setzt die Versteigerung frühestens eine Woche nach der Pfändung, § 816 I ZPO, an. Sie findet an einem Ort im Bezirk des Vollstreckungsgerichts, §§ 816 II, 764 II ZPO, statt.

Zeit und Ort werden vom GV unter Bezeichnung der zu versteigernden Sache öffentlich bekannt gemacht, § 816 III ZPO. Schuldner und Gläubiger werden gesondert benachrichtigt.

hemmer-Methode: Durch die Öffentlichkeit der Versteigerung soll ein möglichst hoher Erlös gewährleistet werden. Denknotwendig gilt § 816 II und III ZPO nicht bei einer Versteigerung über das Internet, § 816 V ZPO.

c) Ablauf des Versteigerungstermins

aa) Eröffnung des Termins

Zunächst werden im Versteigerungstermin die sog. Versteigerungsbedingungen bekannt gegeben.

Insbesondere erfolgt die Mitteilung des geschätzten gewöhnlichen Verkaufswertes, § 813 I S. 1 ZPO, und des sog. Mindestgebots, welches bei der Hälfte des Verkaufswertes liegt, § 817a I S. 1 ZPO.

Sodann beginnt das Bieten.

bb) Zuschlag

Der Zuschlag erfolgt nach dreimaligem Aufruf an den Meistbietenden, § 817 I S. 1 ZPO. Er stellt den obligatorischen Teil des Versteigerungsvorgangs dar.

Die rechtliche Qualifikation des Zuschlags wird nicht einheitlich beurteilt.

(1) e.A.: Privatrechtl. Willenserklärung

Nach einer Auffassung handelt es sich bei Gebot und Zuschlag um rein privatrechtliche Willenserklärungen, auf die die Vorschriften des Pfandverkaufs, §§ 1228 ff. BGB, entsprechend anzuwenden seien.

Diese Ansicht geht jedoch von der überholten Prämisse aus, dass der GV im Auftrag des Gläubigers rein privatrechtlich tätig wird. Heute ist jedoch allgemein anerkannt, dass die Ausübung der Vollstreckungsgewalt hoheitliche Staatstätigkeit ist.

(2) Daher h.M.: Kaufähnlicher, öffentlich-rechtlicher Vertrag

Nach nunmehr ganz h.M. beurteilt sich der gesamte Verwertungsvorgang, insbesondere auch die Rechtsbeziehungen zwischen dem GV und dem Ersteigerer, nach öffentlichem Recht.

Durch den Zuschlag kommt daher ein öffentlich-rechtlicher Vertrag zwischen dem Staat, vertreten durch den GV, und dem Meistbietenden zustande[45]. Wegen § 806 ZPO sind dabei jegliche Mängelrechte ausgeschlossen.

hemmer-Methode: Auswirkung der Qualifikation als öffentlich-rechtlicher Vertrag ist, dass, falls der GV die Ablieferung verweigert, nicht auf Erfüllung geklagt werden kann, sondern dies als Verfahrensfehler mit der Erinnerung nach § 766 ZPO geltend gemacht werden muss.

[45] Thomas/Putzo, § 817 ZPO, Rn. 2.

cc) Ablieferung

Die zugeschlagene Sache wird an den Meistbietenden abgeliefert, § 817 II ZPO. Die Ablieferung stellt einen dinglichen Übertragungsakt dar.

Bei der Frage nach ihrem Rechtscharakter setzt sich der oben dargelegte Meinungsstreit fort.

(1) e.A.: §§ 929 ff. BGB

Nach der überkommenen privatrechtlichen Auffassung handelt es sich bei der Ablieferung um eine Eigentumsübertragung nach §§ 929 ff. BGB.

(2) h.M.: Eigentumsübergang kraft Hoheitsakts

Nach heutiger h.M. jedoch stellt die Ablieferung einen privatrechtsgestaltenden Hoheitsakt des GV dar, mit dem dieser das Eigentum auf den Erwerber überträgt.

Der Erwerber ist dabei nicht Rechtsnachfolger des alten Eigentümers, sondern erwirbt das Eigentum originär und lastenfrei[46].

hemmer-Methode: Die praktische Auswirkung der verschiedenen Auffassungen zeigt sich dann, wenn eine schuldnerfremde Sache versteigert wird. Arbeiten Sie zu diesem Klassiker unbedingt Fall 15 durch.

dd) Zahlung durch den Erwerber

Die Ablieferung der versteigerten Sache erfolgt gem. § 817 II ZPO nur Zug-um-Zug gegen Barzahlung des Versteigerungserlös durch den Erwerber.

hemmer-Methode: Zahlt der Meistbietende nicht, so wird die Sache anderweitig versteigert, § 817 III S. 1 ZPO, und er macht sich bezüglich eines Mindererlöses schadensersatzpflichtig, § 817 III S. 2 ZPO. Obwohl nach h.M. ein kaufähnlicher öffentlich-rechtlicher Vertrag zustande gekommen ist, ist der Anspruch auf Ausfallhaftung vom Gläubiger im ordentlichen Rechtsweg vor den Zivilgerichten geltend zu machen. Es wäre systemwidrig, wenn Rechtsstreitigkeiten aus dem Versteigerungsgeschäft vor den Verwaltungsgerichten ausgetragen werden müssten.

Kraft dinglicher Surrogation, § 1247 S. 2 BGB analog, tritt der Erlös an die Stelle des Pfandes, dessen Eigentümer ist damit zunächst noch der Schuldner S als vormaliger Eigentümer des Pkw.

Gem. § 819 ZPO gilt der Empfang des Geldes durch den GV aber bereits als Zahlung des Schuldners. Diese Gefahrtragungsregel bewirkt, dass der Schuldner auch dann frei wird, wenn der GV das Geld verliert oder unterschlägt.

ee) Auszahlung des Erlöses an den Gläubiger

Schließlich findet die Vollstreckung mit der Auszahlung des Erlöses abzüglich der Kosten der Versteigerung durch den GV an den Gläubiger ihr Ende.

Die Ablieferung des Geldes stellt nach h.M. ebenfalls einen staatlichen Hoheitsakt dar, durch den das Eigentum am Geld dem Gläubiger zugewiesen wird.

Verbleibt nach Befriedigung des Gläubigers und Abzug der Kosten noch ein Übererlös, so gebührt dieser dem Schuldner.

[46] Thomas/Putzo, § 817 ZPO, Rn. 10.

hemmer-Methode: Wenn bei Versteigerung des Audi A8 also 45.000,- € erlöst werden und die Kosten der Zwangsvollstreckung 2.000,- € betragen, so erhält G 35.000,- € und S 8.000,- € ausbezahlt. Erfolgt dagegen der Zuschlag nur für 30.000,- €, so erhält G 28.000,- € und S nichts. Die Forderung des G gegen S bleibt dann i.H.v. 7.000,- € bestehen.

2. Möglichkeiten des Gläubigers zur Erlangung der Pfandsache

Wenn der Gläubiger selbst die Pfandsache begehrt, so stehen sich seine Interessen und die des Schuldners diametral gegenüber.

Der Gläubiger möchte die Sache so günstig wie irgend denkbar bekommen, der Schuldner seine Sache nicht unter Wert verschleudert wissen.

Durch den Grundsatz der öffentlichen Versteigerung soll gerade gewährleistet werden, dass sich der Gläubiger nicht „still und heimlich eine wertvolle Sache unter den Nagel reißen“ kann.

a) Mitbieten bei der Versteigerung

Da es sich um eine öffentliche Versteigerung handelt, können der Gläubiger und sogar der Schuldner selbst (!) mitbieten, § 816 IV ZPO i.V.m. § 1239 I S. 1 BGB.

G hat dadurch die Chance, den Audi A8 zum Mindestgebot, § 817a I S. 1 ZPO, also für 25.000,- €, zu erhalten.

Wenn der Gläubiger den Zuschlag erhält, muss er nur die Vollstreckungskosten zahlen und ist im Übrigen in Höhe seiner vollstreckbaren Forderung von der Barzahlungspflicht befreit, § 817 IV S. 1 ZPO[47].

hemmer-Methode: Erhält z.B. G für 30.000,- € den Zuschlag, so muss er 2.000,- € an den GV zahlen, in Höhe der restlichen 28.000,- € wird er frei und die Forderung gilt insoweit durch den S als gezahlt, § 817 IV S. 2 ZPO. G verbleibt damit eine Forderung von 7.000,- € gegen S.

Übersteigt der Versteigerungserlös die vollstreckbare Forderung, so ist neben den Vollstreckungskosten auch der überschießende Betrag vom Gläubiger zu zahlen. Dabei ist aber zu beachten, dass die Kosten der Zwangsvollstreckung einschließlich der der Versteigerung gem. § 788 I S. 1 ZPO dem Schuldner zur Last fallen und sich die vollstreckbare Forderung des Gläubigers dadurch erhöht.

hemmer-Methode: Bei einem Versteigerungserlös für den Audi A8 von bspw. 45.000,- € und Kosten von 3.000,- € sind daher 10.000,- € bar zu zahlen (7.000,- € überschießender Betrag und 3.000,- € Kosten).
Die vollstreckbare Forderung beträgt 35.000,- € zzgl. 3.000,- € Kosten = 38.000,- €, der überschießende Betrag damit 7.000,- € (45.000,- € abzgl. 38.000,- €).

b) Zuweisung an den Gläubiger

Regelmäßig wird es für einen Gläubiger sinnvoll sein, bei der Versteigerung mitzubieten, da auch er nicht an der Verschleuderung der Pfandsache, die ja seine Forderung absichert, interessiert ist.

Da es dem G aber gerade um einen möglichst günstigen Erwerb der Pfandsache geht, könnte er aus taktischen Gründen von der Teilnahme an der Versteigerung absehen.

47 Thomas/Putzo, § 817 ZPO, Rn. 12.

Wird nämlich nicht einmal das Mindestgebot abgegeben, so darf gem. § 817a I S. 1 ZPO auch kein Zuschlag erteilt werden.

hemmer-Methode: Verstößt der GV allerdings gegen diese Vorschrift, so berührt dies die Wirksamkeit von Zuschlag und Ablieferung nicht. Es kommt allenfalls ein Amtshaftungsanspruch, § 839 BGB i.V.m. Art. 34 GG, in Betracht (Thomas/Putzo, § 817a ZPO, Rn. 3).

Der Gläubiger kann dann eine anderweitige Verwertung durch Eigentumszuweisung an sich selbst gegen Zahlung des Mindestgebots beantragen, §§ 817a II S. 2, 3, I S. 1, 825 ZPO.

Eine andere Verwertungsart gem. § 825 ZPO kommt immer dann in Betracht, wenn dadurch ein höherer Vollstreckungserlös als bei der öffentlichen Versteigerung erzielt werden kann. Wenn im durchgeführten Versteigerungstermin nicht einmal das Mindestgebot erreicht wurde, wäre diese Voraussetzung erfüllt.

hemmer-Methode: Eine anderweitige Verwertung nach § 825 ZPO vor Durchführung der öffentlichen Versteigerung kommt dagegen regelmäßig nur mit Einverständnis der Gegenpartei in Betracht.

c) Ergebnis

G kann das Eigentum an dem gepfändeten Wagen erlangen, wenn er ihn selbst ersteigert oder wenn er sich das Eigentum daran nach erfolgloser Versteigerung durch einen entsprechenden Antrag zuweisen lässt.

IV. Zusammenfassung

- Die Verwertung gepfändeter Sachen findet regelmäßig durch öffentliche Versteigerung, § 814 ZPO, statt.
- Gläubiger und Schuldner dürfen mitbieten, § 816 IV ZPO, § 1239 I S. 1 BGB.
- Durch den Zuschlag an den Meistbietenden, § 817 I ZPO, kommt ein kaufähnlicher, öffentlich-rechtlicher Vertrag zustande.
- Die Übereignung an den Erwerber erfolgt durch die Ablieferung der Sache, § 817 II ZPO. Er erwirbt damit durch staatlichen Hoheitsakt originäres Eigentum.
- Ersteigert der Gläubiger selbst die Sache, so muss er nur die Kosten der Zwangsvollstreckung zahlen und wird im Übrigen in Höhe seiner vollstreckbaren Forderung von der Barzahlungspflicht frei, § 817 IV ZPO.

V. Zur Vertiefung

- Hemmer/Wüst, ZPO II, Rn. 143 ff.

Fall 15: Verwertung schuldnerfremder Sachen

Sachverhalt:

Gläubiger G lässt bei Schuldner S aufgrund eines Titels über 20.000,- € vollstrecken. Der Gerichtsvollzieher GV pfändet am 10.02. einen im Gewahrsam des S befindlichen seltenen und wertvollen Flügel. Dieser war jedoch bereits an die E-Bank zur Sicherung eines Darlehens übereignet worden. Als die E-Bank zufällig durch die öffentliche Bekanntmachung nach § 816 III ZPO von der am 08.04.bevorstehenden Zwangsversteigerung erfährt, erhebt sie sofort am 05.04 Drittwiderspruchsklage. Der Hausjurist der E-Bank vergisst, gleichzeitig eine einstweilige Anordnung nach §§ 771 III, 769 ZPO zu beantragen. Bevor die Drittwiderspruchsklage noch zugestellt werden kann, wird der Flügel in der Versteigerung dem D für 16.000,- € zugeschlagen. Der Erlös wird nach Abzug der Kosten der Zwangsvollstreckung i.H.v. 500,- € dem G ausgezahlt. Die E-Bank, die den Marktwert des Flügels auf mindestens 23.000,- € schätzt, fragt bei Rechtsanwalt R um Rat bezüglich erfolgversprechender Möglichkeiten eines gerichtlichen Vorgehens gegen die Beteiligten nach.

Aufgabe: *Das Gutachten des R ist zu erstellen.*

I. Einordnung

In Fall 14 wurde der normale Verfahrensablauf bei einer Versteigerung dargelegt, wenn eine schuldnereigene Sache „unter den Hammer kommt".

Wird dagegen eine schuldnerfremde Sache versteigert, so sind die rechtlichen Konsequenzen weitaus schwieriger zu beurteilen.

hemmer-Methode: Bei der Versteigerung einer schuldnerfremden Sache handelt es sich um einen absoluten Klassiker, der im Examen schon mehrfach abgeprüft wurde. Wegen der starken Verknüpfung mit dem materiellen Recht handelt es sich hierbei wohl um die klausurrelevanteste Konstellation im gesamten Zwangsvollstreckungsrecht.

Es stehen sich mehrere Personen mit ganz unterschiedlichen Interessen gegenüber.

Der Erwerber hat im Rahmen einer öffentlichen Versteigerung eine Sache erworben, die er behalten möchte.

Der Gläubiger begehrt Befriedigung wegen seiner Forderung und hat dazu ein gesetzlich geregeltes Verfahren in Anspruch genommen. Ihm ist daran gelegen, den in der Versteigerung erzielten Erlös nicht wieder hergeben zu müssen.

Für den ursprünglichen Eigentümer kommt es dagegen darauf an, die Sache wiederzuerlangen bzw. zumindest den Erlös zu erhalten.

II. Gliederung

1. Herausgabeklage gegen D

§ 985 BGB

- **(P): Eigentumsverlust** der E-Bank i.R.d. Zwangsversteigerung
- Verstrickung ⇨ (+)
- Einhaltung der wesentlichen Verfahrensvorschriften durch GV ⇨ (+)

- **Pfändungspfandrecht**, § 804 ZPO ⇨ (-) nach h.M. (gemischte privatrechtlich-öffentliche Theorie)
- Aber Grundlage der Verwertung ist nur die wirksame Verstrickung ⇨ Eigentumserwerb des D mit Ablieferung, § 817 II ZPO

§§ 861, 869 BGB

- mittelbarer Besitz, § 868 BGB ⇨ (+), Sicherungsabrede als Besitzmittlungsverhältnis zwischen E-Bank und S
- verbotene Eigenmacht ⇨ (-), ordnungsgemäßes Vorgehen des GV i.R.d. Zwangsvollstreckung

§ 1007 BGB

- Anspruchsberechtigung ⇨ (+), auch als mittelbarer Besitzer
- Bösgläubigkeit des D bei Besitzerwerb ⇨ (-)
- Jedenfalls Ausschluss nach § 1007 III BGB i.V.m. § 986 BGB, da D durch Ablieferung Eigentümer wurde

§ 812 I S. 1 2.Alt. BGB

- Ohne Rechtsgrund ⇨ (-), Zuschlag, § 817 I ZPO, führt zu kaufähnlichem öffentlich-rechtlichen Vertrag

2. Sog. verlängerte Drittwiderspruchsklage gegen D

Wirksame Klageänderung ⇨ (+), § 264 Nr. 3 ZPO

a) Schadensersatzansprüche

- **§ 280 I BGB** i.V.m. vollstreckungsrechtlichem Schuldverhältnis

Schuldverhältnis ⇨ (+), nach BGH gesetzliche Sonderbeziehung privatrechtlicher Art

Pflichtverletzung ⇨ (-), schon kein Freigabeverlangen der E-Bank ggü. G

- §§ 687 II, 677, 678 BGB

fremdes Geschäft ⇨ (+)

Kenntnis der fehlenden Berechtigung ⇨ (-), noch nicht einmal Kenntnis von Klageerhebung

- §§ 989, 990 BGB (analog)

Vindikationslage im Zeitpunkt des Zuschlags ⇨ (-), § 771 ZPO schließt Herausgabeanspruch, § 985 BGB, aus

- § 823 I BGB

Eigentumsverletzung ⇨ (+)

Rechtswidrigkeit ⇨ (+), zwar gesetzlich geregeltes Verfahren, aber Eingriff in Rechtsgut eines unbeteiligten Dritten

Schuld ⇨ (-), kein fahrlässiges Verhalten mangels Kenntnis vom Recht der E-Bank

b) Erlösherausgabeansprüche

- § 816 I S. 1 BGB

Verfügung ⇨ (-), GV trifft keine rechtsgeschäftliche Verfügung, sondern nimmt staatlichen Hoheitsakt vor

- **§ 812 I S. 1 2.Alt. BGB**

Erlangtes etwas ⇨ Eigentum am Versteigerungserlös durch Auszahlung

In sonstiger Weise ⇨ (+), durch Handlung eines Dritten, des GV

Auf Kosten der E-Bank ⇨ (+), dieser stand analog § 1247 S. 2 BGB das Eigentum am Erlös zu

Ohne Rechtsgrund ⇨ (+), kein Pfändungspfandrecht bei schuldnerfremder Sache (h.M.)

Umfang ⇨ nach BGH Versteigerungserlös abzgl. Versteigerungskosten

Entreicherung, § 818 III BGB ⇨ (-), titulierte Forderung ist wegen Verwertung einer schuldnerfremden Sache nicht erloschen

III. Lösung

Der Marktwert des Flügels beträgt mindestens 23.000,- €, der Versteigerungserlös liegt aber nur bei 16.000,- €. Es wäre daher wirtschaftlich sinnvoll, den Flügel selbst wiederzuerlangen. In diesem Fall wäre die E-Bank auch nicht dem Risiko der Zahlungsunfähigkeit des Anspruchsgegners ausgesetzt.

Es sind daher primär Herausgabeansprüche gegen D zu prüfen, welcher zum jetzigen Zeitpunkt den Flügel besitzt.

1. Herausgabeansprüche gegen D

a) § 985 BGB

Die erste zu prüfende Voraussetzung dieses Anspruchs ist, ob die E-Bank überhaupt noch Eigentümerin des Flügels ist.

Sie könnte ihr Eigentum allerdings i.R.d. Zwangsvollstreckung durch die Ablieferung an D, **§ 817 II ZPO**, verloren haben.

Die Ablieferung stellt nach h.M. einen privatrechtsgestaltenden Hoheitsakt des GV dar, mit dem dieser das Eigentum auf den Erwerber überträgt, ohne dass die §§ 929 ff. BGB Anwendung fänden. Wenn die Ablieferung daher wirksam war, hat die E-Bank ihr Eigentum verloren.

aa) Verstrickung

Allgemein anerkannt ist, dass Voraussetzung einer wirksamen Zwangsversteigerung zumindest die Verstrickung ist.

hemmer-Methode: Dies ist unstreitig. Unterschiedlich beurteilt wird nur die Frage, ob es ohne das Bestehen eines Pfändungspfandrechts einen Eigentumserwerb an schuldnerfremden Sachen geben kann.

Die Verstrickung entsteht mit der wirksamen Pfändung des Gegenstands, **§ 803 ZPO**. Sie bedeutet, dass die staatliche Verfügungsmacht begründet wurde (Beschlagnahme) und deshalb der privatrechtlich Berechtigte über die Sache nicht mehr verfügen darf (relatives Verfügungsverbot gem. der §§ 136, 135 BGB).

Voraussetzung der Verstrickung ist nur, dass die Pfändung nicht nichtig ist. Die Nichtigkeit einer Vollstreckungsmaßnahme ist allerdings eine Rechtsfolge, die nur bei ganz schweren und evidenten Verstößen des Vollstreckungsorgans zu bejahen wäre[48].

Ein Verfahrensfehler bei der Pfändung des Flügels ist hier nicht ersichtlich. Insbesondere prüft der GV vor der Pfändung nicht die Eigentumslage, sondern nur den Gewahrsam, § 808 I ZPO.

hemmer-Methode: Insbesondere liegt keine Nichtigkeit vor, wenn gegen § 811 ZPO verstoßen wird. Also selbst wenn S Komponist wäre und den Flügel beruflich benötigte, vgl. § 811 Nr. 5 ZPO, wäre eine gleichwohl erfolgte Pfändung nur anfechtbar. S könnte Erinnerung, § 766 I ZPO, erheben; der Dritteigentümer muss sein Eigentum mit der Drittwiderspruchsklage, § 771 ZPO, geltend machen.

Eine wirksame Verstrickung des Flügels lag damit vor.

[48] Hemmer/Wüst, ZPO II, Rn. 126.

bb) Ordnungsgemäßes Versteigerungsverfahren

Weiterhin ist Voraussetzung für eine wirksame Ablieferung, dass der GV bei der Versteigerung keine wesentlichen Verfahrensvorschriften verletzt hat.

hemmer-Methode: Eine solch wesentliche Vorschrift ist etwa § 816 III ZPO[49] bei der Versteigerung vor Ort, vgl. § 816 V ZPO.

Für eine Verletzung von Verfahrensvorschriften fehlen hier jegliche Anhaltspunkte.

cc) Pfändungspfandrecht (PPR)

Umstritten ist, ob der Eigentumsübergang auf den Erwerber weiterhin davon abhängig zu machen ist, dass an der versteigerten Sache ein PPR, **§ 804 ZPO**, besteht.

(1) Privatrechtliche Theorie

Nach dieser überkommenen Ansicht ist die gesamte Zwangsvollstreckungstätigkeit des GV privatrechtlich zu beurteilen.

hemmer-Methode: Es ist aber zu beachten, dass die Verfasser der ZPO diese Auffassung vertraten, wie sich etwa bei § 753 ZPO („Auftrag des Gläubigers") zeigt.

Ein PPR entsteht danach nur, wenn die zugrunde liegende Forderung besteht und eine schuldnereigene Sache gepfändet wurde. Die Grundlage der Verwertung ist dann das PPR.

Bei der Versteigerung einer schuldnerfremden Sache kommt nach dieser Auffassung mangels PPR nur ein gutgläubiger Eigentumserwerb nach § 1244 BGB in Betracht.

Die Ansicht wird heute nicht mehr vertreten.

(2) Öffentlich-rechtliche Theorie

Nach der rein öffentlich-rechtlichen Theorie entsteht das PPR unabhängig von den Eigentumsverhältnissen an der gepfändeten Sache automatisch durch die Verstrickung.

Die Verwertung ist dann rechtmäßig und wirksam, auch wenn die gepfändete Sache nicht zum Vermögen des Schuldners gehörte.

hemmer-Methode: Namhafter Vertreter dieser Ansicht war bis 2011 der Kommentar von Thomas/Putzo, vgl. jetzt § 804 Rn. 2. Aufgrund der Änderung in der Kommentierung kann man wohl auch diesen Ansatz heute als absolute Mindermeinung bezeichnen.

(3) Gemischt privatrechtlich-öffentlich-rechtliche Theorie

Diese heute h.M. trägt dem Umstand Rechnung, dass die Ausübung der Vollstreckungsgewalt durch den GV eine hoheitliche Tätigkeit und daher nach öffentlichem Recht zu beurteilen ist.

Das PPR als solches hat jedoch rein privatrechtlichen Charakter und entsteht daher auch nur bei schuldnereigenen Sachen.

Da die Versteigerung aber gerade eine hoheitliche Tätigkeit darstellt, ist ihre Grundlage nicht das PPR, sondern allein die Verstrickung.

---

[49] Thomas/Putzo, § 816 ZPO, Rn. 4; § 814 ZPO, Rn. 5

Danach erlangt der Erwerber bei wirksamer Verstrickung durch die Ablieferung auch dann Eigentum, wenn kein PPR bestand.

hemmer-Methode: Wird dagegen eine nicht wirksam verstrickte Sache abgeliefert, so erwirbt der Ersteigerer auch kein Eigentum (Thomas/Putzo, § 817 ZPO, Rn. 9).

(4) Ergebnis

Die privatrechtliche Theorie ist heute nicht mehr zeitgemäß.

Da die rein öffentlich-rechtliche und die gemischte Theorie beide auf das Erfordernis eines PPR für die Wirksamkeit der Zwangsversteigerung verzichten, kann ein Streitentscheid hier dahinstehen.

hemmer-Methode: Eine kurze Darstellung dieses klassischen Meinungsstreits sollten Sie in der Klausur auf jeden Fall vornehmen.
Wenn im Ergebnis kein Unterschied besteht, lassen Sie die Entscheidung zwischen rein öffentlich-rechtlicher und gemischter Theorie elegant weg.

Aufgrund der wirksamen Ablieferung durch den GV, § 817 II ZPO, erwarb D originär und lastenfrei Eigentum an dem Flügel.

Ein Anspruch aus § 985 BGB besteht daher nicht.

b) §§ 861, 869 BGB

Die E-Bank könnte diesen possessorischen Herausgabeanspruch geltend machen, wenn ihr eine geschützte Besitzposition gegen den unmittelbaren Besitzer durch verbotene Eigenmacht entzogen wurde[50].

[50] Palandt, § 869 BGB, Rn. 1.

aa) Anspruchsberechtigung

Auch der mittelbare Besitzer, § 868 BGB, kann den Anspruch aus § 861 BGB geltend machen, allerdings kann er nur die Wiedereinräumung des Besitzes an den bisherigen Besitzmittler, hier also an S, fordern, § 869 BGB.

Aufgrund der bei der Sicherungsübereignung zwischen der E-Bank und S getroffenen Sicherungsabrede ist die E-Bank mittelbarer Besitzer, § 868 BGB.

bb) Verbotene Eigenmacht, § 858 I BGB

Gegen den S wurde aber keine verbotene Eigenmacht verübt. Dies gilt in erster Linie für D, der bei der Fortschaffung des Flügels nicht in Erscheinung getreten ist. Aber auch dem GV kann keine verbotene Eigenmacht unterstellt werden. Er handelte bei Pfändung und Abtransport des Flügels i.R.d. gesetzlichen Zwangsvollstreckungsverfahrens. Damit lag eine gesetzliche Gestattung vor[51].

c) § 1007 I BGB

Schließlich könnte der E-Bank noch ein Besitzschutzanspruch aus § 1007 I BGB zustehen, da es sich bei dem Flügel um eine bewegliche Sache handelt und sie als mittelbare Besitzerin, § 868 BGB, Besitz i.S.d. Vorschrift hatte[52].

Es ist jedoch nicht ersichtlich, dass D bei Besitzerwerb hinsichtlich seines Besitzrechts nicht in gutem Glauben war.

[51] Palandt, § 858 BGB, Rn. 6.

[52] Vgl. Palandt, § 1007 BGB, Rn. 2.

Schließlich nahm er an einer ordnungsgemäßen öffentlichen Versteigerung teil.

Doch selbst wenn D bösgläubig gewesen ist, erlangte er durch die Ablieferung lastenfreies Eigentum. Damit ist der Anspruch aus § 1007 I BGB gem. § 1007 III S. 2 BGB i.V.m. § 986 BGB ausgeschlossen, da D aufgrund seines Eigentums eine Einwendung gegen den Herausgabeanspruch zusteht.

hemmer-Methode: Vergessen Sie, wenn es um Herausgabeansprüche geht, nicht die §§ 861, 1007 BGB. Damit lassen sich meist ohne großen Aufwand wertvolle Punkte sammeln.

d) § 812 I S. 1 2.Alt. BGB

D erlangte Eigentum und Besitz an dem Flügel durch die Ablieferung, § 817 II ZPO.

Diese erfolgte aber nicht rechtsgrundlos. Durch den Zuschlag, § 817 I ZPO, kam ein kaufähnlicher öffentlich-rechtlicher Vertrag zwischen D und dem Staat zustande, der die causa für die Eigentumsübertragung an ihn bildet.

e) Ergebnis

Es besteht für die E-Bank keine Anspruchsgrundlage, um den Flügel von D herauszuverlangen.

Es sind daher Ansprüche gegen G, der die Versteigerung veranlasste und schließlich den Erlös erhielt, zu prüfen.

Wirtschaftlich günstiger und deswegen vorrangig zu prüfen sind dabei Schadensersatzansprüche, da der Versteigerungserlös hinter dem Wert des Flügels zurückblieb.

2. Sog. verlängerte Drittwiderspruchsklage gegen D

Es ist zu berücksichtigen, dass gegen D bereits eine Drittwiderspruchsklage, § 771 ZPO, erhoben wurde.

Durch die Verwertung ist allerdings das Rechtsschutzbedürfnis für den gegen G gerichteten Herausgabeantrag entfallen. Durch die Ablieferung hat D lastenfrei das Eigentum an dem Flügel erworben. Eine Herausgabe (an S) ist G mithin nachträglich unmöglich, § 275 I BGB.

Um nicht durch Prozessurteil abgewiesen zu werden, bedarf es einer Klageänderung.

a) Zulässigkeit der Klageänderung

Eine Umstellung des Klageantrags auf Zahlung könnte eine nach § 264 Nr. 3 ZPO stets zulässige Klageänderung sein. Der Einwilligung des Beklagten oder einer Sachdienlichkeit, § 263 ZPO, bedürfte es dann von vornherein nicht.

hemmer-Methode: Zum ausführlichen Prüfungsaufbau bei einer Klageänderung vgl. Hemmer/Wüst, „Die 40 wichtigsten Fälle zur ZPO I“, Fall 21 sowie zu dem klausurrelevantesten Problem bei § 264 ZPO den Fall 24.

Statt der Freigabe der Sache durch G kann die E-Bank nun nur noch Schadensersatz wegen des Flügels bzw. Erlösherausgabe, d.h. i.S.d. § 264 Nr. 3 ZPO das Interesse fordern.

Dies beruht auf einen nach Erhebung der Klage eingetretenen Umstand, nämlich der Zwangsversteigerung und Ablieferung an D.

Damit liegt ein Fall des § 264 Nr. 3 ZPO vor, die Klageänderung ist zulässig.

hemmer-Methode: Wird bei einer Drittwiderspruchsklage der Antrag nach Verwertung auf Schadensersatz bzw. Erlösherausgabe umgestellt, so spricht man von einer verlängerten Drittwiderspruchsklage. Bringen Sie dieses Schlagwort in der Klausur!

b) Schadensersatzansprüche

Möglicherweise kann die E-Bank von G Schadensersatz in Höhe des objektiven Wertes des Flügels von 23.000,- € verlangen.

hemmer-Methode: Hätte G den Flügel selbst ersteigert (vgl. zu dieser Konstellation Fall 14), so kann der Schadensersatzanspruch auf Naturalrestitution, § 249 I BGB, gerichtet werden. Diese bestünde in der Rückübereignung und Rückgabe des Flügels.

aa) § 280 I BGB i.V.m. vollstreckungs-rechtlichem Schuldverhältnis

Ein Schadensersatzanspruch könnte sich aus einer Pflichtverletzung des G gegenüber der E-Bank im Rahmen einer Sonderbeziehung privatrechtlicher Natur ergeben.

(1) Schuldverhältnis zwischen Gläubiger und Drittberechtigtem

Ob durch den Vollstreckungszugriff in schuldnerfremde Sachen überhaupt ein Schuldverhältnis zwischen dem Vollstreckungsgläubiger und dem Drittberechtigten entsteht, ist fraglich.

Nach Rspr. des BGH[53] wird in diesem Fall eine gesetzliche Sonderbeziehung privatrechtlicher Art begründet, die dem Gläubiger gesteigerte Pflichten auferlegt.

Dies wird in der Rechtslehre[54] bestritten.

Aus denen sich aufgrund der Zwangsvollstreckung ergebenden Rechtsbeziehungen zwischen Gläubiger und Drittberechtigten würden keine Pflichten entstehen, die weiter reichen als in sonstigen Fällen des Eingriffs in Rechtspositionen eines anderen.

(2) Pflichtverletzung

Doch selbst wenn man mit dem BGH gesteigerte Sorgfaltspflichten des Vollstreckungsgläubigers annimmt, so wurden solche hier durch G nicht verletzt.

Der Pfandgläubiger ist allenfalls verpflichtet, ein vom Drittberechtigten geäußertes Freigabeverlangen sorgfältig zu prüfen, woraus sich abhängig von der Klarheit der Rechtslage sogar eine Freigabepflicht ergeben kann.

Hier fehlt es aber überhaupt an einem Freigabeverlangen der E-Bank gegenüber G. Selbst wenn man ein solches in einer Klageerhebung sehen will, liegt es hier dennoch nicht vor, da die Klage erst nach der Versteigerung zugestellt wurde.

(3) Ergebnis

Ein Anspruch aus § 280 I BGB i.V.m. einem vollstreckungsrechtlichen Schuldverhältnis scheidet jedenfalls mangels einer Pflichtverletzung durch G aus.

---

53 BGH, NJW 1985, 3080, 3081.

54 Rosenberg/Gaul/Schilken, Zwangsvollstreckungsrecht, § 7 II 4b – S.84 m.w.N.

bb) §§ 687 II, 677, 678 BGB

Durch die Versteigerung einer schuldnerfremden Sache führte G ein objektiv fremdes Geschäft.

Jedoch handelte er nicht mit positiver Kenntnis von seiner Nichtberechtigung. G war noch nicht einmal die Drittwiderspruchsklage zugestellt worden. Er konnte daher nichts vom Recht der E-Bank wissen.

hemmer-Methode: Selbst wenn G die Klage vor der Versteigerung erhalten hätte, würde daraus nicht zwingend eine positive Kenntnis von der Nichtberechtigung folgen. Allein die Erhebung einer Klage bedeutet nämlich noch lange nicht, dass der darin behauptete Anspruch besteht.
Positive Kenntnis liegt erst dann vor, wenn sich bei zutreffender Tatsachenkenntnis ein redlicher und vom eigenen Vorteil nicht beeinflusst Denkender der Erkenntnis seiner Nichtberechtigung nicht verschließen würde (vgl. Palandt, § 990 BGB, Rn. 5).

Ein Schadensersatzanspruch wegen angemaßter Eigengeschäftsführung besteht nicht.

cc) §§ 989, 990 BGB (analog)

Ein Schadensersatzanspruch aus §§ 989, 990 BGB kommt nur dann in Betracht, wenn im Zeitpunkt des schädigenden Ereignisses – der Versteigerung und Ablieferung an D – eine Vindikationslage bestand.

Vor der Ablieferung an D stand der E-Bank jedoch kein Herausgabeanspruch aus § 985 BGB zu, da dieser materiellrechtliche Anspruch in der Zwangsvollstreckung durch § 771 ZPO ausgeschlossen wird[55].

Eine entsprechende Anwendung der §§ 989, 990 BGB ist abzulehnen, da diese mit dem Herausgabeanspruch nach § 985 BGB untrennbar verbunden sind[56].

Da mit der Ablieferung an D das Eigentum der E-Bank erlosch, trat auch nach Beendigung der Zwangsvollstreckung keine Vindikationslage ein.

Ein Anspruch aus §§ 989, 990 BGB ist nicht gegeben.

dd) 823 I BGB

(1) Eigentumsverletzung

Der von § 823 I BGB gewährte Schutz gilt uneingeschränkt auch für das Sicherungseigentum.

Dieses stellt vollwertiges Eigentum und damit ein Rechtsgut i.S.d. § 823 I BGB dar.

Durch die von G betriebene Zwangsvollstreckung verlor die E-Bank ihr Eigentum an dem Flügel.

G war insoweit Herr des Verfahrens, als er die Verwertung durch Erklärung gegenüber dem GV jederzeit hätte einstellen können.

Eine kausale Rechtsgutsverletzung liegt vor.

(2) Rechtswidrigkeit

Problematisch ist, ob der Eigentumsverlust der E-Bank i.R.d. Zwangsvollstreckung auch rechtswidrig geschah.

Wer redlich und gutgläubig ein gesetzlich gestattetes Verfahren einleitet, handelt nicht rechtswidrig. Eine andere Beurteilung würde die Rechtspflege lahmlegen.

---

55 Thomas/Putzo, § 771 ZPO, Rn. 4.

56 BGHZ 100, 95, 103 f.

Dies gilt aber nur gegenüber den an dem Verfahren förmlich Beteiligten, nicht für Eingriffe in die Rechtsgüter außenstehender Dritter[57].

Zwar erhob die E-Bank die Drittwiderspruchsklage, § 771 ZPO, durch die Geltendmachung dieser prozessualen Abwehrbefugnis wurde sie aber nicht so in das Zwangsvollstreckungsverfahren zwischen G und S involviert, als dass ihr deliktsrechtlicher Schutz zu versagen wäre.

Die Zwangsvollstreckung in eine schuldnerfremde Sache ist rechtswidrig.

(3) Verschulden

G wäre aber nur dann zum Schadensersatz verpflichtet, wenn die rechtswidrige Eigentumsverletzung auch zumindest fahrlässig erfolgt wäre.

Da G jedoch vor der Versteigerung keinerlei Kenntnis vom Sicherungseigentum der E-Bank hatte, handelte er nicht sorgfaltswidrig. Eine Nachforschungspflicht bestand für ihn keineswegs.

hemmer-Methode: Der Gläubiger handelt dann fahrlässig, wenn er bei Anwendung hätte erkennen können, dass er rechtswidrig in das Eigentum eines Dritten eingreift.
Dies ist regelmäßig dann der Fall, wenn der Dritte sein Recht gegenüber dem Gläubiger glaubhaft gemacht hat.

Ein Anspruch aus § 823 I BGB steht der E-Bank nicht zu.

ee) Ergebnis

Schadensersatzansprüche der E-Bank gegen G wegen des Betreibens der Zwangsvollstreckung in den Flügel bestehen nicht.

c) Erlösherausgabeansprüche

Es ist nunmehr zu prüfen, ob der E-Bank wenigstens Ansprüche auf Herausgabe des in der Zwangsvollstreckung erzielten Erlöses gegen G zustehen.

aa) § 816 I S. 1 BGB

Der in der Versteigerung erzielte Erlös trat im Wege der dinglichen Surrogation analog § 1247 S. 2 BGB an die Stelle des abgelieferten Flügels. Er stand zunächst der E-Bank zu.

Mit der Ablieferung des Erlöses durch den GV an G erwarb daraufhin dieser das Eigentum am Geld, §§ 819, 815 I ZPO.

hemmer-Methode: Ob man in der Ablieferung des Geldes einen Fall von § 816 I S. 1 oder S. 2 BGB sieht, kann dahinstehen, da es, wie sogleich zu zeigen ist, jeweils am selben Tatbestandsmerkmal fehlt.

Dies geschah jedoch nicht durch die Verfügung eines Nichtberechtigten

Verfügungen im Wege der Zwangsvollstreckung fallen nicht unter § 816 BGB[58]. Die durch rechtmäßigen Staatshoheitsakt erfolgte Eigentumszuweisung lässt sich nicht mit einer rechtsgeschäftlichen Verfügung vergleichen.

bb) § 812 I S. 1 2.Alt. BGB

In Betracht kommt aber ein Anspruch aus Eingriffskondiktion.

---

[57] Palandt, § 823 BGB, Rn. 40.

[58] Palandt, § 816 BGB, Rn. 7.

(1) Tatbestand

G hat Eigentum an dem Geld in sonstiger Weise erlangt, nämlich durch die Auszahlung des GV, §§ 819, 815 I ZPO.

hemmer-Methode: Hat der Gläubiger selbst ersteigert (vgl. Fall 14), so besteht die Bereicherung in der Befreiung von der Barzahlungspflicht, § 817 IV S. 1 ZPO. Es handelt sich um eine Konstellation, die bereits im Examen abgeprüft wurde!

Dies geschah unmittelbar auf Kosten der E-Bank, da dieser analog § 1247 S. 2 BGB der Erlös zustand.

Es mangelt auch an einem Rechtsgrund, da G kein Anspruch auf Befriedigung aus dem schuldnerfremden Vermögen zusteht. Insbesondere bestand kein PPR, § 804 ZPO, an dem Flügel (h.M.).

(2) Umfang der Herausgabepflicht

Problematisch ist, ob G den gesamten Versteigerungserlös i.H.v. 16.000,- € herausgeben muss oder ob sich seine Bereicherung auf den Nettoerlös nach Abzug der Versteigerungskosten (15.500,- €) beschränkt.

hemmer-Methode: Die Rechtsfolge (Herausgabe des empfangenen Geldes) ergibt sich direkt aus § 812 I S. 1 BGB. Ersteigert der Gläubiger selbst, so ist für die Befreiung von der Barzahlungspflicht gem. § 817 IV ZPO nach § 818 II BGB Wertersatz zu leisten. Es stellt sich dann auch hier das Problem nach dem Umfang des Wertersatzes.

Stellt man darauf ab, dass bezüglich der Versteigerungskosten nur der Gläubiger und der Schuldner gegenüber der Staatskasse verpflichtet sind, § 13 GvKostG (Schönfelder Nr. 123), so lässt sich argumentieren, dass G von dieser Verpflichtung nun auf Kosten der E-Bank befreit ist und deshalb insoweit jedenfalls Wertersatz nach § 818 II BGB zu leisten habe.

Nach überwiegender Auffassung sind dagegen die Versteigerungskosten mit der Bereicherung in notwendigem Zusammenhang stehende Aufwendungen und deshalb vom Wertersatzanspruch abzuziehen (Palandt, § 812 BGB, Rn. 39).

G kann sich auch nicht auf Entreicherung, **§ 818 III BGB**, berufen, da seine titulierte Forderung gegen S durch die Verwertung der schuldnerfremden Sache nicht erloschen ist, sondern fortbesteht.

cc) Ergebnis

Die E-Bank kann von G die Herausgabe des empfangenen Erlöses i.H.v. 15.500,- € gem. § 812 I S. 1 2.Alt. BGB verlangen.

hemmer-Methode: Die Fälle 15 und 16 sind aufgrund ihrer enormen Klausurrelevanz bewusst ausführlich dargestellt. Wenn ein Bearbeiter in diesem Bereich keine Vorkenntnisse besitzt, ist es unmöglich, im Ernstfall eine solche Klausur überhaupt zu bestehen.

IV. Zusammenfassung

- Wird eine schuldnerfremde Sache gepfändet, so entsteht kein Pfändungspfandrecht gem. § 804 ZPO.
- Grundlage der Zwangsversteigerung ist nach h.M. jedoch nur die wirksame Verstrickung, § 803 ZPO, der gepfändeten Sache.
- Der Erwerber in der Versteigerung erlangt damit infolge der Ablieferung, § 817 II ZPO, auch an einer schuldnerfremden Sache originäres und lastenfreies Eigentum.
- Der ehemalige Eigentümer hat gegen den Erwerber (selbst bei Bösgläubigkeit) keinen Herausgabeanspruch.
- Gegen den Gläubiger kann der ehemalige Eigentümer der Sache Schadensersatzansprüche geltend machen und die Herausgabe des Versteigerungserlöses nach § 812 I S. 1 2.Alt. BGB verlangen.

V. Zur Vertiefung

- Hemmer/Wüst, ZPO II, Rn. 124 ff.
- Hemmer/Wüst, ZPO II, Rn. 275 ff.
- Musielak, JuS 99, 881 ff. (Konstellation des Erwerbs durch den Gläubiger, Original-Examensklausur. Der Durchschnitt dieser Klausur im Examen lag bei 3,6 Punkten.)

Fall 16: Pfändung belasteter Sachen

Sachverhalt:

Nach einigen erfolgreichen Spekulationsgeschäften an der Börse legte sich der BWL-Student S einen VW Golf GTI im Wert von 25.000,- € zu, den er auch vollständig bezahlte. Da die Bremsen aufgrund seiner rasanten Fahrweise schon nach kurzer Zeit deutliche Verschleißerscheinungen zeigten, brachte er den Pkw am in die Werkstatt des D in Nürnberg zur Reparatur. Zwei Tage später erlitt S bei einem riskanten Termingeschäft erhebliche Verluste, die den Wert seines Vermögens bei weitem überstiegen. Als er seinen Golf GTI eine Woche später aus der Werkstatt abholen wollte, konnte er daher die Rechnung über 750,- € nicht bezahlen. D verweigerte daraufhin die Herausgabe von Fahrzeug, Schlüssel und Zulassung. Da S auch in der nächsten Woche nicht wieder erschien, stellte D den Golf auf seinem nicht umzäunten Hof direkt an der Straße ab. Zwischenzeitlich leitete die G-Bank, über die S seine Börsengeschäfte abgewickelt hatte und der er aufgrund der eingetretenen Verluste nun 30.000,- € schuldete, die Zwangsvollstreckung gegen S aus einer notariellen Urkunde ein. Kurze Zeit später pfändete der Gerichtsvollzieher am späten Nachmittag, als die Werkstatt des D schon geschlossen war, im Auftrag der G den Golf und ließ ihn vom Hof des D wegschleppen. D ist äußerst erbost über dieses Verhalten des Gerichtsvollziehers. Er befürchtet, bei einer Zwangsversteigerung leer auszugehen, da der Wert des Wagens nicht einmal die Forderung der G deckt. Schließlich habe er doch auch ein Pfandrecht an reparierten Sachen.

Frage: *Wie kann D sicherstellen, dass er sein Geld erhält?*

I. Einordnung

Hier prallen die Interessen zweier Gläubiger aufeinander. Der Wert des für die Verwertung vorhandenen Schuldnervermögens ist unzureichend zur Befriedigung aller Ansprüche. Damit geht es jedem Gläubiger darum, möglichst ein „großes Stück vom Kuchen“ abzubekommen.

hemmer-Methode: Aufgabe des Gesetzes ist es, in solchen Situationen einen Wettlauf der Gläubiger zu verhindern. Es darf nicht sein, dass lediglich der Gläubiger zu seinem Geld kommt, der bei Zahlungsunfähigkeit des Schuldners schnell und rabiat vorgeht. Dies würde zu einem Umsichgreifen von schrankenloser Selbsthilfe und Faustrecht führen, was durch das Justizmonopol des Staates gerade verhindert werden soll. Vielmehr ist dem der Vorrang zu gebühren, der seine Forderungen rechtzeitig und besser abgesichert hat.

Für eine angemessene Sicherung der Forderung des D bestünden mehrere Möglichkeiten.

Einmal wäre er dann ausreichend geschützt, wenn er die Zwangsvollstreckung stoppen und den Pkw wieder in seinen Besitz bringen könnte.

Andererseits erscheint es im konkreten Fall aber auch als genügend, wenn D im Falle der Zwangsversteigerung vor G befriedigt werden würde. Angesichts des Fahrzeugwerts ist zu erwarten, dass der Erlös jedenfalls zur Begleichung der Forderung des D ausreicht.

II. Gliederung

1. Erinnerung, § 766 I ZPO

a) Zulässigkeit

Statthaftigkeit

⇨ (+), Maßnahme d. Gerichtsvollziehers

Zuständiges Gericht

⇨ AG Nürnberg, §§ 766 I, 764 II, 802 ZPO

Beschwer

⇨ (+), sog. „Dritterinnerung": Verletzung von § 809 2.Alt. ZPO kann geltend gemacht werden

Rechtsschutzbedürfnis

⇨ (+), ZV begonnen, aber noch nicht beendet

b) Begründetheit

Verletzung drittschützender Verfahrensnorm ⇨ (+), Verletzung von § 809 2.Alt. ZPO, da D Gewahrsamsinhaber

2. Drittwiderspruchsklage, § 771 ZPO

a) Zulässigkeit

Statthaftigkeit

⇨ (+), mit Werkunternehmerpfandrecht berühmt sich D eines Drittrechts i.S.d. § 771 ZPO

Zuständiges Gericht

⇨ AG Nürnberg, örtlich: §§ 771 I, 802 ZPO; sachlich: § 6 S. 1 ZPO

Rechtsschutzbedürfnis

⇨ (+), ZV begonnen, aber noch nicht beendet; neben § 766 ZPO möglich

b) Begründetheit

Bestehen eines Werkunternehmerpfandrechts, § 647 BGB ⇨ (+)

(P): Werkunternehmerpfandrecht als die Veräußerung hinderndes Recht

⇨ (+), nach h.M. bei Besitzpfandrecht wg. § 1232 S. 1 BGB keine Verdrängung durch § 805 ZPO

3. Vorzugsklage, § 805 ZPO

a) Zulässigkeit

Statthaftigkeit

⇨ (+), § 805 ZPO gilt auch bei Besitzpfandrechten

Zuständiges Gericht

⇨ AG Nürnberg, örtlich: §§ 805 II, 764 II, 802 ZPO; sachlich: § 805 II ZPO,
§ 23 Nr. 1 GVG, § 802 ZPO

Rechtsschutzbedürfnis

⇨ (+), Gegenstand gepfändet, Erlös aber noch nicht ausbezahlt

b) Begründetheit

Anspruch auf vorzugsweise Befriedigung
⇨ (+), Werkunternehmerpfandrecht geht nach Prioritätsprinzip dem Pfändungspfandrecht im Rang vor, §§ 1209, 1257 BGB, § 804 II ZPO

III. Lösung

Die Forderung des D gegen S könnte gesichert sein, wenn D die Zwangsvollstreckung aufhalten und den Pkw wieder in seinen Besitz bringen könnte. Dann könnte er möglicherweise selbst den Wagen verwerten und sich aus dem Erlös befriedigen.

Um die Zwangsvollstreckung zu stoppen, kommen zwei Rechtsbehelfe in Betracht.

Hinsichtlich der Einwände gegen das Verfahren ist die Erinnerung nach § 766 ZPO, zur Geltendmachung materiell-rechtlicher Einwendungen gegen die Zwangsvollstreckung als solche ist die Drittwiderspruchsklage nach § 771 ZPO zu ergreifen.

Eine weitere Möglichkeit für D, sein Geld zu erhalten, bestünde dann, wenn der Gerichtsvollzieher den Pkw zwar versteigert, aber D sich vor G aus dem Erlös befriedigen darf. Um dies zu erreichen, existiert die Vorzugsklage nach § 805 ZPO.

1. Erinnerung, § 766 I ZPO

Eine Erinnerung hat Aussicht auf Erfolg, wenn sie zulässig und begründet ist.

a) Zulässigkeit

aa) Statthaftigkeit

Die Erinnerung ist in Abgrenzung zur sofortigen Beschwerde nach § 793 ZPO statthaft, da hier der Gerichtsvollzieher tätig wurde und gegen eine Maßnahme von ihm vorgegangen wird. Eine Entscheidung i.S.d. § 793 ZPO liegt nicht vor.

hemmer-Methode: Entscheidungen, die mit der sofortigen Beschwerde, §§ 793, 567 ff. ZPO, angegriffen werden können, sind hauptsächlich die Erinnerungsentscheidungen des Vollstreckungsgerichts und Beschlüsse des Prozessgerichts nach den §§ 887 ff. ZPO.

bb) Zuständiges Gericht

Zuständig ist das Amtsgericht Nürnberg als Vollstreckungsgericht, §§ 766 I, 764 II ZPO, da die streitgegenständliche Vollstreckungsmaßnahme des Gerichtsvollziehers in dessen Bezirk stattfand. Diese Zuständigkeit ist ausschließlich, § 802 ZPO.

cc) Erinnerungsbefugnis

Problematisch ist die Beschwer des D. Dazu müsste der Vollstreckungsakt in seine Rechtssphäre eingreifen und eine ihn schützende verfahrensrechtliche Position betroffen sein. Hier kann eine Verletzung von § 809 2.Alt. ZPO geltend gemacht werden. Diese Vorschrift soll gerade Dritte in der Zwangsvollstreckung schützen. Die Erinnerung ist damit in Form der sog. „Dritterinnerung“ zulässig.

dd) Rechtsschutzbedürfnis

Da die Zwangsvollstreckung noch nicht beendet und darüber hinaus eine Zielerreichung auf einfachere kostengünstigere Weise nicht möglich ist, besteht ein Rechtsschutzbedürfnis für die Erinnerung.

hemmer-Methode: Auf die hier angesprochenen Punkte sollten sie in der Klausur immer eingehen, auch wenn sie unproblematisch vorliegen. Insoweit unterscheidet sich die ZPO II- von der ZPO I-Klausur. Denken Sie daran, dass die Zwangsvollstreckung als staatliches Verfahren auch öffentliches Recht ist. Dort müssen Sie ebenfalls jedes Mal das komplette Prüfungsschema „herunterleiern“.

b) Begründetheit

Die Erinnerung wäre wegen Verstoß gegen § 809 2.Alt. ZPO begründet, wenn sich der Pkw im Gewahrsam des D befunden hätte und dieser zur Herausgabe nicht bereit gewesen wäre.

Gewahrsam liegt vor, wenn nach dem äußeren Anschein die tatsächliche Zugriffsmöglichkeit eines Menschen auf eine Sache gegeben ist und aufgrund dieser Umstände nach der Verkehrsauffassung ein entsprechender Gewahrsamswille anzunehmen ist.

hemmer-Methode: Der Begriff des Gewahrsams bedeutet für die Zwangsvollstreckung einen formalisierten Zugriffstatbestand. Unterscheiden Sie ihn vom zivilrechtlichen Besitzbegriff.

D besaß hier den Fahrzeugschlüssel, der ihm zwecks Reparaturvornahme ausgehändigt wurde und hatte den Wagen auf seinem Grundstück abgestellt. Die Tatsache, dass der Hof nicht abgezäunt war, ist unerheblich. Selbst bei einem abgestellten Fahrzeug im öffentlichen Straßenraum hat grundsätzlich derjenige Gewahrsam, der auch Gewahrsam am Schlüssel hat.

Da D auch nicht zur Herausgabe des Pkw an den Gerichtsvollzieher bereit war, ist die drittschützende Norm des § 809 ZPO verletzt.

c) Ergebnis

Eine Erinnerung wäre damit begründet. Die Vollstreckungsmaßnahme wäre aufzuheben und der Gewahrsam des D am Pkw wieder herzustellen.

2. Drittwiderspruchsklage, § 771 ZPO

Die Drittwiderspruchsklage hat Aussicht auf Erfolg, wenn sie zulässig und begründet ist.

a) Zulässigkeit

aa) Statthaftigkeit

Die Drittwiderspruchsklage ist statthaft, wenn ein die Veräußerung hinderndes Recht geltend gemacht wird.

D berühmt sich hier eines Werkunternehmerpfandrechts, § 647 BGB.

Ein solches Besitzpfandrecht führt dazu, dass die Veräußerung durch den Schuldner selbst oder den Gläubiger zivilrechtswidrig wäre.

Ob ein solches Pfandrecht tatsächlich besteht und ob es auch die Sache vor der Zwangsvollstreckung zu bewahren vermag, ist eine Frage der Begründetheit.

bb) Zuständiges Gericht

Das Amtsgericht Nürnberg ist nach §§ 771 I, 764 II ZPO örtlich zuständig. Der Gerichtsstand ist ausschließlich, § 802 ZPO.

Für die sachliche Zuständigkeit ist auf den Streitwert abzustellen. Dieser bemisst sich hier gem. § 6 S. 1 ZPO nach dem Wert der sicherzustellenden Forderung, beträgt also 750,- €.

hemmer-Methode: Wäre der mit dem Pfandrecht belastete Wagen hingegen nur 500,- € wert, so wäre nach § 6 S. 2 ZPO auf diesen Betrag abzustellen.

cc) Rechtsschutzbedürfnis

Da die bereits begonnene Zwangsvollstreckung noch nicht vollendet ist, liegt ein Rechtsschutzbedürfnis insoweit vor.

dd) Verhältnis § 766 ZPO - § 771 ZPO

Fraglich ist aber, wie es sich auswirkt, dass D auch die Vollstreckungserinnerung nach § 766 ZPO erheben kann. Grundsätzlich sind beide Rechtsbehelfe nebeneinander anwendbar, dem Betroffenen steht ein Wahlrecht zu.

Strittig ist aber, ob bei Besitzpfandrechten nicht dann eine Ausnahme zu machen ist, wenn die Erinnerung völlig risikolos zum Ziel führt. Denn in diesem Fall ist der Weg über § 766 I ZPO wegen geringerer Kosten der günstigere.

Diese Beschränkung ist aber nicht überzeugend.

Die Grenzziehung, insbesondere die Frage, wann die Erfolgschance von § 766 I ZPO völlig sicher und wann nur wahrscheinlich ist, birgt ein unzumutbares Prognoserisiko in sich. Unerbetene Folge wäre der Verlust von Rechtssicherheit.

Daher steht dem Betroffenen auch bei der Beeinträchtigung eines Besitzpfandrechts in der Zwangsvollstreckung die Wahl zwischen Erinnerung und Drittwiderspruchsklage zu.

hemmer-Methode: Dieses Problem ist schon ziemlich speziell und dürfte nicht mehr zum Standardrepertoire eines Examenskandidaten gehören. Umso mehr kann man natürlich punkten, wenn man es kennt.

b) Begründetheit

Die Drittwiderspruchsklage ist begründet, wenn ein Drittrecht i.S.d. § 771 ZPO besteht.

aa) Werkunternehmerpfandrecht

D könnte ein Werkunternehmerpfandrecht nach § 647 BGB am Wagen des S zustehen.

Zwischen D und S wurde ein Werkvertrag in Form eines Pkw-Reparaturvertrages, § 631 BGB geschlossen. Aus diesem Vertrag steht dem D eine Werklohnforderung über 750,- € zu. Da sich der Pkw im Alleineigentum des S befand, handelt es sich auch um eine Sache des Bestellers.

Damit erwarb D ein Werkunternehmerpfandrecht, § 647 BGB, an dem von ihm reparierten Wagen.

hemmer-Methode: In der „richtigen“ Klausur wird die materielle Rechtslage nicht so einfach sein. Regelmäßig handelt es sich bei dem Auftraggeber der Reparatur nicht um den Eigentümer des Wagens, z.B. weil dieser der finanzierenden Bank sicherungsübereignet wurde. Der gutgläubige Erwerb eines Werkunternehmerpfandrechts ist dann nicht möglich, weil § 1257 BGB nach seinem Wortlaut ein bereits „entstandenes“ Pfandrecht voraussetzt, d.h. nur auf die §§ 1209 ff. BGB verweist.
Es wird nun zu prüfen sein, ob der Werkunternehmer wenigstens durch seine AGB ein Faustpfandrecht gutgläubig gem. §§ 1205, 1207 BGB erworben hat.

Das Pfandrecht erlosch auch nicht durch den Besitzverlust des D, §§ 1257, 1253 BGB, da dieser ohne seinen Willen geschah.

bb) Interventionsrecht

Die Frage, ob ein Besitzpfandrecht tatsächlich als ein die Veräußerung hinderndes Recht i.S.d. § 771 ZPO zu qualifizieren ist, wird unterschiedlich beantwortet.

Nach e.A. bestehe der Sinn des Besitzpfandrechts ebenso wie der des besitzlosen Pfandrechts nicht darin, die Sache als solche vor der Zwangsvollstreckung zu bewahren.

Vielmehr solle dem Pfandgläubiger nur ein vorrangiges Befriedigungsrecht eingeräumt werden, welches allerdings mit der Klage nach § 805 ZPO geltend zu machen sei.

Dies steht jedoch im Widerspruch zu Sinn und Zweck des § 1232 S. 1 BGB. Danach liegt das Initiativ- und Bestimmungsrecht beim Pfandgläubiger, nur dieser soll den für sich günstigsten Zeitpunkt der Verwertung bestimmen können. Auch aus § 1232 S. 2 BGB lässt sich nichts Gegenteiliges schließen. Diese Vorschrift gilt nämlich gerade nur, wenn der vorrangige Pfandgläubiger den Verkauf überhaupt nicht betreiben will. Möchte er ihn aber selbst vornehmen, so kann er das Pfand vom nachrangigen Gläubiger nach §§ 1227, 985 BGB herausverlangen.

hemmer-Methode: Auch aus dem Wortlaut des § 805 ZPO ergibt sich nichts anderes. Bei den dort genannten Pfandrechten handelt es sich um solche, bei denen der Pfandgläubiger an den Gegenständen nie Besitz hat, z.B. das Vermieterpfandrecht. Wurde dem Faustpfandgläubiger aber der Besitz nur entzogen, so hat er dennoch weiterhin ein Faustpfandrecht und kein besitzloses Pfandrecht.

Da durch die Pfändung von mit einem Faustpfandrecht belasteten Gegenständen zumindest das Verwertungsrecht des Faustpfandgläubigers gem. § 1232 S. 1 BGB verletzt wird, handelt es sich um ein Interventionsrecht i.S.d. § 771 ZPO.

c) Ergebnis

Die Drittwiderspruchsklage wäre damit begründet. Rechtsfolge ist ebenso wie bei § 766 ZPO, dass die Vollstreckungsmaßnahme aufzuheben und der Pkw wieder an D herauszugeben wäre.

3. Vorzugsklage, § 805 ZPO

Die Klage auf vorzugsweise Befriedigung hat Aussicht auf Erfolg, wenn sie zulässig und begründet ist.

a) Zulässigkeit

aa) Statthaftigkeit

Fraglich ist, ob die Vorzugsklage überhaupt statthaft ist, da es sich bei dem Werkunternehmerpfandrecht des D um ein Faustpfandrecht und nicht ein besitzloses Pfandrecht handelt.

Die Klage nach § 805 ZPO ist ein weniger weitreichendes Eingreifen in die Zwangsvollstreckung gegenüber dem Vorgehen nach § 771 ZPO. Daraus und aus dem als bloße Einschränkung des § 771 ZPO formulierten Wortlaut des § 805 ZPO ergibt sich, dass diese Vorschrift auch für alle Drittrechte i.S.d. § 771 ZPO gilt, mithin auch für Faustpfandrechte (Th/P, § 805, Rn.3).

Der Betroffene hat deshalb ein Wahlrecht, welche Klage er anstrengt.

bb) Zuständiges Gericht

Die örtliche und sachliche Zuständigkeit des Amtsgerichts Nürnberg ergibt sich aus §§ 805 II, 764 II, 6 S. 1 ZPO, § 23 Nr. 1 GVG. Es handelt sich um eine ausschließliche Zuständigkeit, § 802 ZPO.

hemmer-Methode: Vergegenwärtigen Sie sich den Unterschied zu § 771 ZPO. Dort ist nur die örtliche Zuständigkeit ausschließlich, bei § 805 ZPO dagegen auch die sachliche.

cc) Rechtsschutzbedürfnis

Ein Rechtsschutzbedürfnis des D liegt vor, da einerseits der Wagen schon gepfändet wurde, andererseits ein Erlös bisher nicht ausgezahlt wurde.

b) Begründetheit

Die Vorzugsklage ist begründet, wenn das dem D zustehende Werkunternehmerpfandrecht gegenüber dem Pfändungspfandrecht der G vorrangig ist.

aa) Wirkung des Pfändungspfandrechts

Das Pfändungspfandrecht, das der Gläubiger als Folge der Pfändung gem. § 804 I ZPO erwirbt, wirkt wie ein vertragliches Pfandrecht, § 804 II ZPO.

Auch sein Verhältnis zu den übrigen Pfandrechten beurteilt sich nach § 804 II ZPO, § 1257 BGB wie das der zivilrechtlichen Pfandrechte untereinander.

hemmer-Methode: Im Verhältnis zu anderen Pfändungspfandrechten gilt allerdings § 804 III ZPO.

Insbesondere findet auch der Prioritätsgrundsatz des § 1209 BGB Anwendung.

bb) Prioritätsgrundsatz

Nach dem Prioritätsgrundsatz geht das früher erworbene Pfandrecht dem späteren im Rang vor.

Das Werkunternehmerpfandrecht des D entstand mit Durchführung der Reparatur.

Erst später erwarb die G-Bank das Pfändungspfandrecht. Somit ist das Pfandrecht des D vorrangig.

hemmer-Methode: Ein gutgläubiger Erwerb des Vorrangs, § 1208 BGB, durch den Pfändungspfandrechtsgläubiger kommt nicht in Betracht. Dafür fehlt es an einem rechtsgeschäftlichen Erwerb des Pfändungspfandrechts. Zudem verweist § 804 II ZPO nur auf die Vorschriften über ein bereits entstandenes Pfandrecht, also gerade nicht auf die §§ 1205 – 1208 BGB.

c) Ergebnis

Die Vorzugsklage wäre begründet. D wäre aus dem Versteigerungserlös vollständig vor der G-Bank zu befriedigen.

4. Zusammenfassung

Sämtliche in Betracht kommenden Rechtsbehelfe haben Aussicht auf Erfolg.

Angesichts der im Raum stehenden Werte wäre es für D sicherlich die beste Lösung, wenn er Vorzugsklage erheben würde. Bei einem Wert des Golf GTI von ca. 25.000,- € dürfte der Erlös auch bei der Versteigerung durch den Gerichtsvollzieher in jedem Fall reichen, die Forderung des D i.H.v. 750,- € zu befriedigen.

Würde D den Wagen erst herausverlangen, müsste er durch eigenen Arbeitsaufwand für eine Verwertung des Pkw sorgen.

IV. Zusammenfassung

- Wird ein mit einem Faustpfandrecht belasteter Gegenstand gepfändet, so kann der Pfandgläubiger die Drittwiderspruchsklage, § 771 ZPO erheben.
- Die ebenfalls mögliche Erinnerung nach § 766 I ZPO schließt nicht das Rechtsschutzbedürfnis für eine Drittwiderspruchsklage aus.
- Das Faustpfandrecht ist ein die Veräußerung hinderndes Recht i.S.d. § 771 ZPO, da dem Faustpfandgläubiger nach § 1232 S. 1 BGB die Bestimmung über die Verwertung zusteht.
- Wahlweise kann der Faustpfandrechtsgläubiger auch die Vorzugsklage nach § 805 ZPO erheben.
- Im Verhältnis der Pfandrechte nach dem BGB zum Pfändungspfandrecht gilt das Prioritätsprinzip, § 804 II ZPO, §§ 1257, 1209 BGB.

V. Zur Vertiefung

- Hemmer/Wüst, ZPO II, Rn. 283.
- Huber, JuS 2003, 568 ff. (Fall zum besitzlosen Pfandrecht, Original-Examensklausur).

2. Abschnitt: Vollstreckung in Grundstücke

Fall 17: Pfändung beweglicher Sachen auf einem Grundstück

Sachverhalt:

Gläubiger G1 hat gegen Landwirt S, der einen von E gepachteten Hof bewirtschaftet, ein Titel auf Zahlung von 50.000 € erwirkt. Der beauftragt den Gerichtsvollzieher GV mit der Pfändung. Dieser begibt sich zum Landgut und pfändet folgende Gegenstände:

- *einen im Eigentum des S stehenden Traktor,*
- *das schon länger im Speicher zum Verkauf bereit liegende Getreide,*
- *die Rüben auf dem Feld, die S im Winter zur Fütterung der Schweine benötigt und*
- *den auf Betonfundamenten in Fertigbauweise errichteten Gartenpavillon.*

Frage: *Erfolgte die Pfändung rechtmäßig, wenn bereits kurz zuvor wegen eines persönlichen Titels des Gläubigers G2 gegen E die Zwangsverwaltung angeordnet wurde?*

I. Einordnung

Die Immobiliarvollstreckung ist in den §§ 864 ff. ZPO geregelt. Sie wird von dem Gedanken getragen, dass auch in der Vollstreckung die wirtschaftliche Einheit des Grundstücks erhalten bleiben soll, um die Verschleuderung von Werten zu verhindern.

Pfändet der GV Gegenstände, die sich auf einem Grundstück befinden und mit diesem in wirtschaftlichem Zusammenhang stehen, so berührt diese Vollstreckung letztlich auch den Wert des Grundstücks.

hemmer-Methode: So dürfte etwa der Wert einer gut laufenden Gastwirtschaft nicht unerheblich sinken, wenn Tische und Stühle gepfändet und versteigert werden. Der Andrang der Gäste wird sich nämlich bei fehlender Sitzgelegenheit in Grenzen halten.

Erstreckt sich die Pfändung gar auf mit dem Grundstück fest verbundene Sachen, so drängt sich in Anbetracht der §§ 93, 94 BGB die Frage auf, ob dies rechtlich überhaupt möglich ist.

II. Gliederung

1. Traktor

(P): Zuständigkeit des GV

- § 865 II S. 1 ZPO ⇨ wenn Traktor der Immobiliarvollstreckung unterliegt, dann Grundbuchamt (§ 867 ZPO, §§ 1, 13 GBO) bzw. Vollstreckungsgericht (§ 1 ZVG) zuständig

- **Zubehör**, § 97 BGB ⇨ (+), zum Wirtschaftsbetrieb bestimmtes Gerät, § 98 Nr. 2 BGB
- Haftungsverband der Hypothek, § 865 I ZPO,§§ 1120 ff. BGB ⇨ (-), Traktor steht nicht im Eigentum des E
- Zwangsverwaltung ⇨ keine Auswirkung, §§ 146, 20 II ZVG

Pfändungsbeschränkung

⇨ (+), § 811 Nr. 4 ZPO

2. Getreide

Zuständigkeit des GV

⇨ (+), da getrennte Erzeugnisse wg. §§ 956, 585 II, 581, 99 BGB nicht dem Haftungsverband der Hypothek unterfallen

Pfändungsbeschränkung

⇨ (-), zum Verkauf bestimmte Erzeugnisse fallen nicht unter § 811 Nr. 4 ZPO

3. Rüben

(P): Zuständigkeit des GV

- Früchte am Halm ⇨ gem. § 810 ZPO nach Regeln der Mobiliarpfändung, obwohl wesentliche Bestandteile des Grundstücks, § 94 BGB
- Aber Zwangsverwaltung ⇨ Beschlagnahme nach §§ 148, 20, 21 ZVG, jedoch wird Recht des Pächters auf Fruchtgenuss nicht berührt, §§ 21 III, 152 II ZVG

Pfändungsbeschränkung

⇨ (+), § 811 Nr. 4 ZPO, da als Futter zur Fortführung des Landguts benötigt

4. Gartenpavillon

Zuständigkeit des GV

⇨ (+), als Scheinbestandteil, § 95 BGB, kein wesentlicher Grundstücksbestandteil

III. Lösung

Die Zwangsvollstreckung erfolgte dann rechtmäßig, wenn der GV für die getroffenen Maßnahmen zuständig war und die nach dem Gesetz bestehenden Vorschriften über die Art und Weise der Zwangsvollstreckung jeweils beachtet wurden.

hemmer-Methode: Selbstverständlich müssen für eine rechtmäßige Zwangsvollstreckung auch alle sonstigen Zulässigkeitsvoraussetzungen vorliegen (vgl. S. 1). Da der Sachverhalt diesbezüglich aber keinerlei Informationen liefert, wäre ein stupides Abspulen des Schemas völlig unangebracht.

1. Traktor

a) Zuständigkeit des GV

Bei dem Traktor handelt es sich um eine bewegliche Sache. Für die Pfändung einer solchen ist gem. § 808 I ZPO grundsätzlich der GV zuständig.

Jedoch könnte es sich bei dem Traktor um Zubehör des Landguts handeln, welches dann gem. § 865 I, II S. 1 ZPO der Immobiliarvollstreckung unterliegen würde.

aa) Zuständigkeit bei Immobiliarvollstreckung

Eine solche erfolgt durch Eintragung einer Zwangshypothek im Grundbuch, §§ 866 I, 867 ZPO durch das Grundbuchamt, §§ 1, 13 GBO, § 3 I Nr. 1h RPflG oder durch Zwangsverwaltung bzw. Zwangsversteigerung, § 867 I ZPO, wofür das Vollstreckungsgericht zuständig ist, §§ 1, 15, 146 ZVG.

hemmer-Methode: Lassen Sie sich von diesen Paragraphenketten nicht erschlagen. Die einzige Norm, deren Grundaussage Sie für die Klausur im Kopf haben oder die Sie zumindest finden müssen, ist der § 865 ZPO. Unmittelbar danach in § 866 I ZPO sind die einzelnen Arten der Immobiliarvollstreckung aufgezählt. Kommentieren Sie sich hier die jeweilige Zuständigkeit und die sonstigen einschlägigen Normen.

Die Zwangsvollstreckung in einen solchen Gegenstand durch den GV ist unzulässig, da dieser nicht das zuständige Vollstreckungsorgan ist.

hemmer-Methode: Es ist umstritten, ob eine dennoch erfolgte Pfändung durch den GV nur anfechtbar (wohl h.M.) oder sogar nichtig ist. Grundsätzlich ist eine Vollstreckungsmaßnahme nichtig bei funktioneller Unzuständigkeit. Jedoch ist die Abgrenzung, ob eine Sache unter § 865 II ZPO fällt oder nicht, oft schwierig, sodass von einem offensichtlichen – und damit die Nichtigkeit fordernden – Verstoß keine Rede sein kann.

bb) Gegenstand i.S.d. § 865 I, II S. 1 ZPO

Der Traktor wäre gem. § 865 I, II S. 1 ZPO dann Gegenstand der Immobiliarvollstreckung, wenn es sich um Zubehör handelt, welches in den Haftungsverband der Hypothek fällt.

Ein Traktor ist bei einem Landgut eine Gerätschaft, die dem Wirtschaftsbetriebe auf Dauer dient. Er ist daher nach §§ 97, 98 Nr. 2 BGB als Zubehör zu qualifizieren.

Zubehör fällt nach § 1120 BGB grundsätzlich in den Haftungsverband der Hypothek. Ob das Grundstück tatsächlich mit einer Hypothek belastet ist, spielt für § 865 I ZPO keine Rolle.

hemmer-Methode: Es ist also vielmehr auf einen hypothetischen Haftungsverband abzustellen.

Jedoch werden solche Zubehörstücke, die nicht im Eigentum des Grundstückseigentümers (!) stehen, auch nicht vom Haftungsverband erfasst, § 1120 BGB a.E.

Da der Traktor im Eigentum des Pächters S und nicht des Grundstückseigentümers E steht, fällt er nicht in den Haftungsverband und stellt somit kein Zubehör i.S.d. § 865 I, II S. 1 ZPO dar.

cc) Auswirkung der Zwangsverwaltung

Auch durch die für den Gläubiger des E angeordnete Zwangsverwaltung des Grundstücks ändert sich nichts.

Nach §§ 146, 20 II ZVG betrifft diese nämlich nicht die Gegenstände, die nicht dem Haftungsverband der Hypothek unterfallen.

hemmer-Methode: Achtung! Kommt es zur Zwangsversteigerung des Grundstücks, ist primär auf den Besitz abzustellen. Nach §§ 90 II, 55 II ZVG erwirbt der Ersteigerer auch Eigentum an Zubehörstücken eines Dritten, sofern der Schuldner daran nur Besitz hatte, hierzu der folgende Fall 18!

Da der Traktor nicht der Immobiliarvollstreckung unterliegt, war der GV gem. § 808 I ZPO für die Pfändung zuständig.

b) Pfändungsbeschränkung

Allerdings ist der zur Bewirtschaftung des Guts genutzte Traktor eines Landwirts gem. § 811 Nr. 4 ZPO unpfändbar.

c) Ergebnis

Die Pfändung war rechtswidrig.

2. Getreide

a) Zuständigkeit des GV

Bei dem zum Verkauf gelagerten Getreide handelt es sich um der Bestimmung des Landguts gemäß gewonnene Bodenprodukte, mithin um Erzeugnisse des Grundstücks[59].

aa) Pfändung von Erzeugnissen

Solche unterfallen nach Trennung grundsätzlich dem Haftungsverband der Hypothek, § 1120 BGB. Dennoch können sie gem. § 865 II S. 2 ZPO nach den Regeln der Zwangsvollstreckung in das bewegliche Vermögen gepfändet werden. Dies gilt aber nur solange, bis die Beschlagnahme im Wege der Immobiliarvollstreckung erfolgte.

Hier wurde die Zwangsverwaltung des Grundstücks angeordnet und damit der gesamte Hypothekenverband beschlagnahmt, §§ 148 I, 20, 21 ZVG.

hemmer-Methode: Die Anordnung der Zwangsversteigerung lässt demgegenüber vom Boden getrennte Erzeugnisse beschlagnahmefrei, § 21 I ZVG.

bb) Umfang des Haftungsverbands

Es kommt daher darauf an, ob das Getreide überhaupt vom Haftungsverband erfasst ist.

Andernfalls unterliegt es gem. §§ 146, 20 II ZVG nicht der Beschlagnahme und nicht der Immobiliarvollstreckung, § 865 I ZPO.

Getrennte Erzeugnisse unterfallen dann nicht dem Haftungsverband, wenn sie in das Eigentum eines anderen als des Grundstückseigentümers oder eines Eigenbesitzers gefallen sind, vgl. § 1120 BGB.

S war als Pächter Fremdbesitzer. Gem. §§ 585 II, 581 I, 99 I BGB stand ihm das Recht zur Gewinnung der Erzeugnisse zu. Daher erlangte er gem. § 956 I BGB mit Trennung vom Boden das Eigentum an dem Getreide.

hemmer-Methode: Da die Trennung zeitlich vor der Beschlagnahme erfolgte, kommt es hier nicht darauf an, ob das Fruchtziehungsrecht durch diese später erlosch (vgl. dazu Palandt, § 1120 BGB, Rn. 4 a.E.). Dazu aber sogleich unter 3.

Das gelagerte Getreide unterliegt nicht dem Haftungsverband, da es mit der Trennung in das Eigentum des S überging.

Die Pfändung erfolgt daher nicht nach den Regeln der Immobiliarvollstreckung, der GV war gem. § 808 I ZPO zuständig.

b) Pfändungsbeschränkung

Das zum Verkauf bestimmte Getreide war auch nicht unpfändbar gem. § 811 Nr. 4 ZPO, da es nicht zur Fortführung des Landwirtschaftsbetriebs notwendig ist[60].

---

59 Vgl. Palandt, § 99 BGB, Rn. 2.

60 Thomas/Putzo, § 811 ZPO, Rn. 16.

c) Ergebnis

Die Pfändung erfolgte rechtmäßig.

3. Rüben

a) Zuständigkeit des GV

Bei den Rüben handelt es sich ebenso wie bei dem Getreide um Erzeugnisse des Grundstücks.

Da diese sich aber noch auf dem Feld befinden und dadurch mit dem Boden zusammenhängen, sind sie noch wesentliche Bestandteile des Grundstücks, § 94 I S. 1 BGB.

aa) Pfändung wesentlicher Bestandteile

Wesentliche Bestandteile einer Sache können nicht Gegenstand besonderer Rechte sein, § 93 BGB.

Sie können daher lediglich mit der Hauptsache und nicht gesondert gepfändet werden.

bb) Pfändung ungetrennter Früchte

Für sog. Früchte am Halm – Früchte einer Sache sind deren Erzeugnisse, § 99 BGB – trifft § 810 ZPO aber eine Sonderregelung. Diese können nach den Regeln der Mobiliarvollstreckung gepfändet werden, solange nicht ihre Beschlagnahme erfolgt ist.

hemmer-Methode: Dies geschieht in der Praxis durch Aufstellung einer Tafel mit der Pfandanzeige am Acker.

cc) Auswirkung der Zwangsverwaltung

Durch die Anordnung der Zwangsverwaltung über das Grundstück erfolgt aber gem. §§ 148 I, 20, 21 I ZVG gerade die Beschlagnahme von mit dem Boden verbundenen Erzeugnissen, vgl. § 810 I S. 1 ZPO.

Auch aus §§ 146, 20 II ZVG ergibt sich nichts anderes. Ungetrennte Erzeugnisse werden damit grds. wegen § 93 BGB ebenso wie das Grundstück von der Hypothek erfasst.

Eine Ausnahme gilt allerdings für im Pachtbesitz befindliche Grundstücke. Gem. §§ 21 III, 152 II ZVG wird das Recht des Pächters auf Fruchtgenuss, §§ 585 II, 581 I BGB, durch die Beschlagnahme im Wege der Immobiliarvollstreckung nicht berührt.

hemmer-Methode: Dies alles ohne „Hilfe" im Klausurstress zu erkennen, ist kaum möglich. Es empfiehlt sich, soweit zulässig, folgende Kommentierungen vorzunehmen: §§ 21 III, 152 II ZVG an die §§ 585 II, 581 I BGB, § 810 ZPO; § 810 ZPO an § 94 I S. 1 BGB a.E.; § 148 I ZVG an § 21 I, II ZVG. Und merken Sie sich: **Der Pächter erntet immer!**

Die Gläubiger des Pächters dürfen daher die dem Pächter nach § 956 BGB zufallenden Früchte vor der Trennung im zeitlichen Rahmen des § 810 ZPO und auch nachher unbeschadet der Immobiliarvollstreckung gegen den Grundstückseigentümer pfänden.
Der GV war daher gem. § 808 I ZPO zuständig.

hemmer-Methode: Werden ungetrennte Früchte beim Grundstückseigentümer gepfändet, so ist entscheidend, ob diese nach der Trennung Zubehör i.S.d. §§ 97, 98 Nr. 2 BGB darstellen.

In diesem Fall wäre die Pfändung durch den GV wg. § 865 I, II S. 1 ZPO unzulässig.

b) Pfändungsbeschränkung

Die Behandlung der ungetrennten Früchte wie bewegliche Sachen hat zur Folge, dass die für bewegliche Sachen geltenden Pfändungsbeschränkungen zu beachten sind.

Die Pfändung der zur Verfütterung bestimmten Rüben verstößt damit gegen § 811 Nr. 4 ZPO, da sie zur Fortführung der Wirtschaft erforderlich sind.

c) Ergebnis

Die Pfändung erfolgte nicht rechtmäßig.

4. Gartenpavillon

a) Zuständigkeit des GV

Der GV wäre nach § 808 I ZPO zuständig, soweit der Gartenpavillon selbstständig pfändbar ist und nicht der Immobiliarvollstreckung unterliegt.

aa) Scheinbestandteil

Bei dem Gartenpavillon könnte es sich gem. § 94 BGB um einen wesentlichen Bestandteil des Grundstücks handeln. Dies hätte zur Folge, dass die isolierte Pfändung ausscheidet.

Aufgrund seiner Bauweise – Betonfundamente (!) – ist der Pavillon unter Berücksichtigung der Verkehrsanschauung fest mit Grund und Boden verbunden.

Dennoch handelt es sich nicht um einen wesentlichen Bestandteil i.S.d. § 94 BGB, sondern lediglich um einen Scheinbestandteil, **§ 95 BGB**, und damit um eine bewegliche Sache.

Dies ergibt sich noch nicht aus § 95 S. 2 BGB, da ein Recht i.d.S. nur ein dingliches Recht (z.B. Erbbaurecht) ist, nicht aber das obligatorische Besitzrecht des S aufgrund des Pachtvertrags.

Jedoch muss hier davon ausgegangen werden, dass der Gartenpavillon nur zu einem vorübergehenden Zwecke mit dem Boden verbunden wurde, § 95 S. 1 BGB. Zu einem vorübergehenden Zweck erfolgt die Verbindung, wenn ihr Wegfall nach dem inneren Willen des Verbindenden von vornherein beabsichtigt oder der Natur der Sache nach sicher ist. Dies ist regelmäßig dann zu bejahen, wenn die Verbindung in Ausübung eines zeitlich begrenzten Nutzungsrechts, wie ihn der Pachtvertrag darstellt, geschieht (Palandt, § 95 BGB, Rn. 2, 3). Für den GV ist auch allein die auf diesem äußeren Tatbestand beruhende Vermutung maßgeblich. Er durfte den Gartenpavillon als Scheinbestandteil behandeln.

hemmer-Methode: S und E können im Wege der Erinnerung nach § 766 ZPO gegen die Pfändung vorgehen, wenn sie die Eigenschaft des Pavillons als Scheinbestandteil leugnen. Dann trifft den Gläubiger die Beweislast für die Tatbestandsvoraussetzungen.

bb) Gegenstand i.S.d. § 865 I, II S. 1 ZPO

Es handelt sich auch nicht um einen Gegenstand, der dem Haftungsverband der Hypothek unterfällt.

Zum einen stellt ein Gartenpavillon schon kein Zubehör zu einem landwirtschaftlichen Hof dar, zum anderen steht er auch im Eigentum des S und nicht des Grundstückseigentümers E.

Der GV war damit gem. § 808 I ZPO zuständig.

b) Pfändungsbeschränkung

Die Pfändung verstößt auch nicht gegen § 811 Nr. 4 ZPO, da es sich nicht um eine Sache handelt, die zum Wirtschaftsbetrieb erforderlich ist.

c) Ergebnis

Die Pfändung erfolgte rechtmäßig.

IV. Zusammenfassung

- Der GV ist nur für die Pfändung beweglicher Sachen zuständig, § 808 I ZPO. Die Zwangsvollstreckung in das unbewegliche Vermögen erfolgt durch das Grundbuchamt, § 867 ZPO, §§ 1, 13 GBO bzw. das Vollstreckungsgericht, §§ 1, 15, 146 ZVG.
- Zubehör, welches in den Haftungsverband der Hypothek fällt, unterliegt gem. § 865 I, II S. 1 ZPO der Immobiliarvollstreckung.
- Getrennte Erzeugnisse können bis zur Beschlagnahme gepfändet werden, auch wenn sie in den Haftungsverband fallen, § 865 II S. 2 ZPO. Nur bei Anordnung der Zwangsverwaltung werden sie beschlagnahmt, nicht durch die Anordnung der Zwangsversteigerung, §§ 148 I, 20, 21 ZVG.
- Ungetrennte Früchte (sog. Früchte am Halm) können nach § 810 I ZPO gepfändet werden, obwohl es sich um wesentliche Bestandteile i.S.d. § 94 I BGB handelt. Dies gilt jedoch nur bis zur Beschlagnahme.
- Das Recht des Pächters auf Fruchtgenuss wird durch die Immobiliarvollstreckung nicht beeinträchtigt, §§ 21 III, 152 II ZVG. Der Pächter erntet immer!
- Scheinbestandteile, § 95 BGB, werden als bewegliche Sachen gepfändet.

V. Zur Vertiefung

- Hemmer/Wüst, ZPO II, Rn. 103 ff.

Fall 18: Zwangsversteigerung

Sachverhalt:

Fabrikant S erwarb einen neuen Fuhrpark, bestehend aus 10 Lkw, am 12.01.2017 bei Händler V unter Eigentumsvorbehalt. Damit sollte die termingerechte Auslieferung der Produktionserzeugnisse sichergestellt werden. Einige Monate später, am 20.05.2017, übereignete er sämtliche Fahrzeuge an die E-Bank zur Absicherung eines Betriebsmittelkredits. Nachdem es ihm am 18.10.2017 noch gelungen war, die letzte Rate an V zu zahlen, musste er aufgrund wirtschaftlicher Schwierigkeiten eine Woche später sämtliche Zahlungen einstellen. Der Gläubiger G, der seine Forderungen gegen S seit jeher durch eine Grundschuld an dessen Betriebsgrundstück, von dem aus auch der Fuhrpark operierte, abgesichert hatte, beantragte am 13.01.2018 die Zwangsversteigerung aufgrund eines zwischenzeitlich erstrittenen Titels, der S zur Duldung der Zwangsvollstreckung gem. §§ 1192 I, 1147 BGB verpflichtete. Der Versteigerungsvermerk wurde am 01.02.2018 im Grundbuch eingetragen. Am 08. 03.2018 veräußerte S, da er das Geld dringend für seinen Lebensunterhalt brauchte, einen der Lkw an den gutgläubigen D, welcher sich den Lkw sofort abholte. Die Zwangsversteigerung des Grundstücks erfolgte am 02.04.2018, der Zuschlag wurde an den Spediteur X erteilt. Die E-Bank, die sich wegen einer Verlegung der maßgeblichen Kreditakte lange nicht in der Lage sah, den Sachverhalt angemessen zu bearbeiten, verlangt am 11.04.2018 von X, der das Grundstück nebst des Fuhrparks mittlerweile in Besitz genommen hat, unter Verweis auf ihr Sicherungseigentum die Herausgabe der Lkw.

Frage 1: *Kann die E-Bank von X die Herausgabe der neun verbliebenen Lkw verlangen?*

Frage 2: *Hätte eine vor der Versteigerung erhobene Drittwiderspruchsklage der E-Bank gegen G auf Freigabe der Lkw Erfolg gehabt?*

Frage 3: *Konnte G vor der Versteigerung von D die Rückschaffung des Lkw verlangen?*

I. Einordnung

Aufgrund der besonderen wirtschaftlichen Bedeutung von Grundstücken, welche oftmals einen erheblichen Wert besitzen, hat sich deren Verwertung nach einem gesetzlich detailliert geregelten Verfahren zu richten, vgl. §§ 866, 869 ZPO i.V.m. ZVG.

Kommt es auf Antrag eines Gläubigers, § 15 ZVG, zur Versteigerung, so wird zwar auch hier, wie bei der Mobiliarversteigerung der Zuschlag an den Meistbietenden erteilt, § 81 ZVG, jedoch existieren eine Reihe von Vorschriften, die ein bestimmtes Mindestgebot vorschreiben[61]. Dies soll u.a. verhindern, dass das Grundstück „verschleudert" wird.

hemmer-Methode: Die Klausurbedeutung des ZVG ist begrenzt. In aller Regel liegt hier nur der Aufhänger für eine sachenrechtliche Klausur. Es genügt dann die Kenntnis einiger Schlüsselnormen.

[61] Anschaulich Löhnig/Schärtl, JuS 2004, 376 f.

Besondere Probleme ergeben sich immer dann, wenn ein Grundstück zugeschlagen wird, § 90 I ZVG, auf dem sich schuldnerfremdes Zubehör befindet.

hemmer-Methode: Inwieweit dieses im Wege der Mobiliarvollstreckung separat gepfändet werden kann, ist Gegenstand von Fall 17.

II. Gliederung

1. Frage 1

§ 985 BGB

- **(P): Eigentumsverlust** der E-Bank i.R.d. Zwangsversteigerung
- Mit Zuschlag Eigentumsübergang an allen Gegenständen, auf die sich die Versteigerung erstreckt, **§ 90 II ZVG**
- Lkw sind Zubehör, § 97 BGB ⇨ darauf erstreckt sich Versteigerung stets, **§ 55 ZVG**

2. Frage 2

a) **Zulässigkeit Drittwiderspruchsklage**

Statthaftigkeit ⇨ (+), Sicherungseigentum ist Drittrecht i.S.d. § 771 ZPO

Rechtsschutzbedürfnis ⇨ (+), ZV begonnen, aber noch nicht beendet

b) **Begründetheit Drittwiderspruchsklage**

Sicherungseigentum als die Versteigerung hinderndes Recht ⇨ (-), wenn die Lkw der Versteigerung unterliegen

- Versteigerung erstreckt sich auf alle beschlagnahmten Gegenstände, **§§ 90 II, 55 I ZVG** ⇨ diejenigen, die dem Haftungsverband der Hypothek unterfallen, § 20 II ZVG, § 1120 BGB (berühmte Paragraphenkette)
- **(P):** Lkw zwar nie im Eigentum des S, jedoch **Anwartschaftsrecht im Haftungsverband**
- Bei Erstarkung zum Vollrecht auch dieses analog § 1287 BGB von der Grundschuld erfasst

3. Frage 3

Anspruchsgrundlage
⇨ **§§ 1227, 985 BGB analog**

Lkw von der Beschlagnahme erfasst ⇨ (+), §§ 90 II, 55 I, 20 II ZVG, §§ 1120, 97 BGB

Enthaftung, § 1121 II BGB ⇨ (-), gem. § 23 II S. 2 ZVG gilt D als bösgläubig, da Versteigerungsvermerk bereits eingetragen

III. Lösung Frage 1

1. Herausgabenanspruch, § 985 BGB

Die E-Bank könnte gegen X einen Anspruch auf Herausgabe der neun Lkw aus § 985 BGB haben.

Dann müsste sie Eigentümerin sein.

hemmer-Methode: Lassen Sie sich nicht von einem vermeintlich exotischen Sachverhalt aus dem Bereich der Immobiliarvollstreckung schocken. Ist nach einem Herausgabeanspruch gefragt, dann prüfen Sie (vorerst im Kopf) alle denkbaren Herausgabeansprüche – vertragliche, vertragsähnliche, sachenrechtliche, bereicherungsrechtliche, deliktische (i.V.m. § 249 BGB als Naturalrestitution) – schematisch kurz durch.

Schauen Sie sich dazu unbedingt das Skript Hemmer/Wüst, Herausgabeansprüche an!

a) Eigentumserwerb

Zunächst wurde der E-Bank von S nicht das Eigentum an den Lkw, sondern im Zuge der Sicherungsübereignung nur das Anwartschaftsrecht als wesensgleiches Minus übertragen, §§ 929, 930 BGB.

S war nämlich selbst zu diesem Zeitpunkt noch kein Eigentümer, da er die Lkw von V nur unter Eigentumsvorbehalt gekauft hatte. Ein gutgläubiger Erwerb, § 933 BGB, scheitert an der Übergabe.

Als S an V die letzte Rate zahlt, erstarkte das Anwartschaftsrecht wegen des Bedingungseintritts – vollständige Kaufpreiszahlung – zum Vollrecht bei der E-Bank. Sie wurde daher Eigentümerin.

b) Eigentumsverlust

Die E-Bank könnte das Eigentum an den Lkw aber i.R.d. Zwangsversteigerung wieder verloren haben.

Bei der Immobiliarversteigerung erwarb der Meistbietende X das Eigentum an dem Grundstück mit dem Zuschlag, § 90 I ZVG.

hemmer-Methode: Hier liegt ein Unterschied zur Mobiliarversteigerung. Dort erfolgt die Eigentumszuweisung an den Erwerber erst mit Ablieferung, § 817 II ZPO. Der Zuschlag erfolgt im Übrigen nicht durch den Schlag mit dem Hammer auf den Tisch, sondern das Vollstreckungsgericht erlässt einen Zuschlagsbeschluss, §§ 79 ff. ZVG. Dieser kann mit der Beschwerde angefochten werden, §§ 96 – 104 ZVG.

Gleichzeitig wurde er auch Eigentümer der Gegenstände, auf welche sich die Versteigerung erstreckte, § 90 II ZVG.

Die Versteigerung erstreckt sich gem. § 55 I ZVG auf alle beschlagnahmten Gegenstände. Ebenfalls erfasst wird nach § 55 II ZVG schuldnerfremdes Zubehör, soweit die Drittrechte nicht rechtzeitig geltend gemacht werden, § 37 I Nr. 5 ZVG.

aa) Lkw als Zubehör, § 97 I BGB

Bei den Lkw handelt es sich um bewegliche Sachen, die dem wirtschaftlichen Zweck des Betriebsgeländes dienen. Auch wenn sie sich räumlich nicht ständig auf diesem befinden, handelt es sich nach der Verkehrsauffassung dennoch um Zubehör, § 97 I BGB[62].

hemmer-Methode: Die Lkw eines Speditionsunternehmens sollen kein Zubehör des Betriebsgrundstücks darstellen. Dies kann hier dahinstehen, es kommt nur darauf an, ob es sich zum Zeitpunkt der Zwangsversteigerung um Zubehör handelte, nicht dagegen, ob es nun noch solches ist.

Da feststeht, dass die Lkw Zubehör sind, wurden sie auf jeden Fall von der Versteigerung erfasst und die E-Bank hat ihr Eigentum daran an X verloren.

[62] Palandt, § 97 BGB, Rn. 12.

bb) Schuldnereigenes bzw. beschlagnahmtes Zubehör

Sollten die Lkw durch die Anordnung der Zwangsversteigerung bereits beschlagnahmt worden sein, so hätte sich die Versteigerung nach §§ 55 I, 20 II ZVG, § 1120 BGB auf sie erstreckt.

cc) Schuldnerfremdes Zubehör

Wären die Lkw hingegen nicht beschlagnahmt, so hätte sich die Versteigerung nach § 55 II ZVG auf sie erstreckt.

Sie standen im Besitz des Schuldners S und die E-Bank hatte es versäumt, etwaige Rechte nach § 37 Nr. 5 ZVG rechtzeitig geltend zu machen.

hemmer-Methode: Natürlich kann man die Problematik, ob denn nun tatsächlich § 55 I ZVG oder § 55 II ZVG einschlägig ist, auch schon an dieser Stelle erörtern. Im Hinblick auf die Frage 2 wäre dies allerdings klausurtaktisch sehr unklug.

c) Ergebnis

Die E-Bank ist keinesfalls mehr Eigentümerin der Lkw. Sie kann von X nicht Herausgabe nach § 985 BGB verlangen.

hemmer-Methode: In der Examensklausur dürfen Sie nun nicht vergessen, auch auf §§ 861, 869, 1007, 812 I S. 1 2.Alt. BGB einzugehen. Diese Anspruchsgrundlagen werden dann mit der bei Fall 15 dargestellten Argumentation abgelehnt.

III. Lösung Frage 2

Die Drittwiderspruchsklage hätte Aussicht auf Erfolg gehabt, wenn sie zulässig und begründet gewesen wäre.

1. Zulässigkeit

a) Statthaftigkeit

Die Drittwiderspruchsklage ist statthaft, wenn ein die Veräußerung hinderndes Recht geltend gemacht wird.

Hier kann sich die E-Bank auf ihr Sicherungseigentum berufen. Dieses stellt nach h.M. ein Recht i.S.d. § 37 Nr. 5 ZVG i.V.m. § 771 ZPO dar[63]. Auch wenn das Sicherungseigentum von der praktischen Wirkung her nur einem besitzlosen Pfandrecht gleichkommt, fällt es nicht unter § 805 ZPO. Unter rechtlichen Aspekten ist auch das Sicherungseigentum vollwertiges Eigentum.

hemmer-Methode: Wenn Sie diesen Punkt intensiver diskutieren wollen, so genügt i.R.d. Zulässigkeit die Feststellung, dass die Vollstreckung möglicherweise in die sich aus dem Sicherungseigentum ergebende materielle Berechtigung des Dritten eingreift. Ob das Sicherungseigentum tatsächlich ein Interventionsrecht ist, erläutern Sie dann zu Beginn der Begründetheit (vgl. Fall 16).

b) Rechtsschutzbedürfnis

Da die bereits begonnene Zwangsvollstreckung vor Ablauf der Zwangsversteigerung noch nicht vollendet ist, liegt ein Rechtsschutzbedürfnis vor.

---

[63] Thomas/Putzo, § 771 ZPO, Rn. 15.

Die Drittwiderspruchsklage, § 771 ZPO, wäre zulässig gewesen.

2. Begründetheit

Die Klage wäre begründet, wenn die E-Bank aufgrund ihres Sicherungseigentums die Veräußerung der Lkw verhindern kann.

Dies wäre nur dann denkbar, wenn die Lkw nicht völlig unabhängig von der Eigentumslage bereits vorher der Versteigerung zugeteilt werden mussten.

a) Umfang der Versteigerung

Die Versteigerung erstreckt sich auf alle beschlagnahmten Gegenstände. Dies sind all diejenigen, die in den Haftungsverband der Hypothek fallen, **§§ 90 II, 55 I, 20 II ZVG, § 1120 BGB** (berühmte Paragraphenkette)[64].

Bei den Lkw handelt es sich um schuldnerfremdes Zubehör. Sie gehören nicht dem Schuldner S, sondern einem Dritten.

Grundsätzlich unterfällt schuldnerfremdes Zubehör nicht dem Haftungsverband der Hypothek, § 1120 BGB a.E. Daher wird es auch nicht von der Beschlagnahme erfasst, § 20 II ZVG.

Der Ersteher in der Versteigerung erwirbt nach §§ 90 II, 55 II ZVG nur dann Eigentum, wenn der Dritte seine Rechte nicht rechtzeitig geltend macht.

Mit der Erhebung der Drittwiderspruchsklage hat die E-Bank aber ihre Rechte nach Maßgabe des § 37 Nr. 5 ZVG geltend gemacht.

hemmer-Methode: Anders als bei Frage 1 kommt es hier nun darauf an, ob die Lkw unter § 55 I ZVG oder § 55 II ZVG fallen.

b) Beschlagnahme der Lkw

Trotz des Umstandes, dass es sich um schuldnerfremdes Zubehör handelt, könnte die Beschlagnahme im konkreten Fall aber dennoch auch die Lkw umfassen.

aa) Durchgangserwerb bei S

Dies wäre dann der Fall, wenn bei S, der zunächst nur das Anwartschaftsrecht auf die E-Bank übertrug, bei Bedingungseintritt ein Durchgangserwerb stattgefunden hätte.

In diesem Moment hätte es sich, wenn auch nur für eine „juristische Sekunde“ um schuldnereigenes Zubehör gehandelt, welches von der Grundschuld erfasst worden wäre.

Eine Enthaftung nach §§ 1192 I, 1121 BGB käme mangels Fortschaffung vom Grundstück nicht in Betracht.

Nach heute h.M. erwirbt aber der Inhaber des Anwartschaftsrechts das Vollrecht immer und ohne Rücksicht auf das Einverständnis des Vorbehaltsverkäufers direkt[65].

bb) Anwartschaftsrecht im Haftungsverband

Jedoch ist zu beachten, dass der Schuldner S selbst Inhaber des Anwartschaftsrechts war, bevor er es an die E-Bank übertrug.

Da das Anwartschaftsrecht auf Eigentumserwerb dem Eigentum gleichgestellt wird, wurde diese Anwartschaft von der Grundschuld erfasst.

---

64 Medicus, BR, Rn. 484.

65 Palandt, § 929 BGB, Rn. 49.

hemmer-Methode: Sie merken, dass die Grundschuld ein richtiger Geier ist, der sich alles krallt, was ihm in die Klauen kommt.

Allein aufgrund der Sicherungsübereignung kam es auch nicht zu einer Enthaftung des Anwartschaftsrechts nach §§ 1192 I, 1121 BGB, da die zugrundeliegenden Sachen nicht vom Grundstück entfernt wurden.

cc) Auswirkungen

Im Moment der Erstarkung der Anwartschaft zum Vollrecht fiel dieses nun analog § 1287 BGB in den Haftungsverband[66]. Die Grundschuld erstreckt sich auch auf die Lkw.

Diese wurden somit durch die Anordnung der Zwangsversteigerung beschlagnahmt, § 20 II ZVG, und sind daher Gegenstand der Versteigerung, § 55 I ZVG.

c) Ergebnis

Die Drittwiderspruchsklage der E-Bank wäre unbegründet gewesen, sie hätte keine Aussicht auf Erfolg gehabt.

III. Lösung Frage 3

1. Rückschaffungsanspruch, §§ 1227, 985 BGB analog

G könnte vor der Zwangsversteigerung ein Anspruch auf Rückschaffung des Lkw auf das Grundstück aus § 1227 BGB analog i.V.m. § 985 BGB gegen D zugestanden haben.

a) Anspruchsgrundlage

Mit der Beschlagnahme, § 20 I ZVG, erwirbt der Gläubiger kein Pfändungspfandrecht wie bei der Zwangsvollstreckung in bewegliche Sachen.

Ihm steht allerdings ein Recht auf Befriedigung aus dem Grundstück nebst der mithaftenden Sachen zu. Dieses Recht genießt in entsprechender Anwendung von § 1227 BGB denselben Schutz wie ein Faustpfandrecht. Daher kann der Gläubiger gem. § 985 BGB analog die Rückschaffung einer mithaftenden Sache auf das Grundstück verlangen.

Der Lkw wurde als Zubehör, § 97 BGB, von der Beschlagnahme erfasst gem. § 20 II ZVG, § 1120 BGB. Zwar stand er selbst nie im Eigentum des S, jedoch erstreckte sich die Hypothek zunächst auf die Anwartschaft und nach Bedingungseintritt auch auf das Vollrecht.

b) Enthaftung, § 1121 BGB

Möglicherweise trat aber durch die Veräußerung an den gutgläubigen D und die Entfernung vom Grundstück eine Enthaftung nach § 1121 BGB ein.

hemmer-Methode: § 1121 BGB ist lex specialis zu § 936 BGB. Man spricht hier nicht von gutgläubig lastenfreiem Erwerb, sondern von Enthaftung.

Als Enthaftungstatbestand kommt, da Veräußerung und Entfernung erst nach der Beschlagnahme erfolgten, nur § 1121 II BGB in Betracht.

Die Beschlagnahme hat die Wirkung eines relativen Veräußerungsverbots, § 23 I ZVG, §§ 135, 136 BGB zugunsten des beitreibenden Gläubigers.

---
66 Palandt, § 929 BGB, Rn. 49.

Trotz eines solchen Verbots bleibt aber ein gutgläubiger Erwerb möglich, § 135 II BGB.

So bestimmt § 1121 II S. 2 BGB als Spezialregelung, dass die Enthaftung eintritt, wenn der Erwerber die Sache entfernt und hinsichtlich der Beschlagnahme gutgläubig ist.

hemmer-Methode: Ob Enthaftung eintritt, wenn der Erwerber hinsichtlich der Zugehörigkeit zum Haftungsverband gutgläubig i.S.d. § 932 II BGB ist, ist umstritten (vgl. Palandt, § 1121 BGB, Rn. 5 m.w.N.).

Gutgläubigkeit hinsichtlich der Beschlagnahme auch der mithaftenden beweglichen Sache besteht dann nicht, wenn der Erwerber Kenntnis vom Versteigerungsantrag hat, § 23 II ZVG.

Da der Versteigerungsbeschluss bereits vor der Entfernung des Lkw ins Grundbuch eingetragen wurde, § 19 I ZVG, gilt die Beschlagnahme ab diesem Zeitpunkt als bekannt, § 23 II S. 2 ZVG, und D ist daher als bösgläubig anzusehen.

hemmer-Methode: Kommentieren Sie sich, soweit zulässig, § 23 ZVG unbedingt neben den § 1121 BGB und heben Sie sich § 23 II S. 2 ZVG optisch noch einmal hervor! Dies ist eine gut im Gesetz versteckte „Falle“.

c) Ergebnis

Wegen der Bösgläubigkeit trat keine Enthaftung des Lkw nach § 1121 II BGB ein.

G konnte daher vor der Versteigerung die Rückschaffung auf das Grundstück gem. §§ 1227, 985 BGB analog verlangen.

IV. Zusammenfassung

- Kommt es zur Zwangsversteigerung eines Grundstücks, so erwirbt der Meistbietende mit dem Zuschlag gleichzeitig das Eigentum an allen Gegenständen, die im Haftungsverband der Hypothek stehen, §§ 90 II, 50 I, 20 II ZVG, § 1120 BGB (berühmte Paragraphenkette).
- Der Haftungsverband der Hypothek erstreckt sich auch auf ein Anwartschaftsrecht und setzt sich nach § 1287 BGB analog bei Bedingungseintritt am Vollrecht fort.
- Der Ersteher erwirbt auch das Eigentum an schuldnerfremden Zubehör, soweit der Dritte seine Rechte nicht rechtzeitig geltend macht, § 50 II ZVG.
- Das Sicherungseigentum ist ein die Versteigerung hinderndes Recht i.S.d. § 37 Nr. 5 ZVG, § 771 ZPO.
- Der Gläubiger kann die Rückschaffung beschlagnahmter Gegenstände auf das Grundstück verlangen, soweit diese nicht enthaftet sind, §§ 1227, 985 BGB analog.
- Die Enthaftung einer Sache, § 1121 II BGB, durch Entfernung nach Eintragung des Versteigerungsvermerks ist nicht mehr möglich, da der Erwerber gem. § 23 II S. 2 ZVG in Anbetracht der Beschlagnahme immer als bösgläubig gilt.

V. Zur Vertiefung

- Hemmer/Wüst, ZPO II, Rn. 214 ff.

3. Abschnitt: Vollstreckung in Forderungen

Fall 19: Pfändung zukünftiger Forderungen

Sachverhalt:

Gläubiger G hat gegen den wohlhabenden, aber notorisch zahlungsunwilligen Handwerker S aus Hannover einen Titel über 35.000,- € rechtskräftig erstritten. Die Zwangsvollstreckung gestaltet sich jedoch problematisch. Zwar hatte der Gerichtsvollzieher im Auftrag des G bereits die wertvolle Wohnungseinrichtung des S gepfändet, jedoch konnte dessen Frau F die Freigabe aller Gegenstände im Rahmen einer Drittwiderspruchsklage erzwingen. Es gelang ihr stets, ihr Eigentum nachzuweisen. Auch eine Immobiliarvollstreckung ist aussichtslos. Bei der Einsichtnahme in das Grundbuch ergab sich, dass zwar F, nicht aber S, über mehrere Grundstücke verfügt. Ebenfalls erfolglos verlief bisher die Pfändung des Kontos von S bei der lokalen Sparkasse, da dieses im Soll steht und seit der Pfändung keinerlei Eingänge mehr verzeichnete. S hatte G gegenüber sogar höhnisch geäußert, bei der Sparkasse könne er pfänden, bis er schwarz werde; und an seine Luxemburger und Liechtensteiner Konten komme er sowieso nicht ran. Durch Zufall erfuhr G jedoch, dass S für das laufende Jahr aufgrund der Beteiligung an diversen Steuersparmodellen eine enorme Einkommenssteuerrückzahlung zu erwarten habe. Er beantragt daher beim Amtsgericht Hannover einen Pfändungs- und Überweisungsbeschluss hinsichtlich aller künftigen Steuererstattungsansprüche, den der Rechtspfleger allerdings nach kurzer Erörterung mit G ablehnt.

Frage: *Kann G erfolgreich gegen die Entscheidung des Rechtspflegers vorgehen?*

I. Einordnung

Die Forderungspfändung hat ganz enorme praktische Bedeutung. Sie bietet sowohl dem Gläubiger als auch dem Schuldner entscheidende Vorteile gegenüber der Sachpfändung.

Angesichts des durch die Rechtsprechung extensiv angewendeten § 811 ZPO verspricht oftmals allein die Forderungspfändung für den Gläubiger eine reelle Chance auf Befriedigung.

Für den Schuldner hingegen ist die Forderungspfändung die weit schonendere Vollstreckungsart, da kein Eingriff in seine Privatsphäre durch staatliche Organe erfolgt.

Auch wirtschaftlich betrachtet ist sie für ihn vorteilhafter. Denn während die Versteigerung von Sachgütern regelmäßig zu Wertverlusten führt, ist bei der Verwertung von Forderungen im Allgemeinen der volle Wert des Vollstreckungsgegenstandes zu realisieren.

hemmer-Methode: Die Klausurbedeutung der Forderungspfändung ist trotzdem traditionell geringer einzustufen als die der Sachpfändung.

II. Gliederung

1. Zulässigkeit der sofortigen Beschwerde, § 793 ZPO

a) **Statthaftigkeit** ⇨ (+), § 11 I RPflG, §§ 793, 567 ZPO; Ablehnung ist Entscheidung des Rechtspflegers, nicht Vollstreckungsmaßnahme

b) **Zuständigkeit** ⇨ LG Hannover als Beschwerdegericht, § 72 GVG, § 568 I ZPO

c) **Form** ⇨ § 569 III ZPO

d) **Frist** ⇨ § 569 I S. 1 ZPO

e) **Beschwer** ⇨ (+), formelle Beschwer, da Antrag abgewiesen

f) **Rechtsschutzbedürfnis** ⇨ (+), noch keine Befriedigung in voller Höhe

2. Begründetheit

a) **Zuständigkeit** ⇨ (+), AG Hannover, §§ 828 I, II, 802 ZPO; funktionell Rechtspfleger, § 20 Nr. 17 RPflG

b) **Ordnungsgemäßer Antrag**

- **(P): Pfändbarkeit zukünftiger Forderungen** ⇨ grds. (+), da bereits Rechtsbeziehung zwischen S und Drittschuldner
- **(P): Bestimmtheit der Forderung** ⇨ (-), bei Steuererstattungsansprüchen muss Steuerart und Steuerabschnitt angegeben werden
- Überdies gem. § 46 VI AO Einkommensteuererstattungsanspruch für laufenden Veranlagungszeitraum nicht pfändbar

III. Lösung

G möchte Rechtsschutz gegen eine Entscheidung des Rechtspflegers erhalten. Gem. § 11 I RPflG sind dafür die nach den allgemeinen verfahrensrechtlichen Vorschriften gegebenen Rechtsmittel zulässig.

Hier kommen sowohl die sofortige Beschwerde, § 793 ZPO, als auch die Erinnerung, § 766 ZPO, in Betracht.

hemmer-Methode: Zwar spricht § 11 I RPflG von Rechtsmitteln, doch ist allgemein anerkannt, dass er auch auf die Erinnerung, § 766 ZPO, verweist, obwohl diese mangels Devolutiveffekt gerade kein Rechtsmittel darstellt.

1. Zulässigkeit der sofortigen Beschwerde, §§ 793, 567 ZPO

a) Statthaftigkeit

Die sofortige Beschwerde ist statthaft gegen Entscheidungen, die im Vollstreckungsverfahren ohne obligatorische mündliche Verhandlung ergehen können, selbst wenn eine solche durchgeführt wurde.

Die Pfändung einer Forderung erfolgt durch Beschluss des Vollstreckungsgerichts, § 829 ZPO. Ein Beschluss kann nach § 128 IV ZPO stets ohne mündliche Verhandlung ergehen.

hemmer-Methode: Der Hauptanwendungsfall des § 793 ZPO ist die Beschwerde gegen die Erinnerungsentscheidung des Vollstreckungsgerichts, vgl. § 764 III ZPO.

Problematisch ist allerdings, ob es sich vorliegend um eine Entscheidung i.S.d. § 793 ZPO handelt.

Unter diese Vorschrift fallen nämlich nicht solche Beschlüsse, die für sich selbst Vollstreckungsmaßnahmen darstellen[67]. Gegen diese muss mit der Erinnerung, § 766 ZPO, vorgegangen werden.

---

[67] Thomas/Putzo, § 793 ZPO, Rn. 3.

aa) e.A.: Beschlusstenor entscheidend

Die Frage, ob eine Entscheidung nach § 793 ZPO oder ein Vollstreckungsakt vorliegt, entscheidet e.A. allein anhand des Beschlusstenors. Enthalte dieser eine Vollstreckungsmaßnahme, sei stets die Erinnerung statthaft.

bb) h.M.: Anhörung des Schuldners entscheidend

Die h.M. stellt hingegen auf die Art des Zustandekommens des Beschlusses ab.

Wurde dem Schuldner vor der Beschlussfassung über die Vollstreckungsmaßnahme rechtliches Gehör gewährt, so liegt immer eine Entscheidung i.S.d. § 793 ZPO vor.

In diesem Fall macht es nämlich keinen Sinn, dass sich nochmals das Vollstreckungsgericht mit der Angelegenheit befasst. Dieses hat sich seine Ansicht bereits gebildet, die es wohl nur schwerlich revidiert. Eine sachgemäße Überprüfung ist hier am besten durch das Beschwerdegericht gewährleistet.

cc) Bei Ablehnung des Gläubigerantrags immer Beschwerde

Lehnt das Vollstreckungsgericht einen Antrag des Gläubigers ab, kommt ebenfalls nur die sofortige Beschwerde in Betracht.

Es fehlt hier bereits nach dem Beschlussinhalt an einer Vollstreckungsmaßnahme. Zudem ergibt sich aus § 766 II ZPO, dass die Erinnerung nur dann statthaft ist, wenn der GV einen Antrag des Gläubigers abgelehnt hat.

Gegen die Ablehnung des Erlasses des Pfändungs- und Überweisungsbeschlusses ist die sofortige Beschwerde statthaft, § 11 I RPflG, §§ 793, 567 ZPO[68].

hemmer-Methode: § 793 ZPO regelt nur die Statthaftigkeit der Beschwerde. Im Übrigen gelten die §§ 567 – 572 ZPO.

b) Zuständiges Gericht

Zuständiges Beschwerdegericht ist das Landgericht Hannover, § 72 GVG.

Soweit die Sache keine besondere Schwierigkeit aufweist oder grundlegende Bedeutung hat, entscheidet der Einzelrichter, § 568 ZPO.

c) Form und Frist

Gem. § 569 II, III ZPO ist die Beschwerde schriftlich oder zu Protokoll der Geschäftsstelle einzulegen. Anwaltszwang besteht dabei nicht, § 78 III ZPO.

Inhaltlich genügt es, wenn erkennbar wird, dass eine bestimmte Entscheidung angegriffen wird.

Die Beschwerdefrist beträgt gem. § 569 I ZPO zwei Wochen, wobei es sich um eine Notfrist i.S.d. § 233 ZPO handelt.

d) Beschwer

Beschwert ist, wer nach seinem Sachvortrag durch die Entscheidung in seinen Rechten beeinträchtigt ist.

[68] Thomas/Putzo, § 829 ZPO, Rn. 52.

Da der Antrag des G auf Erlass eines Pfändungs- und Überweisungsbeschlusses abgelehnt wurde, ist er formell beschwert.

hemmer-Methode: Formelle Beschwer liegt vor, wenn der Inhalt einer Entscheidung von den Anträgen nachteilig abweicht. Materielle Beschwer ist gegeben bei einem nachteiligen Inhalt der getroffenen Entscheidung (vgl. Thomas/Putzo, vor § 511 ZPO, Rn. 13 ff.).

e) Rechtsschutzbedürfnis

Für den Gläubiger besteht ein Rechtsschutzbedürfnis solange, bis er wegen seiner Forderung in voller Höhe befriedigt ist.

G hat bisher keinerlei Zahlungen von S erhalten.

Die sofortige Beschwerde ist statthaft.

2. Begründetheit

Die sofortige Beschwerde, §§ 793, 567 ZPO, ist begründet, wenn die Ablehnung des Antrags inhaltlich falsch ist oder auf einem wesentlichen Verfahrensmangel beruht.

hemmer-Methode: Lernen Sie nicht doppelt! Bei der Begründetheit der sofortigen Beschwerde werden dieselben Punkte wie bei der Erinnerung geprüft.

Dem Antrag hätte stattgegeben werden müssen, wenn die konkret begehrte Zwangsvollstreckungsmaßnahme zulässig ist.

a) Zuständigkeit

Der Antrag müsste beim zuständigen Vollstreckungsorgan gestellt worden sein.

Für alle gerichtlichen Handlungen i.R.d. Forderungsvollstreckung ist nach § 802 ZPO ausschließlich das Vollstreckungsgericht zuständig, § 828 I ZPO. Dies ist das Amtsgericht am allgemeinen Gerichtsstand des Schuldners, § 828 II ZPO.

G stellte daher korrekterweise seinen Antrag beim AG Hannover, da der Wohnsitz des S in Hannover liegt, §§ 828 I, II, 12, 13 ZPO.

Die Entscheidung durch den Rechtspfleger stellt keinen Verfahrensverstoß dar. Dieser ist vielmehr gem. § 20 Nr. 17 RPflG für alle Entscheidungen des Vollstreckungsgerichts i.R.d. Zwangsvollstreckung (Ausnahme: § 766 ZPO) zuständig.

hemmer-Methode: Dogmatisch lässt sich darüber sinnieren, ob dies eine funktionelle Zuständigkeit ist. In der Kommentarliteratur wird bereits die Zuständigkeit des Vollstreckungsgerichts als funktionelle bezeichnet (vgl. Thomas/Putzo, § 828 ZPO, Rn. 1).

b) Ordnungsgemäßer Antrag

G müsste einen ordnungsgemäßen Vollstreckungsantrag gestellt haben.

Der Antrag ist nur dann ordnungsgemäß, wenn die zu pfändende Forderung nach Gläubiger und Schuldner, Schuldgegenstand und –grund so genau bezeichnet ist, dass die Identität bei verständiger Auslegung des Gesuchs unzweifelhaft feststeht[69].

---

[69] BGH, NJW 1985, 1031.

hemmer-Methode: Anders als bei der Fahrnisvollstreckung, wo dem GV ein Generalauftrag erteilt wird, muss der Gläubiger also in seinem Gesuch an das Vollstreckungsgericht den Pfandgegenstand selbst bestimmen.

Hier ist einerseits problematisch, ob es überhaupt rechtlich möglich ist eine zukünftige Forderung zu pfänden. Gem. § 36 I EStG i.V.m. §§ 37, 38 AO entsteht der Erstattungsanspruch bezüglich überzahlter Einkommenssteuer nämlich erst mit dem Ablauf des Veranlagungszeitraums, also dem Ende des Jahres.

Andererseits ist die hinreichende Bestimmtheit der Forderung zweifelhaft, da sich der Antrag ganz pauschal auf alle Steuererstattungsansprüche bezieht.

aa) Pfändung zukünftiger Forderungen

Dass zukünftige Forderungen überhaupt gepfändet werden können, ist unstrittig[70].

Unterschiedlich beurteilt werden lediglich die Voraussetzungen, unter denen dies zulässig sein soll.

(1) Anforderungen wie bei Abtretung zukünftiger Forderungen

Nach einer Auffassung sind auf die Pfändung zukünftiger Forderungen die für die Abtretung zukünftiger Forderungen entwickelten Grundsätze anwendbar. Danach ist erforderlich, dass die Forderung spätestens bei ihrer Entstehung nach Gegenstand und Umfang bestimmbar ist.

(2) h.M.: Strengere Anforderungen

Nach der Rechtsprechung des BGH[71] gelten für die Pfändung zukünftiger Forderungen jedoch zusätzliche Anforderungen.

Zwischen Schuldner und Drittschuldner muss bereits eine Rechtsbeziehung bestehen, aus der sich genügend bestimmbare Forderungsrechte ergeben können.

Das Argument für diese höhere Hürde ist, dass ohne eine Rechtsgrundlage für die zukünftige Forderung der Vollstreckungserfolg so ungewiss ist, dass die Inanspruchnahme staatlicher Vollstreckungsorgane, sowie das Herantreten an den potenziellen Drittschuldner unvertretbar wäre.

(3) Rechtsverhältnis im konkreten Fall

Es kommt also darauf an, dass zwischen S und dem Finanzamt bereits im laufenden Jahr eine Rechtsbeziehung besteht, aus der sich hinreichend bestimmbare Forderungen ergeben können.

Für den Anspruch auf Erstattung der zu viel entrichteten Einkommenssteuervorauszahlungen ist ein solches Rechtsverhältnis zwischen Steuergläubiger und Steuerpflichtigem geradezu evident.

bb) Bestimmtheit der Forderung

G hat sein Gesuch auf die Pfändung aller künftigen Steuererstattungsansprüche gerichtet. Fraglich ist, ob dies bestimmt genug ist.

---

70 Thomas/Putzo, § 829 ZPO, Rn. 10a.

71 BGH, NJW 1982, 2193, 2195.

Das Erfordernis der ausreichenden Kennzeichnung der Forderung verlangt vom Gläubiger nicht, dass er die Forderung in allen Einzelheiten beschreibt. Dies würde den Gläubiger, der über solche detaillierte Kenntnisse nur selten verfügt, überfordern.

Es reichen daher allgemein gehaltene Angaben über die Forderung, solange die Beteiligten und interessierte Dritte daraus ihre Identität hinreichend sicher bestimmen können.

Nach der Rechtsprechung ist die Bezeichnung „alle Steuererstattungsansprüche" nicht bestimmt genug, es bedarf vielmehr der Angabe von Steuerart und Steuerabschnitt. G müsste seinen Antrag so präzisieren, dass er den Einkommenssteuererstattungsanspruch für ein genau bezeichnetes Jahr pfänden will.

hemmer-Methode: Die beiden Probleme „Pfändung zukünftiger Forderungen" und „hinreichende Bestimmtheit der Forderung" sollten zum Standardrepertoire gehören. Der materielle Aufhänger dieses Falles – Pfändung eines Steuererstattungsanspruchs – ist zwar schon sehr speziell, besitzt aber enorme Praxisrelevanz, da er nicht den Pfändungsbeschränkungen für Arbeitseinkommen gem. §§ 850 ff. ZPO unterliegt. Referendare sollten wenigstens schon einmal davon gehört haben.

cc) Sonderregelung, § 46 VI AO

Für die Pfändung des Erstattungsanspruchs aus dem Steuerschuldverhältnis gilt die gesetzliche Sonderregelung des § 46 VI AO.

Danach darf ein Pfändung- und Überweisungsbeschluss nicht erlassen werden, bevor der Anspruch entstanden ist.

Da dieser hier gem. § 36 I EStG i.V.m. §§ 37, 38 AO erst mit Ablauf des Veranlagungszeitraums entsteht, kann er im laufenden Jahr noch nicht gepfändet werden.

hemmer-Methode: Eine verfrühte Pfändung ist nach § 46 VI S. 2 AO nichtig. Daher beginnt am zweiten Januar des Folgejahres regelmäßig der Wettlauf der Gläubiger, der vor allem im Wege der Vorpfändung, § 845 ZPO, ausgetragen wird.

c) Ergebnis

Die Ablehnung des beantragten Pfändungs- und Überweisungsbeschlusses durch den Rechtspfleger war rechtmäßig, da die begehrte Zwangsvollstreckungsmaßnahme unzulässig war.

Der Antrag war nicht hinreichend bestimmt, außerdem war die Pfändung gem. § 46 VI S.1 AO gesetzlich ausgeschlossen.

IV. Zusammenfassung

- Gegen die Ablehnung eines Pfändungs- und Überweisungsbeschlusses ist die sofortige Beschwerde, § 11 I RPflG, §§ 793, 567 ZPO der statthafte Rechtsbehelf.
- Die Pfändung zukünftiger Forderungen ist möglich, wenn bereits eine Rechtsbeziehung zwischen Schuldner und Drittschuldner besteht, aus der sich hinreichend bestimmbare Forderungsrechte ergeben können.

- Die zu pfändende Forderung muss nach Gläubiger und Schuldner, Schuldgegenstand und –grund so genau bezeichnet werden, dass ihre Identität bei verständiger Auslegung des Antrags unzweifelhaft feststeht.

V. Zur Vertiefung

- Hemmer/Wüst, ZPO II, Rn. 155 ff.
- Hemmer/Wüst, ZPO II, Rn. 303 f.
- Wird eine Forderung auf Kaufpreiszahlung aus einem Grundstückskaufvertrag gepfändet, erstreckt sich das durch die Pfändung entstandene Pfandrecht auch auf den Auszahlungsanspruch des Verkäufers gegen den Notar, sofern der Käufer die Kaufpreisforderung zwischenzeitlich durch Zahlung auf ein Notar-Anderkonto beglichen hat, BGH, Life&Law 2016, 852 f.

Fall 20: Pfändung von Kontokorrentkonten

Sachverhalt:

Gläubiger G hat gegen den freischaffenden Schriftsteller S einen rechtskräftigen Titel auf Zahlung von 15.000,- € erwirkt. G weiß, dass S bei der Sparkasse DS ein Girokonto unterhält. Er beantragt daher beim zuständigen Vollstreckungsgericht einen Pfändungs- und Überweisungsbeschluss bezüglich der Ansprüche auf Auszahlung

- *der im Folgemonat eingehenden Gelder von Verlagen,*
- *des gegenwärtigen Guthabens (Zustellungssaldo),*
- *aller künftigen Überschüsse, die dem Schuldner bei Saldoziehung jeweils gebühren (künftige Aktivsalden),*
- *des Dispositionskredits (Kreditlinie), soweit S den Kredit in Anspruch nimmt.*

Frage: *Wird der Beschluss antragsgemäß ergehen?*

I. Einordnung

Die Pfändung von Bankkonten hat die größte praktische Bedeutung überhaupt.

Durch die stetige Zunahme des bargeldlosen Zahlungsverkehrs verfügt heutzutage nahezu jede Person über ein Giro- bzw. Kontokorrentkonto. Hat der Gläubiger einmal von der Bankverbindung des Schuldners Kenntnis erlangt, so kann er – was aber auch nicht zu unterschätzende Schwierigkeiten mit sich bringt –, durch die Pfändung den Zahlungsverkehr des Schuldners lahm legen und damit gleichzeitig Druck ausüben.

In diesem Bereich trat mit Wirkung zum 01.07.2010 die Reform des Kontopfändungsschutzes in Kraft. Nach dem neuen § 850k I ZPO wird aufgrund einer Vereinbarung zwischen Kunde und Bank ein sog. „P-Konto" geführt, bei dem automatisch ein Pfändungsschutz „eingebaut" ist. Dieser steht auch Selbständigen zu.

Bis zum 01.01.2012 bestand neben der Möglichkeit, Pfändungsschutz über ein „P-Konto" zu erreichen, die alte Rechtslage parallel fort, wonach auf „normalen" Konten Pfändungsschutz gem. § 850 l ZPO a.F. auf Antrag gewährt werden konnte.

Ab 2012 besteht Pfändungsschutz also nur noch über ein „P-Konto", so dass im Hinblick auf die im Sachverhalt gestellten Fragen stets geschaut werden muss, ob es sich um ein normales Girokonto handelt oder um ein P-Konto.

Dies gilt freilich nur, wenn die jeweilige Position dem Grunde nach pfändbar ist. Fehlt es bereits daran, benötigt der Schuldner den Spezialschutz des § 850k ZPO natürlich nicht.

§ 850 l BGB (ab Januar 2012) bestimmt, dass der Pfändungsschutz bei Vorliegen bestimmter Voraussetzungen auf das gesamte P-Konto ausgedehnt werden kann.

II. Gliederung

Zulässigkeit der Zwangsvollstreckung
1. Zahlungseingänge im Folgemonat
⇨ (-), einzelne Forderungen nach § 357 HGB unpfändbar
2. Zustellungssaldo
⇨ (+), Saldo im Zeitpunkt der Zustellung an DS, § 829 III ZPO, pfändbar, § 357 HGB
3. Künftige Aktivsalden
⇨ (+), als künftige Geldforderungen nach §§ 829 ff. ZPO pfändbar; gem. § 833a ZPO automatisch erfasst (Tages- und Abschlusssalden)
4. (P): Kreditlinie
⇨ (+), keine Zweckgebundenheit nach § 399 1.Alt. BGB, Pfändbarkeit setzt aber Abruf durch S voraus

III. Lösung

Der Beschluss wird antragsgemäß ergehen, wenn die konkreten Vollstreckungsmaßnahmen zulässig sind.

Dazu bedarf es zunächst einer Erläuterung der **rechtlichen Grundlagen des Girokontos**.

Bei Eröffnung eines Girokontos wird zwischen Kunde und Bank bzw. Sparkasse ein Girovertrag geschlossen, sog. Zahlungsdiensterahmenvertrag, § 675f II BGB. Dieser stellt einen auf Geschäftsbesorgung gerichteten Dienstleistungsvertrag dar, für den sich in den §§ 675c ff. BGB spezialgesetzliche Regelungen finden. Bestimmte Regelungen des Auftragsrechts werden, wie bei einem „normalen" Geschäftsbesorgungsvertrag auch, für anwendbar erklärt, § 675c I BGB.

Infolge vertraglicher Abrede – durch Bezugnahme auf die AGB der Bank – wird das Konto im Kontokorrent, § 355 HGB, geführt. Das Kontokorrent (laufende Rechnung) reduziert eine Mehrzahl wechselseitiger Ansprüche auf eine einzige Schuld bzw. Forderung der einen Seite an die andere[72].

hemmer-Methode: Die Begriffe Girokonto und Kontokorrentkonto sind synonym verwendbar. In der Praxis hat sich eingebürgert, dass die entsprechenden Konten bei den Sparkassen als Girokonten und bei Privatbanken häufig als Kontokorrentkonten bezeichnet werden.

Bei der Pfändung der Ansprüche aus einem Girokonto ist daher stets zwischen den Ansprüchen, die sich aus laufender Rechnung (Kontokorrent) ergeben und den Ansprüchen aus dem zugrunde liegenden Girovertrag zu unterscheiden.

1. Pfändung der Zahlungseingänge des Folgemonats

Die Pfändung künftiger Forderungen ist grundsätzlich möglich[73].

Überweisen die Verlage die geschuldeten Gelder allerdings auf das Girokonto, so hat dies zur Folge, dass die einzelne Forderung gem. § 355 I HGB ein bloßer Rechnungsposten wird.

Eine Verfügung über diese, etwa eine Abtretung, ist damit nicht mehr möglich[74].

Dennoch wäre nach § 851 II ZPO i.V.m. § 399 2.Alt. BGB die einzelne Forderung pfändbar.

---

72 Baumbach/Hopt, § 355 HGB, Rn. 1.

73 Thomas/Putzo, § 829 ZPO, Rn. 10a.

74 Baumbach/Hopt, § 355 HGB, Rn. 7.

Aus der Sonderregelung des **§ 357 HGB** ergibt sich aber, dass die Pfändung von in das Kontokorrent fallenden Einzelansprüchen nicht möglich ist[75].

hemmer-Methode: Vergessen Sie nicht, bei der Durcharbeitung eines Falls stets Ihr Gesetz zu kommentieren (soweit in Ihrem Bundesland zulässig!). Also: einen Querverweis bei § 357 HGB und § 851 II ZPO auf die jeweils andere Norm.

Allerdings könnte G den aus dem Girovertrag herrührenden Anspruch des S gegen die Sparkasse DS auf Gutschrift des eingezahlten Betrages, § 675t I S. 1 BGB, pfänden. Das würde aber nur dazu führen, dass S über die Gutschrift nicht anderweitig verfügen könnte, einen Anspruch auf unmittelbare Auszahlung an sich erlangt G dadurch nicht[76].

Im Ergebnis ist die Pfändung der einzelnen zukünftiger Zahlungseingänge nicht möglich.

Daher stellt sich insoweit auch nicht die Frage nach bestehendem Pfändungsschutz.

2. Pfändung des Zustellungssaldo

Die Zulässigkeit der Pfändung des Zustellungssaldos ergibt sich direkt aus **§ 357 S. 1 HGB**.

Die Pfändung bewirkt einen buchtechnischen vorläufigen Abschluss des Girokontos. Da bei einem Bankkontokorrent in den AGB ein Anspruch auf tägliche Auszahlung des Guthabens vereinbart wird, ist die Forderung aus dem Zustellungssaldo auch sofort fällig.

Die Sparkasse DS hat bei Eingang des Pfändungs- und Überweisungsbeschlusses den Zustellungssaldo zu ermitteln und unter Beachtung der Vierwochensperre des § 835 III S. 2 ZPO an G auszuzahlen.

Die Relevanz des sog. Zustellungssaldos ergibt sich aus § 833a ZPO. Danach erstreckt sich die Pfändung automatisch auf die folgenden Tagesguthaben.

Pfändungsschutz:

Sofern der Schuldner ein sog. „P-Konto“ unterhält (die Umwandlung kann gem. § 850k VII ZPO jederzeit innerhalb von 4 Tagen verlangt werden), besteht ein automatischer Pfändungsschutz in Höhe des Grundbetrages des nicht pfändbaren Arbeitseinkommens gem. § 850c ZPO, vgl. § 850k I ZPO § 850c ZPO ist insoweit nur für die Höhe des Betrages relevant. Es muss sich nicht um Arbeitseinkommen handeln, so dass auch Einkünfte aus selbständiger Tätigkeit geschützt sind. Der Betrag ist automatisch von der Pfändung nicht erfasst, § 850k I S. 1 HS. 2 ZPO, und steht dem Schuldner zur Verfügung, um laufende Verpflichtungen, wie die Entrichtung der Miete, des Entgelts für Strom, Wasser, erfüllen zu können.

Wird der Freibetrag nicht voll aufgezehrt, erfolgt eine automatische Übertragung in den Folgemonat, § 850k I S. 2 ZPO. Dies ermöglicht, Beträge anzusparen, um nicht monatlich anfallende Beträge, wie z.B. Versicherungsprämien, begleichen zu können.

3. Pfändung künftiger Aktivsalden

Für Pfändung künftiger Guthaben laufen die 4 Wochen ab Gutschrift, § 835 III S. 2 HS. 2 ZPO n.F.

---

75 BGHZ 80, 175.

76 Baumbach/Hopt, § 357 HGB, Rn. 7.

Reicht im Zeitpunkt der Zustellung des Pfändungs- und Überweisungsbeschlusses an die DS, § 829 III ZPO, das Guthaben auf dem Konto des S nicht aus, um G voll zu befriedigen, oder wird das Konto gar debitorisch (im Minus) geführt, so geht die Pfändung des Zustellungssaldos ins Leere. Später eingehende Gutschriften werden nach § 357 S. 1 HGB von ihr nicht erfasst.

Ein Gläubiger hat daher ein großes Interesse daran, alle künftigen Aktivsalden, die sich nach Abschluss der vereinbarten Rechnungsperiode ergeben, zu pfänden.

hemmer-Methode: Normale Girokonten werden üblicherweise vierteljährlich abgerechnet (30.03., 30.06., 30.09., 31.12.).

Es handelt sich bei den Guthaben-Salden um künftige Geldforderungen, deren Pfändbarkeit nicht nach § 357 HGB, sondern nach den allgemeinen Regeln der **§§ 829 ff. ZPO** zu beurteilen ist.

Das Kontokorrentverhältnis, § 355 HGB, bildet eine ausreichende Rechtsgrundlage für die Entstehung der künftigen Forderungen. Die erforderliche Bestimmtheit ist nicht nur für den nächsten Rechnungsabschluss, sondern für alle künftigen Salden gegeben[77].

Bislang ist man daher davon ausgegangen, dass zwar die die Pfändung der künftigen Aktivsalden möglich ist; sie musste aber im Pfändungs- und Überweisungsbeschluss ausdrücklich angeordnet werden.

Da die Pfändung nun automatisch auch die künftigen Tagessalden erfasst, § 833a ZPO hat sich die hier geführte Diskussion erledigt. Denn nach h.M. erfasst § 833a ZPO alle künftigen Salden, d.h. auch die Rechnungsabschlusssalden zum jeweiligen Quartalsende.[78]

Relevant ist die Pfändung künftiger Salden daher nur noch, wenn sich die Pfändung darauf beschränkt. Das dürfte aber kaum vorkommen.

Handel es sich um ein P-Konto i.S.d. § 850k, besteht bei automatischer Miterfassung der zukünftigen Salden gem. § 833a ZPO aber die Gefahr, dass der Schutzzweck der Norm, nämlich in jedem Monat neu den Freibetrag tatsächlich zur Verfügung zu haben, unterlaufen wird.

Daher hat der Gesetzgeber in § 835 IV ZPO bestimmt, dass die Zahlung durch den Drittschuldner (Bank) erst nach Ablauf des nächsten auf die jeweils eingehende Zahlung folgenden Monats erfolgen darf. Damit ist gewährleistet, dass eingehende Zahlungen auch tatsächlich zur Beachtung des der Pfändung nicht unterworfenen Betrages zur Verfügung stehen. § 835 IV ZPO geht damit § 835 III S. 2 ZPO vor.

4. Pfändung der Kreditlinie

Wird jedoch das Konto stets debitorisch geführt, so ist für den Gläubiger auch die Pfändung der künftigen Tagesguthaben erfolglos, da solche dann nicht existieren.

hemmer-Methode: Auch die Pfändung des Anspruchs auf Gutschrift nützt dem Gläubiger nichts, soweit die Gutschrift nur den Debet vermindert. Einen Auszahlungsanspruch erhält er gerade nicht.

---

77 BGH, NJW 1981, 1611.

78 Th/P § 833a, Rn. 5.

a) Pfändung debitorischer Konten ohne Kreditlinie

Umstritten waren früher die rechtlichen Auswirkungen, wenn ein debitorisches Konto gepfändet wurde, bei welchem dem Schuldner keine Kreditlinie eingeräumt war, sondern die Bank die Überziehungen nur duldete.

aa) e.A.: Kontosperre

Nach einer Ansicht sollte der Schuldner nach der Pfändung aller zukünftigen Aktivsalden und Tagesguthaben keine weiteren Verfügungen unter Inanspruchnahme der Kreditlinie mehr vornehmen können.

Dies würde dem Zahlungsverbot des § 829 I ZPO widersprechen, die Befriedigung des Gläubigers durch eingehende Beträge würde vereitelt werden.

bb) BGH: Geduldete Überziehungen möglich

Der BGH ist hingegen der Auffassung, dass der Schuldner, solange das Konto debitorisch sei und die Bank die Überziehung duldet, weiterhin durch Inanspruchnahme von Auszahlungen und Überweisungen über das Konto verfügen kann[79].

Auch durch Pfändung des Anspruchs auf Durchführung von Überweisungen könne der Gläubiger Verfügungen des Schuldners nicht verhindern, da ein solcher Anspruch eine Deckungsgrundlage in Form eines Guthabens oder eines eingeräumten Kredits voraussetze. Die bloße Duldung der Kontoüberziehung stelle jedoch keine Kreditgewährung der Bank dar.

hemmer-Methode: In der Praxis wird die Bank nach der Zustellung eines Pfändungs- und Überweisungsbeschlusses regelmäßig keine Überziehungen des Kontos mehr dulden, wodurch dieses für Verfügungen faktisch gesperrt wird.
Eine wichtige Ausnahme besteht jedoch bei der Überweisung von Sozialleistungen auf ein Konto. Für diese besteht nach § 54 SGB Pfändungsschutz.

b) Pfändung debitorischer Konten mit Kreditlinie

Im konkreten Fall wurde S von der Sparkasse DS durch Abschluss eines Darlehensvertrages, § 488 BGB, ein Dispositionskredit eingeräumt.

aa) Anspruch auf Kreditgewährung (Abrufungsrecht)

Aus dem Kreditvertrag hat S einen Anspruch auf Einräumung des Kredits, d.h. auf Abrufung eines bestimmten Geldbetrages.

G könnte also den Anspruch auf Kreditgewährung zwar pfänden (keine Geldforderung!), aber dies hätte nicht zur Folge, dass er Auszahlung an sich verlangen kann.

Er kann nämlich selbst den Darlehensbetrag nicht abrufen.

Da das Abrufrecht des Schuldners aber ein höchstpersönliches Recht darstellt, kann es der Gläubiger nicht pfänden[80].

bb) Anspruch auf Auszahlung des Kreditbetrags

Vorliegend möchte G aber gar nicht den Anspruch auf Kreditgewährung pfänden, sondern den Auszahlungsanspruch nach erfolgtem Abruf des Kredits.

---

[79] BGH, NJW 1985, 1218.

[80] BGH, NJW 2004, 1444.

Es handelt sich dabei zwar um einen zukünftigen Anspruch, jedoch besteht zwischen Schuldner und Drittschuldner eine hinreichend konkrete Rechtsbeziehung.

(P): Unpfändbarkeit

Jedoch könnte die Pfändung nach § 851 I ZPO i.V.m. § 399 1.Alt. BGB unzulässig sein.

(1) e.A.: Zweckbindung

Nach einer Auffassung ist der Dispositionskredit zweckgebunden i.S.v. § 399 1.Alt. BGB.

Da das Abrufrecht höchstpersönlich und nicht pfändbar sei, müsse dies auch für den nach Ausübung des Abrufrechts entstandenen Auszahlungsanspruch gelten.

(2) BGH: Abgerufener Kreditbetrag pfändbar

Nach der Rechtsprechung und der überwiegenden Auffassung in der Rechtslehre ist der Auszahlungsanspruch nach Abruf nicht zweckgebunden und daher pfändbar[81].

Eine Zweckbestimmung des Schuldners bei der Inanspruchnahme des Kredits, z.B. durch Erteilung eines konkreten Überweisungsauftrages könne keinen Schutz vor dem Vollstreckungszugriff begründen.

Sobald S seinen Dispositionskredit abruft, muss DS daher zahlen, aber nicht an S oder eine von ihm benannte Person, sondern an G. Hält sich DS nicht daran, muss sie ein weiteres Mal an G zahlen und kann nur bei S Rückgriff nehmen.

[81] BGH, NJW 2001, 1937; Thomas/Putzo, § 829 ZPO, Rn. 49 m.w.N.

hemmer-Methode: In der Praxis führt diese Rechtsprechung dazu, dass bei Eingang eines Überweisungs- und Pfändungsbeschlusses bei der Bank der mit dem Schuldner vereinbarte Dispositionskredit regelmäßig gem. § 490 I BGB sofort gekündigt wird.

cc) Ergebnis

Der Anspruch auf Auszahlung des Dispositionskredits nach Abruf durch S ist somit pfändbar.

5. Gesamtergebnis

Der von G beantragte Pfändungs- und Überweisungsbeschluss wird nur insoweit nicht erlassen werden, als die Auszahlung der im Folgemonat eingehenden Überweisungen begehrt wird.

Ansonsten sind die gewünschten Pfändungsmaßnahmen zulässig.

IV. Zusammenfassung

- Die Pfändung einzelner Forderungen, die in ein Kontokorrent, § 355 HGB, eingestellt werden, ist gem. § 357 HGB nicht möglich.
- Das dem Schuldner bei Zustellung an den Drittschuldner, § 829 III ZPO, zustehende Guthaben aus dem Kontokorrent (sog. Zustellungssaldo) kann nach § 357 S. 1 HGB gepfändet werden. Auf einem P-Konto besteht automatisch Pfändungsschutz im Umfang des Grundbetrages gem. § 850c I S. 1 ZPO, unabhängig davon, ob es sich um Arbeitseinkommen in diesem Sinne handelt.

- Die Pfändung der künftigen bei Abrechnung bestehenden Guthaben (zukünftige Aktivsalden) ist wegen § 833a ZPO nicht gesondert erforderlich. Bzgl. des Pfändungsschutzes ist § 835 IV ZPO zu beachten.
- Eine eingeräumte Kreditlinie ist nur insoweit pfändbar, als sie vom Schuldner bereits abgerufen wurde.

V. Zur Vertiefung

- Hemmer/Wüst, ZPO II, Rn. 166.
- Hemmer/Wüst, HandelsR, Rn. 266 ff.
- Life&Law 2009, Heft 6 zum Kontopfändungsschutz nach § 850k ZPO

Fall 21: Einziehungsprozess

Sachverhalt:

Gläubiger G, Inhaber eines Wellness-Centers in der Münchener City, hat eine titulierte Forderung über 380,- € gegen Hausfrau S, weil diese eine Exklusiv-Beauty-Behandlung in Anspruch nahm, aber nicht zahlte. G weiß, dass bei S selbst nichts zu holen ist, aber ihr Mann DS ein gut gehendes Architekturbüro betreibt. Er erwirkt daher beim AG München einen Pfändungs- und Überweisungsbeschluss hinsichtlich der „angeblichen Taschengeldforderung" der S gegen ihren Mann. Dieser lehnt brüskiert jegliche freiwillige Zahlung an G ab. Gegen die daraufhin von G erhobene Klage wendet DS ein, der Taschengeldanspruch sei unpfändbar. Außerdem sei er auch durch Aufrechnung mit einer Schadensersatzforderung gegen S wegen der Zerstörung eines teuren Erbstücks (antike chinesische Vase im Wert von 1.000.000,- €) für „ewige Zeit" erloschen. G erwidert, die Unpfändbarkeit spiele hier überhaupt keine Rolle. Zudem sei eine Aufrechnung nicht mehr möglich, da DS, wie ihm aus sicherer Quelle zu Ohren gekommen ist, auch nach Zustellung des Pfändungs- und Überweisungsbeschlusses weiterhin Taschengeld in nicht unerheblichem Umfang an seine Frau gezahlt hat.

Frage: *Wie steht es um den Klageerfolg, wenn die tatsächliche bestehende Schadensersatzforderung des DS gegen S vor der Zustellung des Pfändungs- und Überweisungsbeschlusses begründet wurde?*

I. Einordnung

Hat der Gläubiger eine Forderung des Schuldners gegen den Drittschuldner gepfändet, § 829 I ZPO, und sich zur Einziehung überweisen lassen, §§ 835 I 2.Alt., 836 ZPO, so muss er, wenn der Drittschuldner nicht freiwillig zahlt, die Forderung gerichtlich durchsetzen. Denn der Gläubiger kann nicht sofort die Zwangsvollstreckung gegen den Drittschuldner betreiben, da er gegen diesen überhaupt keinen Titel, § 704 ZPO, in Händen hält.

Vielmehr muss er zunächst Leistungsklage auf Zahlung an sich erheben. Erst wenn der Gläubiger in diesem **sog. Einziehungsprozess** obsiegt, kann er aus dem nun gegen den Drittschuldner erstrittenen Titel auch gegen diesen vollstrecken.

hemmer-Methode: Der Gläubiger muss also gegebenenfalls zweimal prozessieren, bevor er zu seinem Geld kommt. Einmal gegen den Schuldner, um seine Forderung durchzusetzen und dann nochmals gegen den Drittschuldner wegen der gepfändeten Forderung.
Wird schließlich gegen den Drittschuldner vollstreckt, so kann bei diesem selbstverständlich eine Forderung gegen einen Vierten gepfändet werden. Damit geht das Spiel von vorne los.

II. Gliederung

1. Zulässigkeit der Klage

a) Ordnungsgemäße Klageerhebung
⇨ (+), 380,- € werden eingeklagt

b) **Prozessführungsbefugnis** des G ⇨ (+), gesetzliche Prozessstandschaft bzw. aus eigenem materiellen Recht

c) **Sonstige Zulässigkeitsvoraussetzungen** ⇨ (+)

2. Streitverkündung

G ist nach § 841 ZPO verpflichtet, S den Streit zu verkünden, §§ 72 ff. ZPO

3. Begründetheit der Klage

a) **Aktivlegitimation** des G ⇨ (+), Einziehungsbefugnis gem. § 836 I ZPO

c) Grundsätzliches Bestehen des Taschengeldanspruchs ⇨ (+)

d) **(P): Einwand der Unpfändbarkeit**

- Eventueller Verstoß gegen § 850b I Nr. 2 ZPO nur Verfahrensfehler, den der DS nicht im Einziehungsprozess rügen kann
- Materiell-rechtliche Unpfändbarkeit, § 851 I ZPO i.V.m. § 399 BGB nicht ersichtlich

e) **Aufrechnungseinwand**
Wegen §§ 406, 392 BGB grundsätzlich beachtlich

(P): Erlöschen der Aufrechnungsmöglichkeit durch Zahlung an S?

- **E.A.**: Zahlung nach Aufrechnung unter dem Gesichtspunkt der Zweckentfremdung unzulässig
- **H.M.**: Zahlung nach Pfändung gegenüber dem Gläubiger unwirksam, §§ 135, 136 BGB, daher ihm gegenüber auch Aufrechnung noch möglich

III. Lösung

Die sog. Einziehungsklage stellt eine gewöhnliche Leistungsklage dar. Sie ist erfolgreich, wenn sie zulässig und begründet ist.

1. Zulässigkeit der Klage

a) Ordnungsgemäße Klageerhebung

Die Klage müsste ordnungsgemäß erhoben worden sein, insbesondere ist ein bestimmter Antrag erforderlich, § 253 II Nr. 2 ZPO.

Der Klageantrag geht hier nicht auf Zahlung des „Taschengeldes“, sondern er lautet auf Zahlung von 380,- € (zzgl. der Vollstreckungskosten), also eines genau bezifferten Geldbetrages. Dies ist bestimmt genug.

hemmer-Methode: Dem Gläubiger wird die Forderung regelmäßig nur „wegen und in Höhe“ des titulierten Anspruchs überwiesen.
Existiert ein solcher Zusatz jedoch nicht auf dem Pfändungs- und Überweisungsbeschluss, wurde dem Gläubiger nach der herrschenden Theorie der Vollpfändung die Forderung insgesamt überwiesen. Nach § 1282 I S. 2 BGB darf er sie jedoch nur in Höhe der vollstreckbaren Beträge einziehen.

b) Prozessführungsbefugnis

Es ist anerkannt, dass nach § 836 I ZPO der Gläubiger die Berechtigung zur Einziehung der Forderung gegen den Drittschuldner hat.

hemmer-Methode: Umstritten ist lediglich, ob darin ein Fall der gesetzlichen Prozessstandschaft zu sehen ist (Hemmer/Wüst, ZPO II, Rn. 176) oder der Gläubiger die Prozessführungsbefugnis aus eigenem materiellen Recht erwirbt (Thomas/Putzo, § 835 ZPO, Rn. 4).

Mangels Ergebnisrelevanz kann dieser Meinungsstreit jedoch hier unentschieden bleiben.

Da auch die übrigen Prozessvoraussetzungen vorliegen, ist die Klage des G zulässig.

2. Streitverkündung, § 841 ZPO

Nach § 841 ZPO ist der Gläubiger G verpflichtet, im Einziehungsprozess der Schuldnerin S den Streit gem. §§ 72 ff. ZPO zu verkünden.

Eine Zulässigkeitsvoraussetzung für die Klage ist dies jedoch nicht.

Verletzt G seine Pflicht zur Streitverkündung, hat er allerdings S den daraus entstehenden Schaden zu ersetzen.

3. Begründetheit der Klage

Die Klage ist begründet, wenn G die Sachbefugnis zusteht, die Taschengeldforderung besteht und keine Einwendungen des DS entgegenstehen.

a) Aktivlegitimation

aa) Wirkung der Überweisung gemäß § 836 ZPO

Nach h.M. begründet der Überweisungsbeschluss die materiell-rechtliche Sachbefugnis des Gläubigers. Er darf im eigenen Namen eine so erlangte Forderung kündigen, einziehen und aus Leistung an sich klagen[82].

Wenn G somit die Forderung gegen DS überwiesen wurde, besitzt er auch die Sachlegitimation zu ihrer Geltendmachung.

[82] Thomas/Putzo, § 836 ZPO, Rn. 3.

bb) Wirksamkeit des Überweisungsbeschlusses

Die Forderung wurde überwiesen, wenn der Überweisungsbeschluss wirksam ist.

Es kommt nicht auf dessen Rechtmäßigkeit an, da auch fehlerhafte Vollstreckungsakte wirksam sind, solange sie nicht angefochten werden. Der Überweisungsbeschluss darf andererseits aber auch nicht an einem derart schweren Mangel leiden, der zwangsläufig die Nichtigkeit zur Folge hat.

Die Nichtigkeit einer Vollstreckungsmaßnahme ist nur dann gegeben, wenn eine wesentliche Verfahrens- oder Formvorschrift verletzt wurde, etwa wenn ein funktionell unzuständiges Vollstreckungsorgan gehandelt hat oder ein Titel überhaupt nicht vorlag[83].

Zunächst wurde der Überweisungsbeschluss vom zuständigen Vollstreckungsgericht erlassen, § 828 II ZPO.

Es kommt hier allenfalls ein Verstoß gegen Unpfändbarkeitsbestimmungen, §§ 850 ff. ZPO, in Betracht. Ein solcher Verstoß hat aber nach h.M. nur die Anfechtbarkeit zur Folge[84].

Ein wirksamer, die Sachlegitimation des G begründender Überweisungsbeschluss liegt vor.

b) Taschengeldanspruch

Der haushaltsführende Ehegatte hat gem. § 1360a BGB gegen den anderen Ehegatten einen zur Deckung seines eigenen angemessenen Bedarfs ausreichenden Anspruch auf einen Teil des Gesamteinkommens in der Form von Taschengeld[85].

[83] Thomas/Putzo, vor § 704 ZPO, Rn. 58.

[84] Thomas/Putzo, § 850 ZPO, Rn. 5.

[85] Palandt, § 1360a BGB, Rn. 4.

S steht also grundsätzlich eine diesbezügliche Forderung gegen DS zu. Auf deren Umfang, also die Höhe des Taschengeldes, kommt es aber nur dann an, wenn die Geltendmachung des Anspruchs nicht wegen der Einwendungen des DS sowieso ausscheidet.

hemmer-Methode: Der Taschengeldanspruch beträgt ca. 5 % des Nettoeinkommens des Mannes. Bei dessen Pfändung muss aber der Frau billigerweise $^1/_3$ verbleiben (OLG Celle, NJW 1991, 1960).
Da im Sachverhalt das Nettoeinkommen des DS nicht beziffert ist, spricht viel dafür, dass es darauf für die Klausurlösung nicht ankommt, der Anspruch also schon aus anderen Gründen scheitert.

c) Einwand der Unpfändbarkeit

Möglicherweise ist die Klage des G gegen DS bereits deshalb abzuweisen, weil der Taschengeldanspruch überhaupt nicht hätte gepfändet werden dürfen.

hemmer-Methode: I.R.d. Aktivlegitimation ging es nur darum, dass überhaupt ein wirksamer Pfändungs- und Überweisungsbeschluss vorliegt. Ob dieser hätte ergehen dürfen, wird nun hier thematisiert.

aa) Zulässigkeit des Einwands

Problematisch ist, ob DS den Einwand der Unpfändbarkeit im Einziehungsprozess dem G überhaupt entgegenhalten kann.

Dabei ist zu differenzieren, worauf die Unpfändbarkeit beruht.

Ergibt sich diese allein **aus Verfahrensvorschriften**, z.B. §§ 850 ff. ZPO, so ist deren Nichtbeachtung ein reiner Verfahrensfehler. Nach der gesetzlichen Funktionsverteilung, die divergierende Entscheidungen verhindern soll, obliegt die Überprüfung von Verfahrensfehlern aber allein dem Vollstreckungs- und nicht dem Prozessgericht. Der Drittschuldner müsste also, um einen Verfahrensfehler zu rügen, Erinnerung nach § 766 I ZPO einlegen[86], das Prozessgericht könnte den Prozess nach § 148 ZPO aussetzen.

Beruht dagegen die Unpfändbarkeit auf **materiell-rechtlichen Vorschriften**, z.B. § 851 I ZPO i.V.m. § 399 BGB, so kann dieser Einwand wegen des materiell-rechtlichen Bezugs auch im Einziehungsprozess geltend gemacht werden.

Im konkreten Fall ist für eine materiellrechtliche Unpfändbarkeit des Taschengeldanspruchs nichts ersichtlich. Eine solche könnte sich allein aus der Verfahrensvorschrift des § 850b I Nr. 2 ZPO ergeben. Dies kann DS dem G im Einziehungsprozess allerdings nicht entgegenhalten.

bb) Hilfsweise: Bestehen des Einwands

Es sei daher nur hilfsweise kurz darauf eingegangen, ob überhaupt ein Verstoß gegen § 850b I Nr. 2 ZPO vorliegt.

Nach einer Ansicht ist der Taschengeldanspruch unpfändbar, da dieser mangels Bestimmung nach Höhe und Zahlungszeitpunkt keine echte Unterhaltsrente sei. Zudem werde in innere Angelegenheiten der Ehe eingegriffen, weil letztlich der Mann mithafte, und dies verstoße gegen Art. 6 I GG.

[86] Thomas/Putzo, § 836 ZPO, Rn. 6.

Das BVerfG hat einen Verstoß gegen Grundrechte durch die Pfändung des Taschengeldanspruchs abgelehnt[87]. Die h.M. bejaht daher die Pfändbarkeit nach §§ 829, 835 ZPO. Zwar handelt es sich um eine an sich unpfändbare Unterhaltsrente nach § 850b I Nr. 2 ZPO, die Pfändung kann allerdings nach § 850 II ZPO zugelassen werden.

hemmer-Methode: Im Übrigen ist zu beachten, dass der Taschengeldanspruch zusammen mit dem Naturalunterhalt und sonstigen Einkünften des Schuldners die Pfändungsgrenze des § 850c ZPO übersteigen muss. In der Praxis erlässt das Vollstreckungsgericht – wie hier geschehen – einen Pfändungs- und Überweisungsbeschluss über die „angebliche Taschengeldforderung“. Über die Höhe muss dann im Einziehungsprozess gestritten werden.

Es liegt damit hier schon überhaupt kein Verstoß gegen Verfahrensvorschriften bei Erlass des Pfändungs- und Überweisungsbeschlusses vor.

d) Aufrechnungseinwand

Möglicherweise ist die Klage des G aber deswegen unbegründet, weil durch die Erklärung der Aufrechnung seitens des DS, § 388 BGB, die Taschengeldforderung der S erloschen ist, § 389 BGB.

aa) Aufrechnung gegen gepfändete Forderung

Durch die Überweisung darf die Rechtsstellung des an sich unbeteiligten Drittschuldners nicht beeinträchtigt werden[88].

DS kann daher analog §§ 412, 404 BGB G alle Einwendungen entgegensetzen, die ihm auch gegenüber S zustanden.

Insbesondere darf er auch analog § 406 BGB durch Erklärung gegenüber G mit einer ihm gegen S zustehenden Gegenforderung aufrechnen. Dies ist nach § 392 BGB aber nur möglich, wenn G die Gegenforderung bereits vor der Pfändung der Hauptforderung erworben hat.

Da der Schadensersatzanspruch des DS gegen S bereits vor der Pfändung und Überweisung der Taschengeldforderung begründet wurde, ist die Aufrechnung grundsätzlich möglich.

bb) Aufrechnung nach Zahlung von DS an S

Möglicherweise steht der Aufrechnung im konkreten Fall aber entgegen, dass DS, wie er nicht bestritten hat, weiter auf die Taschengeldforderung der S gezahlt hat.

Durch die dem Verbot des § 829 I ZPO zuwiderlaufende Zahlung könnte DS sein Aufrechnungsrecht verloren haben.

hemmer-Methode: Gegen eine Forderung, die bereits durch Leistung gem. § 362 I BGB erloschen ist, kann nicht nochmals aufgerechnet werden.

(1) H.M.: Aufrechnung möglich

Nach h.A. in Rechtslehre und Rechtsprechung kann der Drittschuldner auch nach Zahlung an den Schuldner noch gegenüber dem Gläubiger aufrechnen[89].

[87] BGH, FamRZ 1986, 773.

[88] Hemmer/Wüst, ZPO II, Rn. 179.

[89] Palandt, § 392 BGB, Rn. 1.

Die Zahlung ist im Verhältnis zu G nach §§ 135, 136 BGB unwirksam, DS müsste also nochmals an G leisten. Wenn aber G so gestellt wird, als sei die Zahlung unterblieben, kann der DS diesem gegenüber auch weiterhin alle Einwendungen erheben, die ihm gegen S zustanden.

hemmer-Methode: Dieses Ergebnis ist Folge reiner Gesetzessubsumtion.
In einer Klausur müsste man auch ohne Kenntnis der Rechtsprechung darauf kommen.

(2) A.A.: Aufrechnung unzulässig

Nach der Gegenauffassung ist die Aufrechnung nach Zahlung unter dem Gesichtspunkt der Zweckentfremdung unzulässig. Sie führe nicht mehr zum Erlöschen der Forderung, sondern diene einzig und allein dazu, die Zwangsvollstreckung des Gläubigers zu vereiteln. Eine solche Rechtsfolge widerspreche dem Sinn der Aufrechnung, nach dem nur ein Hin und Her von Leistungen vermieden werden soll.

(3) Streitentscheid

Der h.M. ist zu folgen, da sie dogmatisch konsequenter ist (reine Gesetzesanwendung!) und der Interessenlage besser gerecht wird.

Die Unzulässigkeit der Aufrechnung überbewertet die Rechtsposition des G und verkennt, dass der DS ein vitales Interesse an der Aufrechnung hat.

Es geht im primär nicht darum, die Zwangsvollstreckung an sich zu vereiteln, sondern darum, nicht zweimal zahlen zu müssen.

e) Ergebnis

Der Aufrechnungseinwand des DS ist beachtlich. Angesichts der Höhe der Schadensersatzforderung ist der Taschengeldanspruch der S selbst bei enorm hohem Einkommen des DS auf unabsehbare Zeit ausgeschlossen.

Die Klage des G ist daher abzuweisen.

IV. Zusammenfassung

- Wurde dem G eine Forderung überwiesen, so kann er gegen den DS im eigenen Namen auf Leistung an sich klagen, § 836 I ZPO.
- Soweit der Überweisungsbeschluss wirksam und nicht nichtig ist, ist G hinsichtlich der überwiesenen Forderung aktivlegitimiert.
- Verfahrensfehler kann der DS dem G nicht im Einziehungsprozess entgegenhalten, sondern nur mit der Erinnerung, § 766 I ZPO, vor dem Vollstreckungsgericht geltend machen.
- Gem. §§ 406, 392 BGB kann der DS auch nach der Beschlagnahme aufrechnen, wenn die Aufrechnungslage zum Zeitpunkt der Pfändung bestand.
- Zahlt der DS entgegen § 829 I ZPO an den S, so kann er wegen §§ 135, 136 BGB dennoch gegenüber dem G weiterhin aufrechnen.

V. Zur Vertiefung

- Hemmer/Wüst, ZPO II, Rn. 170, 176 ff.

Fall 22: Pfändung einer abgetretenen Forderung

Sachverhalt:

Gläubiger G vollstreckt aufgrund einer titulierten Forderung über 3.000,- € gegen Schuldner S. Er lässt eine Kaufpreisforderung des S gegen den Dritten DS pfänden und sich überweisen. Der Pfändungs- und Überweisungsbeschluss wird DS am 04.05 zugestellt. Bereits am 02.05. hatte S aber zur Sicherung eines Kredits die Forderung gegen DS an die Bank B abgetreten. Aufgrund von überraschend aufgetretenen Unstimmigkeiten beenden S und B kurz darauf ihre Geschäftsbeziehungen. Die Forderung gegen DS wird von B am 10.05. an S zurück übertragen. In Unkenntnis all dieser Vorgänge zahlt DS an G am 27.05. Wenig später wendet sich S an DS und verlangt erneut Zahlung. S ist der Meinung, dass DS bereits an G geleistet habe, gehe ihn überhaupt nichts an.

***Frage:** Kann S von DS erneut Zahlung verlangen?*

I. Einordnung

Durch die Pfändung und Überweisung einer Forderung wird eine bisher unbeteiligte Person, der Drittschuldner, ohne eigene Veranlassung in die rechtliche Auseinandersetzung zwischen Gläubiger und Schuldner involviert.

Es gilt daher der Grundsatz, dass sich die Rechtsstellung des Drittschuldners nicht verschlechtern darf.

hemmer-Methode: In der Praxis ist die Forderungspfändung für den Drittschuldner alles andere als angenehm. Unabhängig von zusätzlichen Mühen und Kosten, z.B. bei der Lohnpfändung Mehrarbeit im Lohnbüro des Arbeitgebers, trifft den Drittschuldner zudem nach § 840 ZPO eine Erklärungspflicht. Diese stellt eine tatsächliche Auskunft (Wissenserklärung) dar, durch welche sich die Beweislast umkehrt und bei deren Verletzung eine Schadensersatzpflicht begründet wird, § 840 II S. 2 ZPO.

Zahlt der Drittschuldner nach ordnungsgemäßer Pfändung an den Gläubiger, so erlischt dessen Forderung gegen den Schuldner sowie die Forderung des Schuldners gegen den Drittschuldner.

Stand die Forderung gegen den Drittschuldner jedoch dem Schuldner gar nicht mehr zu, so ist fraglich, wie sich die Leistung des Drittschuldners nun auswirkt.

II. Gliederung

Anspruch des S gg. DS aus § 433 II BGB

Anspruch entstanden ⇨ (+)

Anspruch erloschen

⇨ Erfüllungswirkung der Zahlung an den G, wenn **Pfändungspfandrecht** des G an Forderung

- Pfändung vom 04.05., § 829 III ZPO, geht ins Leere, da Forderung dem S nicht mehr zustand
- **(P): § 185 II BGB analog?**
  ⇨ nach h.M. (-), Pfändung schuldnerfremder Forderung ist nichtig

- Schutz des DS über **§ 836 II ZPO** ⇨ (-), nicht anwendbar bei nichtiger Überweisung
- Befreiung des DS gem. **§§ 412, 408 II, 407 I BGB analog** ⇨ (+), Pfändung der Forderung wird wie zweite Zession behandelt

III. Lösung

S kann von DS erneut Zahlung von 3.000,- € erlangen, wenn ihm der Kaufpreisanspruch, **§ 433 II BGB**, noch zusteht.

Problematisch ist, ob der Anspruch bereits durch Zahlung an den G gem. **§ 362 I BGB** erloschen ist.

G selbst war im Zeitpunkt der Zahlung nicht Gläubiger der Forderung. Die Leistung an einen Dritten hat allerdings dann befreiende Wirkung, wenn diesem an der Forderung ein Pfandrecht zusteht[90]. G könnte aufgrund des Pfändungs- und Überweisungsbeschlusses Inhaber eines Pfändungspfandrechts, § 804 ZPO, an der Kaufpreisforderung gewesen sein.

hemmer-Methode: Es ist für die Klausur elementar wichtig, dass Sie stets die titulierte Forderung des G gegen S, wegen der gepfändet wird, von der Forderung des S gegen DS, die gepfändet wird, unterscheiden. Fertigen Sie sich, sobald eine Forderungspfändung im Sachverhalt auftaucht, sofort eine Skizze an!

1. Pfändungspfandrecht, § 804 ZPO

Die Pfändung einer Forderung erfolgt durch die Zustellung des Pfändungsbeschlusses an den Drittschuldner (nicht den Schuldner!) gem. § 829 III ZPO.

Sie bewirkt die Verstrickung und die Entstehung eines Pfändungspfandrechts, § 804 ZPO.

hemmer-Methode: Die Rechtsfolgen der Forderungspfändung sind grds. identisch mit denen der Sachpfändung. Die §§ 803 – 807 ZPO gelten als allgemeine Vorschriften für jede Art der Vollstreckung wegen einer Geldforderung in das bewegliche Vermögen.

a) Pfändung vom 02.05.

Durch die Zustellung des Pfändungsbeschlusses am 04.05. an DS könnte G ein Pfändungspfandrecht an der Forderung des S gegen DS erworben haben.

Zu diesem Zeitpunkt war S jedoch nicht mehr Inhaber der Forderung, da er sie bereits am 02.05. an die B abgetreten hatte, § 398 BGB.

Die Pfändung einer schuldnerfremden Forderung geht allerdings nach der Rechtsprechung des BGH gänzlich ins Leere, sie ist gegenstandslos[91].

Ein Pfändungspfandrecht an der Forderung entsteht nicht. Es kommt – im Gegensatz zur Pfändung schuldnerfremder körperlicher Sachen – nicht einmal zur Verstrickung.

Begründet wird diese unterschiedliche Behandlung damit, dass es an Forderungen anders als an körperlichen Sachen auch keinen Gewahrsam als formalisierten Zugriffstatbestand gibt.

b) § 185 II BGB analog?

Nach der Zustellung des Pfändungsbeschlusses erfolgte am 10.05. die Rückübertragung der Forderung von B an S. Dieser wurde damit wieder Inhaber der Forderung gegen DS.

[90] Palandt, § 362 BGB, Rn. 4.

[91] BGH, JuS 2002, 615.

Damit könnte möglicherweise die Forderung in den Pfändungsbeschluss „hineingewachsen“ sein, sodass mit der Rückabtretung ein Pfändungspfandrecht für G entstand.

Eine direkte Anwendung von § 185 BGB kommt nicht in Betracht, da Verfügungen im Wege der Zwangsvollstreckung keine rechtsgeschäftlichen Verfügungen darstellen.

Umstritten ist nun, ob § 185 II BGB in dieser Konstellation analog anwendbar ist.

aa) h.M.: Keine nachträgliche Entstehung eines Pfändungspfandrechts

Grundsätzlich ist § 185 BGB auf Verfügungen im Wege der Zwangsvollstreckung entsprechend anwendbar[92].

Bei einer Forderungspfändung fehlt es aber anders als bei der Sachpfändung an der Verstrickung als Grundlage für den späteren Rechtserwerb.

Die h.M.[93] lehnt deshalb die analoge Anwendung des § 185 II BGB bei der Forderungspfändung ab.

Die Pfändung einer schuldnerfremden Sache ist schlechthin nichtig und vermag auch für die Zukunft keine Rechtswirkungen zu zeitigen.

hemmer-Methode: Werden fortlaufende Bezüge gepfändet, § 832 ZPO, so erfasst wegen der Besonderheiten des Vollstreckungszugriffs in diesem Fall die zunächst erfolglose Pfändung auch später an den Schuldner rückabgetretene Forderungen (BAG, NJW 1993, 2699).

bb) A.A.: § 185 II BGB analog anwendbar

Nach anderer Auffassung[94] ist die h.M. zu sehr dem Begrifflichen verhaftet.

Es gebe keinen Rechtssatz, der besagt, dass eine nichtige Pfändung immer nichtig bleiben müsse. Die Interessenlage sei hier vielmehr identisch mit der bei der Sachpfändung, daher sei auch hier die analoge Anwendung von § 185 II BGB geboten.

cc) Streitentscheid

Die Ansicht der h.M. geht zum einen konform mit dem allgemeinen Grundsatz, dass es mangels Rechtsscheinträgers keinen gutgläubigen Erwerb an Forderungen gibt.

Zum einen würde eine analoge Anwendung des § 185 II BGB den Drittschuldner dazu zwingen, künftige Rechtsänderungen zu berücksichtigen und Pfändungsbeschlüssen Beachtung zu schenken, die zum Zeitpunkt der Zustellung gegenstandslos sind. Dies kann vom Drittschuldner, dessen Rechtsstellung sich durch die Forderungspfändung nicht verschlechtern soll, aber nur dann verlangt werden, wenn bereits eine hinreichend sichere Rechtsgrundlage für den Rückerwerb der Forderung besteht und diese ausdrücklich als zukünftige gepfändet wird.

Aus diesen Gründen ist der h.M. zu folgen.

---

92 Palandt, § 185 BGB, Rn. 4.

93 Thomas/Putzo, § 829 ZPO, Rn. 29.

94 Brox/Walker, Rn. 615.

c) Ergebnis

Die Pfändung des G am 02.05. blieb folgenlos, da es sich um eine schuldnerfremde Forderung handelte und § 185 II BGB nicht analog anwendbar ist.

G stand damit kein Pfändungspfandrecht an der Forderung zu.

Unter diesem Gesichtspunkt trat daher gegenüber S keine befreiende Wirkung der Zahlung von DS an G ein.

hemmer-Methode: Hüten Sie sich davor, die Klausur als erledigt zu betrachten, nachdem Sie diesen Klassiker abgehandelt haben. Gute Arbeiten zeichnen sich gerade dadurch aus, dass auch die übrigen in Betracht kommenden Erlöschensgründe entsprechend herausgearbeitet werden.

2. § 836 II ZPO

Zum Schutz des DS könnte aber § 836 II ZPO eingreifen.

hemmer-Methode: § 836 II ZPO ähnelt § 409 BGB und geht dieser Vorschrift als **lex specialis** vor.

a) Wirkung

Gem. § 836 II ZPO gilt der Überweisungsbeschluss dem DS gegenüber als rechtsbeständig, solange er keine Kenntnis von einer Aufhebung hat. Dieser Schutz führt zur Wirksamkeit von Zahlungen, die der DS in Unkenntnis der Pfändungsaufhebung erbringt.

b) Anwendbarkeit

§ 836 II ZPO findet dann Anwendung, wenn die Forderung zwar überwiesen wurde, der Überweisungsbeschluss aber unwirksam ist.

Stand die überwiesene Forderung hingegen nicht dem Schuldner zu, so ist die Pfändung, wie eben ausgeführt, nach h.M. schlechthin nichtig. Da aber die wirksame Pfändung die Grundlage der Überweisung bildet, ist der Überweisungsbeschluss wegen der nichtigen Pfändung nicht nur unwirksam, sondern ebenfalls nichtig und § 836 II ZPO deshalb unanwendbar[95].

Die Vorschrift schützt den Drittschuldner nicht im Verhältnis zu einem Dritten, der wahrer Forderungsinhaber ist. Wem die Forderung zusteht, muss er in eigener Verantwortung prüfen.

hemmer-Methode: Die Unanwendbarkeit des § 836 II ZPO in dem Fall, dass dem Schuldner die Forderung nicht zustand, ist dem Gesetz nicht ohne weiteres zu entnehmen. Es ist empfehlenswert, sich dies zu merken oder entsprechend zu kommentieren (soweit zulässig).

Die Kaufpreisforderung stand dem S bei Zustellung des Überweisungsbeschlusses an DS nicht zu, daher war dieser nichtig.

§ 836 II ZPO ist hier somit nicht anwendbar.

3. §§ 412, 408 II, 407 I BGB analog

Zu einem befriedigenden Ergebnis kommt man allerdings unter Rückgriff auf die allgemeinen für die Forderungsabtretung geltenden Regelungen.

Der Forderungsübergang kraft Hoheitsaktes steht nämlich einem gesetzlichen Forderungsübergang gleich, § 412 BGB ist daher analog anwendbar[96].

---

[95] Thomas/Putzo, § 836 ZPO, Rn. 9.

[96] Palandt, § 412 BGB, Rn. 1.

Wird eine Forderung mehrfach abgetreten, so wird der Schuldner dem ersten Zessionar gegenüber gem. § 407 I BGB frei, wenn er in Unkenntnis dieser Zession an den zweiten Zessionar zahlt, § 408 I BGB.

Dies gilt nach § 408 II 1.Alt. BGB auch, wenn eine bereits abgetretene Forderung an einen Dritten als Scheinberechtigten überwiesen wird, die (leer laufende) Pfändung wird also wie eine zweite Zession behandelt[97].

DS hatte weder Kenntnis von der Abtretung der Kaufpreisforderung an B noch von der Rückübertragung auf S, mitgeteilt wurde ihm lediglich die Überweisung an G.

In analoger Anwendung von §§ 412, 408 II, 407 I BGB hatte daher die Zahlung des DS an G schuldbefreiende Wirkung.

4. Ergebnis

Da der Kaufpreisanspruch erloschen ist, kann S nicht nochmals von DS Zahlung verlangen.

hemmer-Methode: S kann sich nur an G wenden und von diesem gem. § 816 II ZPO Rückzahlung des von DS Geleisteten verlangen. Besonders erfolgversprechend ist dieses Vorgehen allerdings nicht.
Sollte S an G herantreten, so wird dieser genüsslich mit seiner titulierten Forderung über 3.000,- € (nicht erloschen, da G Nichtberechtigter wegen fehlenden Pfändungspfandrechts!!) gem. §§ 387, 389 BGB aufrechnen.

IV. Zusammenfassung

- Die Pfändung einer Forderung wird durch Zustellung des Pfändungsbeschlusses an den Drittschuldner bewirkt, § 829 III ZPO.
- Bestand die gepfändete Forderung bei Zustellung nicht bzw. stand sie nicht dem Schuldner zu, so geht die Pfändung ins Leere, d.h. der Pfändungsbeschluss ist nichtig.
- Eine schuldnerfremde Forderung wird nicht verstrickt.
- § 185 II BGB ist bei Rückübertragung einer Forderung auf den Schuldner nicht analog anwendbar.
- § 836 II ZPO ist nicht anwendbar, wenn der Überweisungsbeschluss nichtig ist, weil die gepfändete Forderung nicht dem Schuldner zustand.
- Leistet der Drittschuldner in Unkenntnis der Forderungsabtretung an den scheinberechtigten Pfändungsgläubiger, so wird er analog §§ 412, 408 II, 407 I BGB dem Schuldner gegenüber frei.

V. Zur Vertiefung

Hemmer/Wüst, ZPO II, Rn. 168 ff., 178 ff., 190 ff.

---
[97] Palandt, § 408 BGB, Rn. 2.

4. Abschnitt: Vollstreckung in sonstige Rechte

Fall 23: Pfändung von Anwartschaften

Sachverhalt:

Der Münchener Jungrepetitor S ist stolzer Besitzer einer auf der deutschen Seite des Bodensees liegenden Yacht (nichteingetragenes Binnenschiff). In Erwartung glänzend laufender Geschäfte hatte er diese von DS, dem ehemaligen Vorstandsvorsitzenden eines Neue Markt-Unternehmens, unter Eigentumsvorbehalt erworben. Jedoch bleibt der erhoffte wirtschaftliche Erfolg des S aufgrund didaktischer Defizite bei der Wissensvermittlung an die Studenten aus, die Gläubiger stehen Schlange. G1, einem Ferrari-Händler, gelingt es am schnellsten, einen vollstreckbaren Titel zu erhalten. Der von ihm beauftragte Gerichtsvollzieher GV pfändet die Yacht ordnungsgemäß nach § 808 ZPO. Einige Wochen später hat auch die Bank G2 einen Titel erlangt. Sie lässt durch das Vollstreckungsgericht das Anwartschaftsrecht des S an der Yacht pfänden, sowie durch den GV nochmals die Yacht selbst. Kurz darauf fällt S unerwartet eine Erbschaft zu, mittels der es ihm gelingt, den Restkaufpreis an DS zu zahlen. Für die Befriedigung der sonstigen Gläubiger bleibt nichts übrig. Daher kommt es letztlich zur Zwangsversteigerung der Yacht. Der dabei erzielte Erlös ist nicht ausreichend, um G1 und G2 vollständig zu befriedigen. Auf Antrag der G2 wird der Erlös vom GV hinterlegt, das zuständige Amtsgericht eröffnet das Verteilungsverfahren. Es folgt eine mündliche Verhandlung. Nach dem Teilungsplan soll G1 umfassend befriedigt werden. G2 legt dagegen Widerspruch ein. Dieser wird von G1 als lächerlich zurückgewiesen, schließlich sei er schneller gewesen und im Zwangsvollstreckungsrecht gelte nun mal der gute alte Grundsatz: „Wer zuerst kommt, mahlt zuerst!“. Da keine Einigung erzielt wird, kommt der Teilungsplan vorerst nicht zur Ausführung. Zwei Wochen nach der mündlichen Verhandlung erhebt G2 vor dem zuständigen Landgericht Widerspruchsklage gegen G1 mit dem Antrag, den Teilungsplan dahingehend abzuändern, dass sie vollumfänglich vor G1 befriedigt wird.

Frage: *Hat die Widerspruchsklage Aussicht auf Erfolg?*

I. Einordnung

Wurde eine bewegliche Sache mehrmals gepfändet und reicht der Versteigerungserlös nicht zur Befriedigung aller Gläubiger aus, so hinterlegt der GV auf Antrag den Geldbetrag (sog. Masse), § 827 II ZPO. Es findet dann das sog. Verteilungsverfahren statt, welches in den §§ 872 ff. ZPO geregelt ist.

hemmer-Methode: Am Verteilungsverfahren nehmen nur Pfändungsgläubiger teil. Gläubiger von gesetzlichen oder vertraglichen Pfandrechten müssen ihre Rechte nach § 805 I ZPO bzw. § 771 ZPO geltend machen.

Das Amtsgericht stellt nach der Anmeldung der Forderungen durch die Gläubiger, § 873 ZPO, einen Teilungsplan, § 874 ZPO, auf.

In diesem wird entsprechend des Rangs des jeweiligen Pfändungspfandrechts, § 804 III ZPO, festgelegt, in welcher Reihenfolge die Gläubiger befriedigt werden.

Der Teilungsplan wird in mündlicher Verhandlung mit den Gläubigern und dem Schuldner erörtert, §§ 875, 876 ZPO.

Ein Gläubiger kann im Termin Widerspruch gegen die Verteilung erheben. Kommt es daraufhin nicht zu einer Einigung, so bleibt nur die Widerspruchsklage, § 878 ZPO.

hemmer-Methode: Im Verteilungsverfahren sind zwei Klausurtypen denkbar. Einmal kann gefragt werden, wer im Teilungsplan vorrangig zu befriedigen ist.
Dann bedarf es nur einer Rangprüfung der Pfändungspfandrechte. Ist dagegen nach den Erfolgsaussichten einer Widerspruchsklage gefragt, so kommen Sie über § 878 ZPO in das gewohnte Prüfungsschema mit Zulässigkeit und Begründetheit.

II. Gliederung

1. Zulässigkeit der Widerspruchsklage, § 878 ZPO

a) Zuständigkeit
⇨ § 879 I ZPO, §§ 71 I, 23 Nr. 1 GVG,
hier nach SV (+)

b) Ordnungsgemäße Klageerhebung
⇨ (+), Änderung des Teilungsplans genau bezeichnet, § 253 II Nr. 2 ZPO, und Frist des § 878 I S. 1 ZPO gewahrt

c) Rechtschutzbedürfnis
⇨ (+), Widerspruch erhoben und im Termin nicht anerkannt

2. Begründetheit

Sachbefugnis
⇨ (+), G2 hat widersprochen (aktiv legitimiert), G1 den Widerspruch bestritten (passiv legitimiert)

G2 ist vorrangig zu befriedigen, wenn ihr ein vorrangiges Pfändungspfandrecht (PPR) am Erlös zusteht
⇨ Rang bestimmt sich nach § 804 III ZPO

PPR des G1

- Nicht bereits mit Pfändung der Yacht nach § 808 ZPO entstanden, da schuldnerfremde Sache
- Mit Bedingungseintritt (§ 449 I BGB: vollständige Kaufpreiszahlung) Eigentumserwerb des S
- Wegen wirksamer Verstrickung nun Entstehung des PPR analog § 185 II S. 1 2.Alt. BGB

PPR des G2

- Sachpfändung der Yacht erst nach G1, daher entsprechend § 185 II S. 2 BGB dessen Pfändung eigentlich vorrangig
- Problem: Auswirkung der zusätzlichen Pfändung des AWR nach §§ 857 I, 828 ff. ZPO

⇨ wahrt Rang des bei Bedingungseintritt an der Sache entstehenden PPR

- Da Pfändung des AWR vor Bedingungseintritt = Erwerb des PPR durch G1, hat G2 vorrangiges PPR erworben

III. Lösung

Die Widerspruchsklage hat Aussicht auf Erfolg, wenn sie zulässig und begründet ist.

1. Zulässigkeit der Klage

hemmer-Methode: Bei der Widerspruchsklage handelt es sich nach h.M. um eine prozessuale Gestaltungsklage, mit der eine Korrektur des Teilungsplans erstrebt wird.

a) Zuständiges Gericht

Der Teilungsplan wird vom Verteilungsgericht[98] erstellt, vor dem auch die mündliche Verhandlung im Termin nach §§ 875, 876 ZPO stattfindet. Das Verteilungsgericht ist das Vollstreckungsgericht i.S.d. § 827 ZPO, also das Amtsgericht, in dessen Bezirk das Vollstreckungsverfahren stattfand, § 764 II ZPO.

Gem. § 879 I ZPO bestimmt sich die **örtliche Zuständigkeit** nach dem Bezirk, in dem das Verteilungsgericht seinen Sitz hat.

Die **sachliche Zuständigkeit** bemisst sich nach dem Streitwert. Über 5.000,- € ist das Landgericht zuständig, §§ 71 I, 23 Nr. 1 GVG.

Die Zuständigkeit nach § 879 I ZPO ist **ausschließlich**, § 802 ZPO.

Hier wurde die Klage laut Sachverhalt beim zuständigen Landgericht eingereicht.

b) Ordnungsgemäße Klageerhebung

Der Klageantrag der G2, der die begehrte Änderung des Teilungsplans genau bezeichnet, ist zulässig und notwendig i.S.d. § 253 II Nr. 2 ZPO.

hemmer-Methode: Klagegegner, § 253 II Nr. 1 ZPO, ist aber nicht etwa das Gericht, das den Teilungsplan erlassen hat, sondern der (vermeintlich ungerechtfertigt besser gestellte) andere Gläubiger.

Die Monatsfrist des § 878 I S. 1 ZPO wurde ebenfalls gewahrt, da die Klage bereits zwei Wochen nach dem Teilungstermin gem. §§ 875, 876 ZPO eingereicht wurde.

hemmer-Methode: Auch nach Ablauf der Frist des § 878 I S. 1 ZPO bleibt die Klage noch zulässig, solange der Teilungsplan nicht ausgeführt wurde. Danach verbleibt noch die Bereicherungsklage, § 878 II ZPO.

c) Rechtsschutzbedürfnis

Das Rechtsschutzbedürfnis der G2 entstand, als sie Widerspruch im Termin einlegte und dieser nicht anerkannt wurde.

Mangels Ausführung des Teilungsplans ist es auch noch nicht wieder erloschen.

Die Widerspruchsklage ist zulässig.

2. Begründetheit der Klage

Die Klage ist begründet, wenn die Beteiligten sachbefugt sind und G2 ein höherrangigeres Recht am Versteigerungserlös als G1 zusteht.

a) Sachbefugnis

G2 ist als widersprechender Gläubiger aktiv legitimiert. G1, der den Widerspruch bestreitet ist passiv legitimierter Gläubiger.

---

[98] Nach § 20 Nr. 17 RPflG handelt der Rechtspfleger.

hemmer-Methode: Widersprechen mehrere Gläubiger, so sind alle als einfache Streitgenossen, §§ 59, 60 ZPO, zu verklagen.

b) Vorgehendes Recht der G2 am Erlös

Fraglich ist, ob G2 im Verhältnis zu G1 ein besseres Recht am Erlös zusteht. Maßgebend ist dabei die Sach- und Rechtslage im Zeitpunkt des Verteilungstermins[99].

Dies wäre dann der Fall, wenn ihr an dem Pfändungsgegenstand, der Yacht, ein vorrangiges PPR zustand. Da der Erlös kraft dinglicher Surrogation analog § 1247 S. 2 BGB an die Stelle des Pfandes tritt, setzt sich das bessere Recht an diesem fort[100].

hemmer-Methode: Neben einem vorrangigen PPR kann die Klage auch darauf gestützt werden, dass der Beklagte den vorrangigen Zugriff des Klägers aus anderen Gründen (z.B. vertragliche Vereinbarungen) dulden muss. Nach umstrittener, aber h.M. kann der Kläger auch einwenden, dass die vollstreckbare Forderung des Beklagten nicht oder nur zum Teil besteht (vgl. Thomas/Putzo, § 878 ZPO, Rn. 5 m.w.N.).

Die Rangfolge der PPR bemisst sich grundsätzlich gem. § 804 III ZPO nach der zeitlichen Abfolge der Pfändungen (Prioritätsgrundsatz).

Es ist daher zu klären, ob und wann die PPR von G1 und G2 entstanden sind.

[99] Thomas/Putzo, § 879 ZPO, Rn. 6.

[100] Thomas/Putzo, § 819 ZPO, Rn. 1.

aa) PPR des G1

(1) Sachpfändung durch GV

Im Zeitpunkt der Sachpfändung durch den GV gem. § 808 I ZPO stand die Yacht noch nicht im Eigentum des S.

DS und S hatten einen Eigentumsvorbehalt vereinbart, die Yacht war nur unter der aufschiebenden Bedingung der vollständigen Kaufpreiszahlung übereignet worden, § 449 I BGB i.V.m. §§ 929 S. 1, 158 I BGB.

Mangels Bedingungseintritts handelte es sich um eine schuldnerfremde Sache.

An einer solchen entsteht nach der herrschenden gemischt privatrechtlich-öffentlich-rechtlichen Theorie kein PPR nach § 804 I ZPO.

(2) Eigentumserwerb durch S

Mit der Zahlung des Restkaufpreises durch S an DS trat die Bedingung für den Eigentumsübergang ein und S wurde Eigentümer der Yacht.

Da die Yacht durch die ordnungsgemäße Pfändung wirksam verstrickt wurde, entstand mit Eigentumserwerb durch S ein PPR für G1, **§ 185 II S. 1 2.Alt. BGB analog**[101].

hemmer-Methode: § 185 II S. 1 2.Alt. BGB sollten Sie unbedingt neben § 804 I ZPO kommentieren. Beachten Sie aber, dass bei der Forderungspfändung § 185 II BGB gerade nicht analog angewendet wird.

[101] Palandt, § 185 BGB, Rn. 4.

bb) PPR des G2

(1) Sachpfändung der Yacht

Als G2 die Yacht durch den GV nach § 808 I ZPO pfänden ließ, stand diese ebenfalls noch nicht im Eigentum des S, sodass auch G2 kein PPR erwarb.

Dieses entstand erst im Zeitpunkt des Eigentumserwerbs durch S, § 185 II S. 1 2.Alt. BGB analog.

Nach h.M. gebührt in der Konstellation, dass bei Pfändung einer schuldnerfremden Sache durch mehrere Gläubiger zunächst überhaupt kein PPR wirksam entstand, der Schuldner später aber die Sache erworben hat, in **entsprechender Anwendung von § 185 II S. 2 BGB** dem erstpfändenden Gläubiger der Vorrang[102].

hemmer-Methode: Zu diesem Ergebnis kommt man ebenso, wenn man darauf abstellt, dass im Verteilungsverfahren nur um das relativ bessere Recht gestritten wird.
Dadurch sei der Einwand, der Gegenstand gehöre einem Dritten, im Verteilungsverfahren schlechthin ausgeschlossen.

Stellt man allein auf die Sachpfändungen ab, so würde G1 ein besseres Recht am Erlös zustehen.

(2) Pfändung des Anwartschaftsrechts

Etwas anderes könnte sich aber aus dem Umstand ergeben, dass G2 neben der Yacht auch das Anwartschaftsrecht (AWR) des S pfänden ließ.

Die Pfändung des AWR müsste zunächst wirksam sein.

Nach der **Theorie der Sachpfändung** wird das AWR wie die Sache selbst nach § 808 ZPO durch den GV gepfändet, da das AWR auch wie das Vollrecht übertragen wird.

Die Pfändung des AWR erfolgte hier durch das Vollstreckungsgericht und nicht den GV. Damit hätte das funktional unzuständige Vollstreckungsorgan gehandelt und die Pfändung wäre nichtig[103].

Gegen die Theorie der Sachpfändung spricht jedoch die fehlende Publizität eines solchen Vorgehens. Der Sache ist es nicht anzusehen, ob sie selbst oder nur das AWR gepfändet wurde.

Das Anwartschaftsrecht (AWR) auf Eigentumserwerb an beweglichen Sachen hat einen vermögenswerten Inhalt und ist übertragbar. Es ist daher ein anderes Vermögensrecht i.S.d. § 857 ZPO[104]. Die Pfändung erfolgt nach ganz h.M. im Wege der **Rechtspfändung** gem. §§ 829 ff. ZPO.

Erforderlich ist ein Beschluss des Vollstreckungsgerichts, der dem Drittschuldner zuzustellen ist. Dies ist hier erfolgt.

Damit wurde das AWR des S wirksam gepfändet, und zwar in dem Zeitpunkt, als DS der Pfändungsbeschluss zugestellt wurde, § 829 III ZPO.

hemmer-Methode: Die Pfändung des AWR gibt dem Pfändungsgläubiger die Möglichkeit, durch Zahlung der noch offenen Kaufpreisschuld an den Vorbehaltsverkäufer den Bedingungseintritt, § 449 I BGB, herbeizuführen.

---

102 Hemmer/Wüst, ZPO II, Rn. 138.

103 Thomas/Putzo, vor § 704 ZPO, Rn. 58.

104 Thomas/Putzo, § 857 ZPO, Rn. 4.

Durch die Pfändung des AWR darf der Schuldner auch sein Widerspruchsrecht nach § 267 II BGB nicht mehr ausüben, da dies einer Verfügung über den Vollstreckungsgegenstand i.S.d. § 829 I S. 2 ZPO gleichkommt.

(3) Auswirkungen auf den Rang des PPR an der Sache

Die Entstehung des PPR am AWR für G2 lag zeitlich vor der Entstehung des PPR an der Sache selbst für G1. Letzteres entstand erst mit Eigentumserwerb durch S, ersteres schon mit Zustellung des Pfändungsbeschlusses an DS.

Fraglich ist, ob und wie sich die Pfändung des AWR auch auf den Rang des PPR von G2 an der Sache selbst auswirkt.

Nach der **Theorie der (reinen) Rechtspfändung** setzt sich das PPR am AWR an der Sache selbst entsprechend § 1287 BGB, § 847 ZPO automatisch fort.

Auch diese Auffassung ist allerdings nicht mit dem Publizitätsprinzip vereinbar. Wird allein das AWR gepfändet, so hätte das automatische Erstarken des PPR an dem AWR zu einem PPR an der Sache selbst zur Folge, dass die Sache mit einem PPR belastet wird, ohne dass der GV gem. § 808 ZPO tätig geworden wäre. Mangels der Anbringung eines Pfandsiegels wäre das so entstandene PPR quasi unsichtbar.

Nach der herrschenden **Theorie von der Doppelpfändung** ist neben der Pfändung des AWR auch die Pfändung der Sache selbst erforderlich, da nur so die notwendige Publizität gewahrt wird.

Bei Bedingungseintritt entsteht dann ein PPR an der Sache, wobei der Rechtspfändung des AWR rangwahrende Bedeutung zukommt.

Bei der Pfändung einer schuldnerfremden Sache durch mehrere Gläubiger erwirbt zunächst keiner wirksam ein PPR an der Sache. Diese entstehen analog § 185 II BGB erst ex nunc mit Bedingungseintritt.

Hat nun ein Gläubiger bereits wirksam das AWR gepfändet, so genießt dieser den Vorrang, da er der erste war, der überhaupt wirksam gepfändet hat[105].

Da G2 zugleich die Sache und das AWR pfänden ließ, hatte dieses Vorgehen rangwahrende Wirkung.

G2 erwarb daher bei Bedingungseintritt ein vorrangiges PPR an der Sache, § 804 III ZPO.

cc) Ergebnis

Wegen ihres vorrangigen PPR an der Sache steht G2 nach § 1247 S. 2 BGB analog auch das bessere Recht am Erlös zu.

G2 ist vollständig vor G1 zu befriedigen, die Widerspruchsklage ist begründet.

hemmer-Methode: Das Gericht kann nun selbst eine Änderung des Verteilungsplans vornehmen oder den Widerspruch für begründet erklären und die Anfertigung eines neuen Plans sowie ein anderes Verteilungsverfahren anordnen, § 880 ZPO.

IV. Zusammenfassung

- Reicht der Verwertungserlös nicht zur Befriedigung aller Gläubiger aus, so wird er auf Antrag hinterlegt und ein Verteilungsverfahren durchgeführt, §§ 827 II, 853, 854, 872 ff. ZPO.

---

[105] Palandt, § 929 BGB, Rn. 55.

- Der Gläubiger, dem ein besseres Recht am Erlös zusteht, § 804 III ZPO, § 1247 S. 2 BGB analog, ist vorrangig zu befriedigen.
- Wird eine schuldnerfremde Sache gepfändet, so entsteht bei wirksamer Verstrickung analog § 185 II S. 1 2.Alt. BGB ein PPR an der Sache, wenn der Schuldner sie nachträglich erwirbt.
- Bei mehrfacher Pfändung einer schuldnerfremden Sache geht die frühere Pfändung analog § 185 II S. 2 BGB vor.
- Das AWR auf Eigentumserwerb an einer beweglichen Sache wird im Wege der Rechtspfändung nach §§ 857 I, 829 ff. ZPO gepfändet.
- Damit bei Bedingungseintritt an der Sache selbst ein PPR entsteht, bedarf es nach der Theorie der Doppelpfändung neben der Pfändung des AWR auch der Pfändung der Sache selbst.
- Die Rechtspfändung des AWR hat rangwahrende Bedeutung.

V. Zur Vertiefung

- Hemmer/Wüst, SachenR II, Rn. 186 ff.
- Hemmer/Wüst, ZPO II, Rn. 198 ff.

Fall 24: Pfändung von Gesellschaftsanteilen

Sachverhalt:

Die Sparkasse G hat eine durch rechtskräftiges Urteil titulierte Forderung von 5.000.000,- € gegen den Kaufmann S. Letzterer hatte sich Anfang der 90er Jahre für einen Investitionskredit der GoEast-Bauträger-GmbH, deren Geschäftsführer und Alleingesellschafter er war, verbürgt. Nachdem ein Großprojekt, die Errichtung eines Nobeleinkaufszentrums in Mecklenburg-Vorpommern gescheitert war und auch keine Fördermittel mehr flossen, musste S für die GmbH Insolvenz anmelden. Die Bank G möchte nun in das übrige Vermögen des S vollstrecken. Aufgrund der Geschäftsbeziehungen ist ihr bekannt, dass S Kommanditist der GoSwiss-Vermögensberatungs-KG ist. Den Gesellschaftsanteil mit einer voll einbezahlten Einlage in Höhe von 51.129,19 € hatte S von seinem Vater E geerbt. Die KG wurde 1957 gegründet und gemeinsam von E mit den noch lebenden A (Komplementär) und B (Kommanditist) aufgebaut. Damals ging man nicht davon aus, dass das Unternehmen jemals in der Lage sein würde, nennenswerte Rücklagen zu bilden. Der Gesellschaftsvertrag enthält die Klausel, dass bei Kündigung durch einen Kommanditisten die Gesellschaft fortgesetzt wird und der Kommanditist einen Anspruch auf Auszahlung des hälftigen Buchwertes seines Anteils in fünf gleichen Jahresraten hat (sog. Buchwertklausel), bei Kündigung durch den Gläubiger eines Gesellschafters scheide ein Abfindungsanspruch aus (sog. Ausschlussklausel). In den letzten Jahrzehnten erlebte die Gesellschaft eine bei Gründung in keiner Weise voraussehbare äußerst positive Entwicklung. Die Summe der geschaffenen Rücklagen beläuft sich auf das fünffache der Kapitalkonten, zudem gehören der KG sowohl in Deutschland als auch der Schweiz mehrere in den 70er und 80er Jahren erworbene Grundstücke. Der rechnerische Wert des Anteils des S beläuft sich daher auf 2.000.000,- €. Der Vorstand der G möchte von Rechtsanwalt R, einem Spezialisten für Gesellschafts- und Vollstreckungsrecht, wissen, ob die Zwangsvollstreckung in den Gesellschaftsanteil möglich und ob sie hier sinnvoll ist. Am liebsten wäre es ihm, er könnte direkt in ein Gesellschaftsgrundstück vollstrecken, es würde ihn aber auch interessieren, ob man den Konkurrenten i.R.d. Vollstreckung „zerschlagen" könnte.

Aufgabe: *Bereiten Sie gutachterlich die Auskunft des R vor.*

I. Einordnung

Die Zwangsvollstreckung in einen Personengesellschaftsanteil ruft eine Reihe von Problemen hervor, die aus dem Wesen der Gesamthand und der Grundannahme der persönlichen Verbundenheit der Gesellschafter resultieren.

Zudem besteht bei der Gestaltung von Gesellschaftsverträgen eine ausgeprägte Kautelarpraxis, die die Modifizierung oder Abbedingung der gesetzlichen Vorgaben bezweckt. Insoweit stellt sich immer auch die Frage nach der Zulässigkeit solcher vertraglichen Regelungen.

hemmer-Methode: Die Verknüpfung allgemeiner gesellschaftsrechtlicher Prinzipien mit dem Zwangsvollstreckungsrecht bietet sich an für eine Klausur des gehobenen Schwierigkeitsgrades. Hat man den ersten Schock beim Anblick der Thematik erst einmal überwunden, lässt sich aber auch ein solcher Fall mit dem bekannten juristischen Handwerkszeug in den Griff bekommen.

II. Gliederung

1. Möglichkeit der Zwangsvollstreckung in Gesellschaftsanteil

Pfändung des Kommanditanteils nach §§ 859 I, 857 I, 828 ff. ZPO

ZV in Gesellschaftsgrundstück nicht möglich, §§ 161 II, 124 II HGB

Pfändung erfasst alle pfändbaren Gesellschafterrechte des S, G selbst wird aber nicht Gesellschafter

2. Verwertung des Gesellschaftsanteils

Geltendmachung des Gewinnanteils nach § 169 I S. 2 HGB ⇨ nicht effektiv

(P): Liquidation des Auseinandersetzungsguthabens

- Geltendmachung des **Abfindungsanspruchs**, §§ 161 II, 105 III HGB, **738 I S. 2 BGB** erfordert Kündigung der Gesellschaft ⇨ Voraussetzungen des **§ 135 HGB** müssen vorliegen
- keine Auflösung der Gesellschaft, nur Ausscheiden des Gesellschafters, § 131 III S. 1 Nr. 4 HGB
- Wirksamkeit der **Ausschlussklausel** im GesV
  ⇨ (-), Klausel nach § 138 BGB nichtig, da lediglich Gläubigerbenachteiligung bezweckt
- GesV im Übrigen wirksam, § 139 BGB gilt nicht
- Wirksamkeit der **Buchwertklausel** im GesV
  ⇨ (-),unzumutbare Beeinträchtigung des Kündigungsrechts nach § 723 III BGB, § 133 III HGB

III. Lösung

1. Möglichkeit der Zwangsvollstreckung in den Gesellschaftsanteil

a) Pfändbarkeit des Kommanditanteils

Fraglich ist zunächst, ob der Gesellschaftsanteil an einer Personengesellschaft überhaupt pfändbar ist.

Der Zusammenschluss der Gesellschafter beruht auf persönlichem Vertrauen[106], die Mitgliedschaft (= Gesellschaftsanteil) ist nicht frei übertragbar, sondern nur bei entsprechender Vereinbarung im GesV oder der Zustimmung aller Gesellschafter[107].

hemmer-Methode: Denken Sie an die aus dem Erbrecht bekannten Nachfolgeklauseln. Zu einer Übertragung des Gesellschaftsanteils im Wege der Singularsukzession kommt es nur, weil die übrigen Gesellschafter dem im GesV zugestimmt haben.

Eine nicht übertragbare Forderung ist nach § 851 I ZPO grundsätzlich unpfändbar.

[106] Hemmer/Wüst, GesR, Rn. 14.

[107] Palandt, § 717 BGB, Rn. 1.

Jedoch ist in **§ 859 I S. 1 ZPO** explizit geregelt, dass der Gesellschaftsanteil an einer GbR der Pfändung unterworfen ist. Dies gilt ebenso für die Personenhandelsgesellschaften[108], wie § 135 HGB zeigt, der die Pfändbarkeit voraussetzt.

hemmer-Methode: Eine Differenzierung zwischen dem Gesellschaftsanteil eines Komplementärs und dem eines Kommanditisten erfolgt hier nicht.

Der Kommanditanteil des S ist pfändbar.

b) Art und Weise der Pfändung

aa) Anzuwendende Vorschriften

Die Pfändung erfolgt, auch wenn die Gesellschaft Eigentümerin von Grundstücken ist, gem. **§ 857 I ZPO** nach den Vorschriften über die Forderungspfändung.

Dies ist in Anbetracht des Gesamthandprinzips nur konsequent. Der Gesellschafter selbst hat keinen Anteil an den zum Gesellschaftsvermögen gehörenden Gegenständen, sondern nur einen quotenmäßigen Anteil an der Gesellschaft selbst, §§ 718, 719 BGB, §§ 161 II, 105 III HGB. Nur dieser wird gepfändet, kein Gegenstand des Gesellschaftsvermögens.

hemmer-Methode: § 859 I S. 2 ZPO scheint dem Gesamthandsprinzip auf den ersten Blick zu widersprechen. Die Vorschrift ist im Zusammenspiel mit § 719 I BGB zu sehen.
Sie soll klarstellen, dass bei der Pfändung eines Gesellschaftsanteils gerade keine Pfändung der einzelnen Gegenstände möglich ist.

bb) Keine Vollstreckung in Gesellschaftsgrundstück

Infolge des Gesamthandprinzips scheidet auch die von G favorisierte Vollstreckung in ein Grundstück der KG hier aus.

Titelschuldner ist S, gegen diesen wird vollstreckt. Das Grundstück steht aber im Eigentum der Gesamthand. Ein pfändbarer Miteigentumsanteil am Grundstück aufgrund der Gesellschafterstellung besteht gerade nicht, vgl. § 859 I S. 2 ZPO.

In § 124 II HGB ist nochmals ausdrücklich geregelt, dass es zur Vollstreckung in das Gesellschaftsvermögens auch eines Titels gegen die Gesellschaft bedarf.

cc) Ablauf der Pfändung

Drittschuldner bei der Pfändung des Gesellschaftsanteils ist stets die Gesellschaft, die Zustellung des Pfändungsbeschlusses nach § 829 III ZPO hat an einen (§ 170 III ZPO) geschäftsführenden Gesellschafter zu erfolgen[109].

Die G muss also beim nach § 828 II ZPO zuständigen Vollstreckungsgericht einen Pfändungsbeschluss erwirken und diesem dem Komplementär A, §§ 161 I, 164, 170 HGB, zustellen.

c) Wirkung der Pfändung

Die Pfändung des Anteils erfasst die Gesamtheit der Gesellschafterrechte des Schuldners, soweit diese pfändbar sind.

---

[108] Thomas/Putzo, § 859 ZPO, Rn. 2.

[109] Thomas/Putzo, § 859 ZPO, Rn. 3.

Darunter fallen nach allgemeiner Ansicht zumindest der Gewinnanteil und der Anteil auf ein zukünftiges Auseinandersetzungsguthaben, vgl. § 717 S. 2 BGB[110].

hemmer-Methode: Ein dogmatischer Streit besteht nur insoweit, ob von der Pfändung der eigentliche Gesamthandsanteil als solcher betroffen wird (so BGHZ 97, 392), oder ob nur eine Pfändung der abtretbaren Forderungen bewirkt wird (so Thomas/Putzo, § 859 ZPO, Rn. 1 m.w.N.).

Keineswegs rückt der Gläubiger aber selbst in die Gesellschafterstellung des Schuldners ein.

Im Ergebnis ist festzuhalten, dass der Kommanditanteil des S nach §§ 859 I, 857 I, 828 ff. ZPO gepfändet werden kann.

Sinnvoll ist dies aber nur dann, wenn die Verwertung möglich ist. Dabei ist insbesondere zu prüfen, wie ein möglichst hoher Erlös erzielt werden kann.

2. Verwertung des Gesellschaftsanteils

Da die Vorschriften über die Forderungspfändung Anwendung finden, richtet sich die Verwertung nach den §§ 835 ff. ZPO.

Sie erfolgt im Wege der Überweisung zur Einziehung, **§§ 835 I 1.Alt., 836 ZPO**.

Eine Überweisung an Zahlungs-Statt, § 835 I 2.Alt. ZPO oder durch Zwangsverkauf nach § 844 ZPO kommt nicht in Betracht[111]. Dadurch würde den Altgesellschaftern ein neuer Gesellschafter ohne deren Zustimmung aufgedrängt.

Ein solcher Eingriff in die Rechte Unbeteiligter Dritter i.R.d. staatlichen Zwangsvollstreckung ginge zu weit.

hemmer-Methode: Hingegen ist bei einem GmbH-Geschäftsanteil, § 14 GmbHG, die Verwertung nach §§ 857, 844 ZPO ohne weiteres möglich, da der Geschäftsanteil nach § 15 I GmbHG veräußerlich ist. Hintergrund dieser Regelung ist, dass es sich bei der GmbH um eine Kapitalgesellschaft handelt, in der anders als bei den Personengesellschaften nicht die persönlichen Beziehungen der Gesellschafter, sondern in erster Linie deren kapitalmäßige Beteiligung im Vordergrund steht.

a) Gewinnanteil, § 169 I S. 2 HGB

Nach Pfändung und Überweisung ist der Gläubiger zu allen im Recht des Schuldners begründeten Maßnahmen berechtigt, um Befriedigung zu erlangen.

Der Kommanditist kann die Auszahlung des auf ihn entfallenden Gewinnanteils verlangen, § 169 I S. 2 HGB.

Da der Gewinnanteil aber keine für die Zukunft feststehende Konstante ist, sondern jährlich neu ermittelt wird, ist es ungewiss, wie lang eine vollständige Befriedigung der G dauern wird und ob diese jemals zu erreichen ist.

hemmer-Methode: In einer solchen Konstellation, in der der Pfändungsgläubiger einen Gewinnanteil geltend macht, werden die Altgesellschafter zudem oftmals versuchen, durch kreative Buchführung einen möglichst niedrigen Jahresüberschuss auszuweisen und statt dessen die stillen Reserven zu erhöhen, um dem „Eindringling“ nichts zukommen zu lassen.

---

[110] Baumbach/Hopt, § 124 HGB, Rn. 21.

[111] Baumbach/Hopt, § 124 HGB, Rn. 21.

In Anbetracht der Höhe der titulierten Forderung erscheint eine Liquidierung des Substanzwertes des Kommanditanteils als sinnvoller.

b) Auseinandersetzungsguthaben, §§ 161 II, 105 III HGB, § 738 I S. 2 BGB

Der Anspruch gegen die Mitgesellschafter auf Zahlung des Auseinandersetzungsguthabens aus § 738 I S. 2 BGB setzt voraus, dass S aus der KG ausscheidet.

Gründe für das Ausscheiden eines Gesellschafters sind in § 131 III S. 1 HGB aufgezählt, gem. **§ 131 III S. 1 Nr. 4 HGB** kann der Privatgläubiger eines Gesellschafters dies durch Kündigung erreichen.

Dabei handelt es sich um ein selbstständiges, nicht vom Gesellschafter abgeleitetes Kündigungsrecht[112], welches weitreichenden Auswirkungen sowohl auf den Pfändungsschuldner als auch die übrigen Gesellschafter nur unter den Voraussetzungen des § **135 HGB** geltend gemacht werden kann.

aa) Voraussetzungen für Kündigung

Die G als Privatgläubigerin des S vollstreckt aufgrund eines rechtskräftigen Urteils, es liegt also kein bloß vorläufig vollstreckbarer Schuldtitel vor.

Weiterhin müsste der Anspruch auf das Auseinandersetzungsguthaben gepfändet und überwiesen sein. Wie bereits dargelegt wurde, wird gerade dieser Anspruch von der Pfändung des Gesellschaftsanteils umfasst[113].

In den letzten sechs Monaten vor Kündigung der Gesellschaft muss aber bereits ein erfolgloser Vollstreckungsversuch in das übrige bewegliche Vermögen des Schuldners stattgefunden haben. Dies ist hier nicht der Fall.

Es ist G also zu raten, so schnell wie möglich den GV mit der Zwangsvollstreckung gem. § 808 ZPO zu beauftragen. Führt dies nicht zur vollen Befriedigung, was angesichts der titulierten Forderung mehr als wahrscheinlich ist, so kann mit den Pfändungsprotokollen der erfolglose Versuch nachgewiesen werden[114]. Sodann ist die Kündigung möglich.

bb) Rechtsfolgen der Kündigung

Die Kündigung führt trotz der missverständlichen Formulierung des § 135 HGB nicht zur Kündigung der Gesellschaft, vielmehr kündigt sich der Gesellschafter hinaus.

Es kommt also trotz der Kündigung keinesfalls zu einer Auflösung der Gesellschaft, vgl. § 131 III S. 1 Nr. 4 HGB, diese wird vielmehr zwischen den verbleibenden Gesellschaftern fortgesetzt.

Eine so einfache „Zerschlagung“ des Konkurrenten ist der G damit nicht möglich.

hemmer-Methode: Nach alter Gesetzeslage bis zum Jahre 1998 wurde die Gesellschaft bei Austritt eines Gesellschafters grundsätzlich aufgelöst, soweit nicht entsprechende Fortsetzungsklauseln im GesV existierten. Bei der GbR ist dies auch heute noch so, vgl. § 725 BGB.

[112] Baumbach/Hopt, § 135 HGB, Rn. 1.

[113] Baumbach/Hopt, § 124 HGB, Rn. 21.

[114] Baumbach/Hopt, § 135 HGB, Rn. 6.

Berechtigt zur Geltendmachung des Abfindungsanspruch, § 738 I S. 2 BGB, ist grundsätzlich der Gesellschafter, also S. Allerdings ist wegen der erfolgten Pfändung und Überweisung des Anspruchs gem. § 836 I ZPO nunmehr G zur Einziehung der Forderung berechtigt.

cc) Ausschlussklausel

Grundsätzlich gewährt § 738 I S. 2 BGB einen Anspruch auf den vollen wirtschaftlichen Wert des Anteils[115], in diesem Falle also 2.000.000,- €.

Jedoch ist die Vorschrift dispositiv[116], sodass i.R.d. allgemeinen Grenzen der Privatautonomie im GesV eine abweichende Regelung getroffen werden kann.

Der Abfindungsanspruch könnte hier aufgrund der Ausschlussklausel im GesV ausscheiden, wenn G als Privatgläubiger die Gesellschaft kündigt.

Eine solche Klausel, die nur den Gläubiger und nicht den Gesellschafter betrifft, ist, da sie ausschließlich eine Gläubigerbenachteiligung bezweckt sittenwidrig und damit gem. § 138 I BGB nichtig[117].

Die Wirksamkeit des Gesellschaftsvertrages im Übrigen wird durch die Nichtigkeit einer Klausel nicht berührt[118].

hemmer-Methode: § 139 BGB gilt im GesR nicht bzw. gerade umgekehrt. Im Zweifel bleibt der restliche GesV wirksam. Ist dies ausnahmsweise nicht der Fall, kommt man zur Problematik der fehlerhaften Gesellschaft.

[115] Palandt, § 738 BGB, Rn. 4.

[116] Baumbach/Hopt, § 131 HGB, Rn. 38.

[117] Baumbach/Hopt, § 131 HGB, Rn. 60.

[118] Baumbach/Hopt, § 105 HGB, Rn. 50.

dd) Buchwertklausel

Die Nichtigkeit der Ausschlussklausel hat nicht zur Folge, dass der kündigende Privatgläubiger nun besser stünde, als wenn der Gläubiger selbst kündigen würde. Auch für ihn greift die Buchwertklausel.

Möglicherweise ist aber auch die Buchwertklausel als unwirksam anzusehen, weil sie zu einer faktischen Beeinträchtigung des Kündigungsrechts des Gesellschafters entgegen § 723 III BGB, § 133 III HGB führt.

hemmer-Methode: Die nun folgenden Ausführungen zur Zulässigkeit von Abfindungsklauseln dürften nur für die entsprechende Wahlfachgruppe wirklich klausurrelevant sein.

Zum einen beträgt der **Auszahlungszeitraum** fünf Jahre, die Realisierung des Wertes ist damit nur in der Zukunft möglich, die Solvenz der Schuldner bis dahin ungewiss.

Hinsichtlich der Beurteilung der Wirksamkeit der Klauseln ist auf den Zeitpunkt des Vertragsschlusses abzustellen[119].

Bei Gründung der KG im Jahre 1957 wurde nicht davon ausgegangen, dass die Gesellschaft Rücklagen bilden würde, sodass Folge einer Abfindung eine schwere Belastung der Liquidität der Gesellschaft wäre. Danach ist die fünfjährige Auszahlungsmodalität als wirksam anzusehen.

[119] BGH, NJW 1993, 3193.

Zum anderen zieht die **Beschränkung des Abfindungsanspruchs** auf den hälftigen Nennwert des Kapitalkontos einen Verlust der hälftigen Einlage sowie (gravierender!) einen Ausschluss der Beteiligung an offenen und stillen Reserven sowie dem Geschäftswert nach sich.

Damit könnte ein einschneidender Eingriff in die Vermögensposition des ausscheidenden Gesellschafters vorliegen.

Dies ist wie hier dann anzunehmen, wenn nur der hälftige Buchwert zurückgezahlt wird. Ist schon eine Klausel, die den Auszahlungsanspruch auf den vollen Buchwert begrenzt, bei erheblichem Missverhältnis zum vollen wirtschaftlichen Wert unzulässig bzw. einer Ausübungskontrolle nach § 242 BGB unterworfen, so ist eine Kürzung auf die Hälfte in jedem Fall unzulässig (Baumbach/Hopt, § 131 HGB, Rn. 64).

Auch die Buchwertklausel ist damit unwirksam.

ee) Ergebnis

Da beide, den Abfindungsanspruch grds. beschränkenden Klauseln nichtig sind, erfolgt die Abfindung gem. § 738 I S. 2 BGB nach dem vollen wirtschaftlichen Wert des Gesellschaftsvermögens.

Wenn G die KG nach § 135 HGB kündigt, kann sie somit von den verbleibenden Gesellschaftern A und B gesamtschuldnerisch Zahlung von 2.000.000,- € verlangen.

IV. Zusammenfassung

- In den Gesellschaftsanteil an einer Personengesellschaft kann gem. §§ 859 I, 857 I, 828 ff. ZPO im Wege der Forderungspfändung vollstreckt werden.
- Drittschuldner sind die übrigen Gesellschafter. Zuzustellen ist an einen der Geschäftsführer, §§ 829 III, 170 III ZPO.
- Die Vollstreckung in das Gesellschaftsvermögen einer Personenhandelsgesellschaft ist aufgrund eines Titels nur gegen einen Gesellschafter nicht möglich, §§ 161 II, 124 II HGB.
- Die Verwertung des Gesellschaftsanteils erfolgt durch Überweisung zur Einziehung gem. §§ 835 I 1.Alt., 836 ZPO.
- Der Pfändungsgläubiger ist berechtigt, alle pfändbaren Gesellschafterrechte des Pfändungsschuldners auszuüben. Insbesondere kann er den Gewinnanteil und das Auseinandersetzungsguthaben verlangen.
- Um einen Abfindungsanspruch nach § 738 I S. 2 BGB geltend machen zu können, muss der Privatgläubiger zunächst die Personenhandelsgesellschaft kündigen, §§ 161 II, 135 HGB.
- Eine Klausel, die den Abfindungsanspruch des Privatgläubigers ausschließt, ist nach § 138 BGB nichtig.

V. Zur Vertiefung

- Hemmer/Wüst, ZPO II, Rn. 203.
- Hemmer/Wüst, GesR, Rn. 265 ff. (zur BGB-Gesellschaft).

Kapitel III: Vollstreckung in sonstigen Fällen

Fall 25: Räumungsvollstreckung

Sachverhalt:

Vermieter G hat gegen seinen nicht zahlenden Mieter S nach zähem Prozessverlauf endlich einen Räumungstitel erstritten. Nach Ablauf der im Urteil gem. § 721 ZPO ausgesprochenen Räumungsfrist beauftragt G den Gerichtsvollzieher GV mit der Zwangsvollstreckung. Als dieser am angesetzten Räumungstermin an der Wohnungstür des S klingelt, öffnet eine Frau X. Sie erklärt, die Ehefrau des S zu sein und die Wohnung unter keinen Umständen verlassen zu wollen. Daraufhin unterlässt der GV weitere Maßnahmen und teilt dem S mit, dass die Räumung nicht durchführbar sei.

Frage: *Ist das Verhalten des GV rechtmäßig?*

I. Einordnung

Für einen Vermieter ist es in der Praxis eines der schwierigsten Unterfangen überhaupt, einen Mieter gegen dessen Willen aus dem Besitz der Mietwohnung zu setzen.

Der Mieter kann zunächst der Kündigung nach **§ 574 BGB** widersprechen (sog. Sozialwiderspruch) und damit eine Fortsetzung des Mietverhältnisses erreichen. Selbst ohne eine solchen Widerspruch kann das Gericht im Räumungsprozess in Ausnahme vom Grundsatz „ne ultra petita“ nach § 308a ZPO die Fortführung des Mietverhältnisses aussprechen.

Erstreitet der Vermieter ein Räumungsurteil, ist es dem Mieter weiterhin möglich, durch einen Antrag nach **§ 721 I ZPO** eine Räumungsfrist von bis zu einem Jahr, § 721 V ZPO, zu erhalten.

Schließlich kann, wenn es denn wirklich zur Herausgabevollstreckung nach § 885 ZPO kommt, noch durch einen Vollstreckungsschutzantrag nach **§ 765a ZPO** in Härtefällen die Einstellung der Zwangsvollstreckung erreicht werden.

Hat der Mieter noch andere Personen in die Wohnung aufgenommen, so stellt sich die Frage, ob aus dem Titel gegen den Mieter auch gegen die Mitbewohner vollstreckt werden darf.

II. Gliederung

Rechtmäßigkeit des Verhaltens des GV
Unterlassen weiterer Maßnahmen rechtmäßig, wenn Vollstreckung unzulässig
Richterliche Durchsuchungsanordnung ⇨ nicht erforderlich, § 758a II ZPO
(P): Vollstreckungstitel gegen X erforderlich, § 750 I S. 1 ZPO ▪ Kein Titel gegen Besitzdiener, § 855 BGB, notwendig ⇨ X als Ehefrau aber Mitbesitzerin, § 866 BGB ▪ Nach Rspr. des BGH ist Titel gegen Ehegatten erforderlich

III. Lösung

Der Gerichtsvollzieher hat von Amts wegen die Zulässigkeitsvoraussetzungen der Zwangsvollstreckung zu überprüfen. Liegen diese nicht vor, dann hat die Vollstreckung zu unterbleiben.

Das Verhalten des GV war damit nicht zu beanstanden, wenn die Räumungsvollstreckung nach § 885 ZPO unzulässig war.

hemmer-Methode: Sofern die Vollstreckungsvoraussetzungen vorliegen und der GV die Zwangsvollstreckung zu Unrecht unterlässt, steht dem Gläubiger die Vollstreckungserinnerung zur Verfügung.

1. Richterliche Durchsuchungsanordnung

Während es früher umstritten war, ob es mit Hinblick auf Art. 13 GG bei einer Wohnung zusätzlich zum Räumungstitel noch einer richterlichen Durchsuchungsanordnung bedarf, ist diese Frage in § 758a II ZPO nun explizit geregelt.

Danach ist § 758a I ZPO nicht auf die Herausgabevollstreckung nach § 885 ZPO anzuwenden.

hemmer-Methode: Dieses Ergebnis entsprach auch früher der h.M. und wurde damit begründet, dass einem Herausgabetitel eine richterliche Durchsuchungsanordnung bereits immanent sei.

2. Vollstreckungstitel gegen X

Grds. muss der Vollstreckungstitel wegen § 750 I S. 1 ZPO gegen jeden Gewahrsamsinhaber gerichtet sein[120].

[120] Thomas/Putzo, § 885 ZPO, Rn. 4.

Ein Vollstreckungstitel liegt hier nur gegen S vor. Ob aufgrund dieses Titels auch gegen X vollstreckt werden darf, ist fraglich.

a) Gewahrsam der X

Dies wäre dann der Fall, wenn X nicht Gewahrsamsinhaberin an der Wohnung, sondern lediglich Besitzdienerin des S wäre. Der Besitzdiener i.S.d. § 855 BGB hat nämlich keinen eigenen Gewahrsam[121].

Bei Ehegatten besteht jedoch, unabhängig davon, ob diese den Mietvertrag gemeinsam unterschrieben haben oder nicht, Mitbesitz gem. § 866 BGB und damit Mitgewahrsam an der ehelichen Wohnung[122]. Dies folgt aus dem Gebot der ehelichen Lebensgemeinschaft, § 1353 I BGB, wonach die Ehegatten die Pflicht trifft, sich gegenseitig die Benutzung der ehelichen Wohnung zu gestatten.

Der Stellung des jeweils anderen Ehegatten entspricht es nicht, wenn diesem im Sinne einer Besitzdienerschaft jede selbstständige Nutzungsbefugnis der Wohnung versagt wäre und er von den Weisungen des anderen Ehepartners, der Partei des Mietvertrages geworden ist, abhängig wäre.

Demnach hat X Mitgewahrsam an der Wohnung.

hemmer-Methode: Anders kann dies bei nichtehelichen Lebenspartnern sein. Nach Ansicht des BGH besteht hier zumindest nicht automatisch wie bei Ehegatten Mitgewahrsam. Vielmehr kommt es auf eine Beurteilung der Umstände des Einzelfalls an, BGH, NJW 2008, 1959. Eine Begründung des Mitgewahrsams über § 1353 BGB kann hier gerade nicht erfolgen.

[121] Thomas/Putzo, § 808 ZPO, Rn. 3

[122] BGH, NJW 2004, 3041.

Vielmehr kommt es darauf an, wie sich die Gewahrsamsverhältnisse dem Gerichtsvollzieher darstellen. Im Zweifel sollte der Vermieter aber den Titel gegen den nichtehelichen Lebenspartner erstreiten, um „von den Umständen des Einzelfalls" nicht überrascht zu werden. Allerdings droht hier dann ein Kostenrisiko. Denn wenn der nichteheliche Lebenspartner nicht Gewahrsamsinhaber ist, hat er auch keinen Besitz i.S.d. § 985 BGB und die entsprechende Räumungsklage gegen ihn müsste als unbegründet abgewiesen werden.

b) Früher h.M.: Kein Titel gegen Ehegatten erforderlich

Aus praktischen Gesichtspunkten hielt die früher vorherrschende Ansicht dennoch einen separaten Räumungstitel gegen den Ehegatten jedenfalls dann für unnötig, wenn dieser den Mietvertrag nicht mit unterschrieben hatte.

Dies wurde zum einen mit einer vollstreckungsrechtlichen Auslegung des Besitzbegriffs begründet. Der aus der ehelichen Lebensgemeinschaft abgeleitete Besitz sei als „abgeschwächter Mitbesitz" von der Fortdauer des Besitzrechts des Ehepartners abhängig.

Zum anderen wurde diese Auffassung auf § 885 II ZPO gestützt. Danach würde das Gesetz selbstverständlich davon ausgehen, dass aus dem Räumungstitel gegen den Schuldner auch gegen dessen Familienmitglieder vollstreckt werden dürfe.

c) BGH: Titel gegen Ehegatten notwendig

Nach der neueren Rechtsprechung des BGH[123] kann die Vollstreckung nach § 885 I ZPO nur dann gegen einen Gewahrsamsinhaber betrieben werden, wenn dieser in Titel und Vollstreckungsklausel als Vollstreckungsschuldner bezeichnet wird.

Diese allgemeine Voraussetzung der Zwangsvollstreckung könne nicht durch Praktikabilitätserwägungen außer Kraft gesetzt werden. Auch spiele es keine Rolle, ob nach materiellem Recht eine Pflicht zur Herausgabe bestehe, da eine solche im Erkenntnisverfahren und nicht in der formalisierten Zwangsvollstreckung zu klären sei.

Auch aus § 885 II ZPO ergebe sich nichts anderes. Dort ist lediglich eine Regelung über die Vorgehensweise bei der Wegschaffung beweglicher Sachen durch den GV getroffen, die nichts darüber aussage, ob zur Familie gehörende Personen gegebenenfalls unter Gewaltanwendung aus dem Besitz der Wohnung gesetzt werden können. § 885 II ZPO bestimme nur das „Wie" und nicht das „Ob" der Zwangsvollstreckung.

hemmer-Methode: Im Hinblick auf den Umgang mit beweglichen Sachen sind mit Wirkung zum 01.05.2013 die Absätze II bis IV des § 885 ZPO geändert worden (vgl. dazu Life&Law 2013, S. 465). Gem. § 885a ZPO ist nun insbesondere das sog. Berliner Modell auf eine gesetzliche Grundlage gestellt worden. Danach kann die Vollstreckung auf die unbewegliche Sache beschränkt werden.

Entscheidend sei, dass nach § 885 I ZPO der jeweilige Besitzer zugleich der im Titel ausgewiesene Vollstreckungsschuldner ist.

[123] BGH, NJW 2004, 3041.

hemmer-Methode: Die bittere Konsequenz dieser Rechtsprechung tritt etwa dann zu Tage, wenn ein Eigentümer gegen namentlich unbekannte und ständig wechselnde Hausbesetzer vollstrecken will.
Es ist hier praktisch unmöglich, einen Titel gegen all jene zu erwirken, die sich im Zeitpunkt der Räumung im Haus aufhalten. So hatte ein Mieter den Besitz der Wohnung nach außerordentlicher Kündigung durch den Vermieter einem Dritten überlassen. Der BGH hat eine Zwangsvollstreckung aus einem Titel gegen den Mieter gegen den Dritten für unzulässig erklärt, vgl. **BGH, Life&Law 2008, 810 ff.**
Nicht zuletzt im Hinblick auf diese Entscheidung hat der Gesetzgeber mit Wirkung zum 01.05.2013 die Möglichkeit erweitert, auf Wohnraum durch eine einstweilige Verfügung zugreifen zu können, vgl. § 940a ZPO. Gem. § 940a II ZPO ist es nun insbesondere möglich, bei Vorliegen eines Titels gegen den Mieter auch gegen Dritte per einstweiliger Verfügung vorzugehen, wenn diese ohne Kenntnis des Vermieters Besitz an der Wohnung begründet haben.
Ein etwaiger Missbrauch durch den Mieter sei eine Frage des materiellen Rechts und habe im streng formalisierten Zwangsvollstreckungsrecht keinen Raum.

d) Ergebnis

Da im konkreten Fall nur ein Titel gegen S, nicht aber gegen X, vorliegt, verhielt sich der GV rechtmäßig, indem er entsprechend der höchstrichterlichen Rechtsprechung von der Unzulässigkeit der Räumungsvollstreckung gegen X ausging und daher keine weiteren Maßnahmen ergriff.

hemmer-Methode: Ebenfalls relevant werden kann die Frage danach, ob Kinder Gewahrsamsinhaber sind und daher ein Titel gegen sie erforderlich ist. Minderjährige Kinder sind nur Besitzdiener und haben keinen Gewahrsam. Volljährige Kinder erlangen nicht allein durch den Eintritt derselben Mitgewahrsam an der Wohnung.
Vielmehr ist ein eigenständiger und gesonderter Besitzbegründungsakt erforderlich, andernfalls sind auch volljährige Kinder nur Besitzdiener, BGH, NJW 2008, 1959 ff.

IV. Zusammenfassung

- Zur Räumungsvollstreckung nach § 885 I ZPO bedarf es keiner richterlichen Durchsuchungsanordnung, § 758a II ZPO.
- Jeder Ehegatte hat Mitbesitz, § 866 BGB, und Mitgewahrsam an der gemeinsamen ehelichen Wohnung.
- Zur Räumungsvollstreckung gegen den Ehegatten des Vollstreckungsschuldners bedarf es nach der Rspr. des BGH auch eines gesondert gegen diesen gerichteten Titels.

V. Zur Vertiefung

- Hemmer/Wüst, ZPO II, Rn. 222 ff.
- BGH, NJW 2008, 1959.
- BGH, Life&Law 2008, 810 ff.
- d'Alquen, Life&Law 2012, 677 ff.: Herausgabevollstreckung gem. §§ 883 ff. ZPO

Stichwortverzeichnis

Die Zahlen beziehen sich auf die Nummern der Fälle.

O

P

R

S

T

U

V